闽南师范大学学术著作出版专项经

U0680090

全球价值链视角下

中国制造业价格贸易条件影响路径研究

陈春华 著

江苏大学出版社
JIANGSU UNIVERSITY PRESS
镇 江

图书在版编目(CIP)数据

全球价值链视角下中国制造业价格贸易条件影响路径
研究 / 陈春华著. — 镇江 : 江苏大学出版社,2021.12
ISBN 978-7-5684-1721-1

Ⅰ.①全… Ⅱ.①陈… Ⅲ.①制造工业－工业产品－
价格－研究－中国 Ⅳ.①F426.45

中国版本图书馆 CIP 数据核字(2021)第 258962 号

全球价值链视角下中国制造业价格贸易条件影响路径研究

著　　者/	陈春华
责任编辑/	张小琴
出版发行/	江苏大学出版社
地　　址/	江苏省镇江市梦溪园巷 30 号(邮编:212003)
电　　话/	0511-84446464(传真)
网　　址/	http://press.ujs.edu.cn
排　　版/	镇江市江东印刷有限责任公司
印　　刷/	江苏凤凰数码印务有限公司
开　　本/	710 mm×1 000 mm　1/16
印　　张/	11.75
字　　数/	233 千字
版　　次/	2021 年 12 月第 1 版
印　　次/	2021 年 12 月第 1 次印刷
书　　号/	ISBN 978-7-5684-1721-1
定　　价/	46.00 元

如有印装质量问题请与本社营销部联系(电话:0511-84440882)

前　言

从国内外贸易形势看,世界经济仍将保持低速扩张,各经济体货币政策转向宽松,单边主义和保护主义依然盛行,国内有效需求后劲仍不足,实际利用外资量相对萎缩,国内经济下行压力有所加大,这些都是我国在"十四五"期间所面临的对外贸易发展新态势。在全球价值链分工格局并未得到有效扭转的背景下,发展中国家按照本国比较优势承接发达国家的低附加值产品工序,并以中间产品出口的方式融入全球价值链分工体系,往往容易陷入"低端锁定"困境。在此新形势下,应如何改善我国制造业贸易条件呢? 本书认为应该紧扣党的十九届五中全会提出的"培育制造业参与国际合作和竞争新优势"的战略举措,依托比较优势理论,在全球价值链分工趋于碎片化的新形势下准确评估我国制造业价格贸易条件,着力探讨制造业参与国际合作和竞争新优势的着力点和提升路径。因此,本书按照既定的研究思路和研究目标,从全球价值链分工视角构建价格贸易条件测度方法,梳理价格贸易条件影响因素之间的逻辑关联,厘清制造业价格贸易条件影响路径,验证全球价值链嵌入对中国制造业价格贸易条件的作用方式,以期提出改善我国制造业价格贸易条件的对策与建议。

在价格贸易条件指数测度方法研究方面,本书立足比较优势理论,从全球价值链分工出发,以中间产品进出口价格指数核算为导向,以区域间产业关联方式为突破口,利用 Round 的分块里昂惕夫逆矩阵分解法确定区域间产业关联方式,借鉴张红霞的研究方法构建多区域投入产出价格影响模型,核算中间产品进出口价格变动量,重新构建价格贸易条件指数测算方法。该测算方法克服了传统价格贸易条件指数难以准确反映一个国家或地区在全球价值链分工下的贸易获利程度的缺陷,丰富了传统价格贸易条件指数测算方法理论研究。

在价格贸易条件影响路径分析方面,本书主要从贸易开放度、全球价值链分工地位、FDI 以及技术进步等影响因素入手,梳理这些影响因素之间的逻辑关联,厘清各影响因素对价格贸易条件的作用方式,并采用层级回归分析方法验证中国制造业价格贸易条件影响路径。具体而言,本书主要开展了以下几方面研究:

(1)贸易开放度指数研究。本书从传统贸易潜力指数模型切入,以 Arkolakis 的研究为基础,推导出开放且无贸易摩擦均衡状态下的劳均收入表达式,理论阐析了一个国家从开放且有贸易摩擦均衡状态转移到开放且无贸易摩擦均衡状态所产生的劳均收入变化,把开放且无贸易摩擦均衡状态下的劳均收入定义为贸易潜力,从福利成本视角重新构建贸易潜力指数测算方法,并按照 min-max 标准化方式对贸易潜力指数进行标准化,以标准化后的贸易潜力指数的倒数评估贸易开放度程度。值得提及的是,新的贸易潜力指数测算模型克服了以往贸易潜力指数模型无法得到理论支撑的缺陷,这是对传统贸易指数测算模型的有益改进。

(2)制造业全球价值链分工地位研究。本书从全球价值链分工视角,采用全球生产阶段数测度方法分析中国制造业整体及其细分行业的生产阶段数构成特征,以生产阶段数为基础,依托出口增加值核算理论构建全球价值链分工地位指数测度方法,测度我国制造业全球价值链地位指数,对比分析两岸中高端制造业全球价值链分工地位。现有 KPWW 出口贸易增加值核算方法仅是按区域对里昂惕夫逆矩阵进行简单分块,以至于无法剥离出在各经济体生产工序上被重复记录的那部分出口产品贸易量。因此,本书采用 Round 的里昂惕夫逆矩阵分块分解方法解构出产业全球生产阶段数,以 KPWW 出口贸易核算框架为工具,依全球生产工序来分解产业出口贸易,剥离出口产品被重复计算部分的增加值,修正全球价值链地位指数测算公式。

(3)制造业 FDI 行业转移与质量提升研究。本书主要从行业转移和质量提升的角度探讨我国制造业 FDI 规模扩张问题,即从行业转移视角采用动态偏离-份额分析模型分析我国制造业总体 FDI 质量提升的原因,从政策规制视角采用面板门限回归模型探讨环境管制对制造业 FDI 质量的影响。实证分析表明,我国制造业外资引进仍高度集中在低技术制造业领域,但是具有由低技术制造业向高技术制造业转移的明显态势,制造业总体 FDI 质量大幅提升主要得益于高技术制造业 FDI 质量快速增长和低技术制造业 FDI 质量稳步增长的共同拉升作用。提高研发经费投入强度是推动制造业 FDI 质量大幅提升的主要手段,但研发经费投入对制造业 FDI 质量的促进作用存在显著的双重门限特征,即环境管制程度相对较弱的中、西部地区具有避难所效应,在环境管制程度严格的东部地区则存在明显的波特效应。

(4)我国制造业出口技术复杂度研究。本书根据 FEDER 模型的研究思路构建外资企业技术溢出效应测算模型分析垂直溢出效应和水平溢出效应,采用出口技术复杂度探讨政府补贴对 FDI 质量影响我国制造业出口技术复杂度的调节效应。实证分析表明,生产要素尤其是资本投入仍然是中国工业企业总产出增长的主要动力源,外资工业企业存在正向垂直技术溢出效应,外资企业透过资本以及先进技术和管理经验的输入直接推动中国工业总产出增长。值得注意的是,外资比例越高,内外资工业企业之间的技术差距就越小,外资工业企业水平技术溢出效应就相应越低,因此所有制结构异质性导致外资工业企业水平技术溢出效应产生双门限特征。进一步研究表明,我国各类制造业出口技术复杂度提升依然较为缓慢,政府补贴、R&D 研发投入以及 FDI 溢出都对制造业出口技术复杂度具有显著的促进作用。值得注意的是,政府补贴对高技术制造业企业的激励效果较弱但对低技术制造业企业的激励效果则较好,政府补贴对 FDI 质量较低的企业能产生更好的激励效果,FDI 质量较高的企业的 FDI 挤出效应削弱了政府补贴对制造业出口技术复杂度提升的激励作用。

我国制造业价格贸易条件影响路径的实证分析表明,全球价值链分工地位攀升不仅可以直接改善价格贸易条件,还可以通过出口产品技术的中介作用改善价格贸易条件,外商直接投资质量可显著地调节出口产品技术进步的中介影响效应进而间接改善制造业价格贸易条件,制造业贸易开放度指数提升显著促进制造业的全球价值链地位攀升进而间接改善制造业价格贸易条件,出口产品技术进步则是改善我国制造业价格贸易条件的最重要方式。

与以往研究相比,本书力争在研究视角、研究观点和研究方法等方面有所创新。从研究视角看,以往研究主要从出口产品需求量出发,采用出口贸易增加值修正贸易竞争力指标来分析制造业国际贸易竞争力,本书则从产品进出口价格入手,采用修正的价格贸易条件指数来分析我国制造业参与国际合作与竞争的贸易得失;从研究观点看,以往研究主要围绕贸易开放、产业分工、外商直接投资、技术进步等方面探讨价格贸易条件变动的影响效应,没有梳理各影响因素之间的逻辑关联,本书认为价格贸易条件变动是各种影响因素综合作用的体现,应该梳理各影响因素之间的逻辑关联,借此厘清价格贸易条件影响路径,进而系统地探讨我国制造业价格贸易条件改善的实现路径;从研究方法看,以往研究虽然注意到全球生产工序分工下传统价格贸易条件指数已难以完全反映一国国际贸易收益,但是没有依照全球生产工序分工提出价格贸易条件测度方法,本书针对以往研究不足之处,从全球生产工序分工视角提出修正的价格贸易条件指数测度方法,丰富了价格贸易条件测度理论。

本书主要以福建省哲学社会科学规划项目(2014B099)和福建省中特理论体系研究中心 2019 年度项目(省社科,FJ2019ZTB078)为依托开展相关研究工作,并得到了闽南师范大学学术著作出版专项经费资助。感谢有关单位给予本书出版的经费支持,感谢有关专家学者提供了诸多富有见解的意见和建议,感谢江苏大学出版社做了细致耐心的出版工作。尽管做了大量工作,但书中难免存在疏漏和不妥之处,恳请各位专家学者批评指正。

目　录

第1章 绪论

1.1 研究背景及意义

1.1.1 研究背景

近年来,受世界经济低迷、国际市场需求下降、贸易保护主义蔓延、全球供应链风险加剧等复杂严峻的外部发展形势的影响,我国对外贸易面临着前所未有的压力和挑战。从外贸总量看,我国进出口贸易总量增速明显回落,贸易顺差有所下降。2020年1-5月,中国货物贸易进出口总额为11.54万亿元人民币,同比下降4.9%,其中出口总额和进口总额分别为6.20万亿元人民币和5.34万亿元人民币,贸易顺差为8598.1亿元人民币,分别下降了4.7%、5.2%和1.2%;从市场需求看,制造业行业市场需求严重萎缩,国际大宗商品价格将持续承压。同时期,中国制造业采购经理人指数(PMI)仍保持在荣枯线以上,其他主要经济体制造业采购经理人指数大幅萎缩,其中美国和日本制造业PMI分别降至41.5和41.9,欧元区制造业PMI跌至33.4,俄罗斯跌至31.3,巴西跌至36.0,印度跌至27.4;从贸易政策看,各主要经济体纷纷采取大规模财政及金融政策措施。比如,美联储下调基础利率至0~0.25%水平,并推出7000亿美元购债计划,通过了2万亿美元财政刺激法案;欧洲央行宣布7500亿欧元紧急资产购买计划并放宽购买欧元区成员国国债条件;日本推出108万亿日元经济刺激措施;英国、印度、加拿大、澳大利亚等国也纷纷出台量化宽松政策。综合国内外贸易形势,世界经济仍将保持低速扩张态势,各经济体货币政策转向宽松,单边主义和保护主义依然盛行,国内有效需求后劲仍不足,实际利用投资相对萎缩,国内经济下行压力有所加大,这是我国在"十四五"期间所要面对的对外贸易发展新态势。

在当前我国对外贸易发展新态势下,党的十九届五中全会会议公报明确指出,要依托我国大市场优势,建设更高水平开放型经济新体制,既要强调市场配置资源的作用,又要发挥各级政府服务企业的作用,围绕构建新发展格局,坚定不移建设制造强国、质量强国,推进产业基础高级化、产业链现代化,提高经济质量效益和核心竞争力。2020年11月,国务院办公厅也印发《关于推进对外贸易创新发展的实施意见》,强调要以习近平新时代中国特色社会主义思想为指导,全面贯彻党的十九大和十九届二中、三中、四中、五中全会精神,坚持以供给侧结构性改革为主线,坚定不移扩大对外开放,稳住外贸外资基本盘,稳定产业链供应链,进一步深化科技创新、制度创新、模式和业态创新,加快推进"五个优化"和"三项建设",培育新形势下参与国际合作和竞争新优势,实现对外贸易创新发展。可见,培育制造业参与国际合作和竞争新优势,已成为"十四五"期间我国推进对外贸易创新发展的战略举措。

从经济全球化看,世界各经济体深度嵌入全球价值链分工体系,能够在产品全球化生产中承接具有比较优势的专业化分工环节,并借此获得高于不参与全球价值链分工体系的利益。尽管世界各经济体在全球价值链分工体系中的地位不同,比较优势和发展阶段也有所差别,但是通过参与全球价值链分工获得更高利益仍是世界各经济体推进国际贸易发展所形成的共识。随着全球价值链分工深化和工序贸易的逐渐盛行,垂直专业化进一步使得制造业形成以商品生产阶段跨境分割为主要特征的国际生产与贸易新格局。显然,在全球价值链分工趋于碎片化的背景下,准确评估我国制造业价格贸易条件,把准制造业参与国际合作和竞争新优势的着力点和提升路径是当前必须解决的现实问题。

基于此认识,本书依托比较优势理论和全球价值链分工理论,以中间产品进出口价格指数核算为导向,从全球价值链分工视角提出修正的价格贸易条件指数测度方法,梳理价格贸易条件的影响因素之间的逻辑关联,厘清我国制造业价格贸易条件的影响路径,以期提出改善我国制造业价格贸易条件的对策建议,助力贯彻落实国际市场布局、国内区域布局、经营主体、商品结构、贸易方式"五个优化"具体措施。

1.1.2　研究意义

本书紧扣党的十九届五中全会提出的"培育制造业参与国际合作和竞争新优势"的战略举措,尝试在全球价值链分工趋于碎片化的背景下评估我国制造业价格贸易条件,着力探讨制造业参与国际合作和竞争新优势的着力点和提升路径。本书的研究意义如下:

(1)理论价值。虽然已有研究认识到,传统价格贸易条件指数已难以完全反映一国国际贸易收益,但是没有依照全球价值链分工提出价格贸易条件的测度方法。本书从全球价值链分工视角,以中间产品进出口价格指数核算为导向,提出修正的价格贸易条件指数测度方法,这在一定程度上丰富了价格贸易条件指数测度理论。

(2)应用价值。传统贸易产品进出口价格核算不涉及该产品价值的具体形成过程,难以在全球价值链分工中探寻提升中国制造业价格贸易条件的实现路径。

本书梳理了价格贸易条件影响因素之间的逻辑关联,厘清了我国制造业价格贸易条件的影响路径,提出了改善我国制造业价格贸易条件的对策建议,这在一定程度上拓宽了价格贸易条件的实际应用范围。

1.2 文献综述

1.2.1 全球价值链地位测度研究

(1) 生产工序分工位置测度研究。从投入产出模型的后向关联看,Fally(2012)认为产品最终价值是由每一个生产阶段的增值形成的,他把生产工序长度定义为一国(或地区)某产业产品在生产过程中所经历的生产阶段数目,并采用里昂惕夫逆矩阵的列和来测度产业生产阶段数。从投入产出模型的前向关联看,Antràs P(2012)认为可以把生产工序长度定义为一国(或地区)某部门产品在达到最终需求之前还需要经历的生产阶段数目,并采用 Ghost 逆矩阵的行和来测度产业上游度。周华(2016)在 Antràs P(2012)等间距产业上游度的基础上提出非等间距产业上游度的测算方法,并实证检验了非等间距产业上游度测度方法的优越性。进一步,Gumpert A(2017)采用全球投入产出表构建全球价值链一般均衡模型分析产业上游度,以此测度全球经济体的全球价值链分工位置。陈晓华(2016)测度了35 个经济体 1997—2011 年制造业上游度指数,认为上游度大小并不代表制造业全球价值链分工地位的高低,经济发展水平和技术复杂度提升对一国制造业国际分散化生产工序上游度的作用力曲线呈现倒"U"形,发展中国家制造业不仅在全球价值链中的位置处于被动地位,而且在向全球价值链高端攀升过程中缺乏强有力的"话语权"。何祚宇(2016)也认为上游度只能反映一国(或地区)内部产业之间的相对位置,而不能测度一国(或地区)的产业全球价值链位置,可以把整个世界看成一个"世界国家",按世界投入产出表中的行业顺序编码作为"世界国家"的行业,由此计算各经济体产业上游度。肖宇(2019)以一个"世界国家"的方式采用上游度测算 2000—2009 年中国制造业全球价值链位置,认为中国出口产品中包含大量他国(或地区)转移价值,中国制造业在全球价值链仍处于较不利的地位。生产阶段数测度方法也因全球生产工序分割而存在与上游度测度相同的问题。倪红福(2016)在全球价值链领域拓展了生产阶段数测度方法,把产业全球生产阶段数分离成国内生产阶段数和国际生产阶段数,其中国内生产阶段数即为单区域产业生产阶段数。倪红福(2019)在回顾总结全球价值链位置测度理论时认为,在全球生产工序分割背景下,基于投入产出模型测度的全球价值链位置与全球生产链顺序(或上下游)不存在完全对应关系,两者仅在宏观上和相对次序上存在一定的弱相关。之后,学者多采用该方法探讨全球价值链位置问题。比如,王高凤(2017)以生产阶段数作为衡量制造业生产分割长度的指标,利用中国工业企业 1998—2011 年的数据构建联立方程,分析中国制造业生产分割长度与全要素生产率(TFP)之间的关系。梁经纬(2019)从生产分割视角,利用世界投入产出表测算东亚各经济体生产阶段数与平均传递步长,认为东亚整体生产分割长度呈现递增趋势,其中日本距离最终产品需求较近,中国、马来西亚、越南等距离最终需求较远。文淑惠(2020)测算了澜湄流域制造业生产阶段数,认为澜湄流域制造业生产阶段数整体呈上升趋势,产业结构复杂度明显增加,国际和国内外生产阶段呈互补关系。显然,产业全球生产阶段数只能准确地反映产业的全球生产工序分工位置,并不能有效地评估该产业在全球生产工序位置上的价值增值能力。

（2）增加值核算方法研究。基于投入产出模型,Hummels(2001)依据出口产品的价值来源地和最终吸收地构建了出口贸易核算框架(HIY),把一个国家的出口增加值分解为国内增加值和国外增加值,并提出垂直专业化指数测度方法。聂玲(2016)在综述全球价值链分工地位研究进展时指出,垂直专业化指数以所有进口中间品完全由国外价值增值构成、出口产品与国内销售产品在生产中使用的进口中间品投入比例相同为假设并不符合现实,尤其不适用于一些依靠税收优惠促进加工贸易发展的国家。针对 HIY 出口贸易核算存在的诸多缺陷,后续不少研究从增加值视角进行了修正。从增加值出口贸易看,增加值贸易法放松了 HIY 方法关于所有进口中间品完全由国外价值增值构成的假设,能够准确地反映一个国家出口对各国进口中间投入品的依赖度,也能够准确计算出一个国家出口产品中的间接增加值和再进口增加值。Daudin(2011)将最终产品增加值按来源国分配,测算了出口额中进口投入比例、出口后再加工出口到第三国的比例和加工后再出口回到母国的比例。Johnson(2012)从产业前向关联视角提出增加值出口核算方法,把在一国生产而最终在别国被消化吸收的增加值定义为增加值出口,剥离了一国出口产品被外国吸收后又折回的那部分增加值。王清晨(2019)采用该方法将出口产品中的外国要素剔除后,测算了各国产业真实的出口规模,以此构建产业出口经济复杂度指数。但是,王直(2015)认为该核算方法不能刻画全球生产链上产品跨国分工的特征,并且一些细分部门增加值出口所占比重并不一定介于 0 和 1 之间。这意味着从增加值出口核算视角评估增加值差异较大的经济体之间的产业全球价值链(GVC)地位将存在瑕疵。有一些学者则从出口贸易增加值视角探讨增加值核算方法。Koopman(2010)通过放宽 HIY 方法的相关假设,把一国出口产品贸易增加值分解为出口产品的国外增加值和国内增加值,并对国内增加值部分进行再分解,从后向关联视角构建经典的出口贸易增加值核算方法(KPWW)。后续众多研究以 KPWW 方法为基础开展相关研究。比如,常冉(2019)依此方法对 2005—2014 年中美贸易进行价值结构分解和竞争力测算,并重新审视中美贸易失衡问题。王岚(2018)构建融合增加值贸易和所有权贸易的双边真实贸易利益核算框架,测度中国对美国出口中由中国获得的贸易利益。从增加值出口和出口增加值的比较看,Stehrer(2012)认为增加值出口贸易是以最终产品需求为依托考察增加值进口、出口及净出口,出口贸易增加值则是以传统进出口贸易为依托考察国际贸易引发的增加值流动,尽管两者核算结果有所不同,但是每部门增加值贸易净值与贸易增加值净值都等于该部门标准贸易净出口。Koopman(2014)比较了增加值出口核算与现行总出口贸易核算体系,将一国总出口分解为不同增加值成分和重复计算部分增加值,从而搭建起官方贸易(总值法)和国民账户统计(增加值法)的桥梁。显然,上述研究表明出口贸易增加值是当前较为常用的增加值核算方法。

(3)全球价值链地位测度研究。以出口增加值核算方法为基础,Koopman(2010)提出了全球价值链地位指数,认为一个国家和地区的某部门处于全球价值链(GVC)上游环节,即更多的是为他国提供中间品,则该国在国际分工中处于有利地位;反之,如果该国某部门在 GVC 下游环节,即较多地从他国进口中间品,则在国际分工中处于不利地位。此后,该全球价值链地位指数测度方法得到广泛应用。比如,戴翔(2017)利用世界投入产出数据库(WIOD)发布的世界投入产出表,测算全球 44 个国家(地区)2000—2014 年制造业部门全球价值链分工地位指数,认为中国劳动密集型产业领域国际竞争力较强,技术密集型产业领域国际竞争力提升较快。王英(2018)采用全球价值链参与率和地位指数测算 1995—2011 年中国装备制造业整体及部门在全球价值链中的参与程度和所处位置,认为中国装备制造业整体后向参与率偏高,全球价值链地位指数为负且随指数曲线时间变化呈现出反“Z”形变化,表明中国装备制造业整体上仍处于价值链下游但有逐渐向中上游靠拢的趋势,其中“劳动密集型”和“资本密集型”装备制造业部门分工地位明显高于“技术密集型”装备制造业部门。蔡礼辉(2020)对 2000—2014 年中美两国制造业行业参与全球价值链分工程度及分工地位进行对比分析,发现中国制造业全球价值链分工地位指数总体小于美国同期值,美国制造业在全球价值链分工中处于相对上游环节,这与中国制造业后向参与全球价值链分工程度较高相一致。以出口价格核算为基础,Greenaway(1994)采用产品出口单价与进口单价的比值来评估产品全球价值链位置。Schott(2004)在对美国的进口产品进行研究后发现产品具有国际分工差异性,来自发达国家的进口产品价格要高于来自发展中国家的进口产品价格。Feenstra(2006)指出,产品品质垂直化差异是产品内分工的重要特征,并采用两国向同一国的总体出口价格之比来衡量全球价值链分工地位,认为发达国家出口产品多为高价格产品且处于全球价值链分工中高端,发展中国家出口产品多为低价格产品且处于全球价值链分工中低端。Fontagne(2007)也认为发达国家和发展中国家的出口产品价格不同,使得两者处于全球价值链分工的不同位置,其中出口高价格产品的发达国家往往处于全球价值链分工的高端位置,出口低价格产品的发展中国家则处于全球价值链分工的低端位置,但是发展中国家出口产品并未对发达国家形成竞争威胁。施炳展(2010)则采用一国出口产品价格与该产品世界平均价格的差异来评估该国产品的全球价值链分工地位,认为中国仍处于全球价值链分工低端,出口贸易存在着"贫困化增长"现象。胡昭玲(2013)则采用一国出口产品价格与该产品世界平均价格的比值来评估该国产品全球价值链分工地位,认为加入世贸组织后中国全球价值链分工地位有所提升,其中低技术行业产品全球价值链分工地位高于中高端技术产品的全球价值链分工地位。显然,全球价值链分工地位测度方法已引起广泛关注,其中全球价值链地位指数是当前较为常用的全球价值链分工地位测度方法。

1.2.2 贸易竞争力测度研究

(1)传统贸易竞争力测度研究。以往研究主要采用国际市场占有率(IMS)、贸易竞争指数(TC)、显示性比较优势指数(RCA)以及相对贸易优势指数(RTA)等指标测度贸易竞争力。比如,田祖海(2016)选取显示性比较优势指数、显示性比较优势变动指数和显示性竞争优势指数等指标,比较分析中国与墨西哥制造业产品对美出口的竞争力状况,认为墨西哥制造业产品贸易结构优化程度高于中国,中国制造业产品在美的市场竞争力强于在墨西哥。张悦(2017)利用国际市场占有率、贸易竞争优势指数、显示性比较优势指数等指标分析了中印两国服务贸易国际竞争力,提出中国在中印两国服务贸易领域合作中提升服务贸易竞争力的对策。葛江华(2018)利用国际市场占有率、贸易竞争力和显示性比较优势等3个指标对金砖国家2008—2016年间纺织品贸易竞争力进行实证研究,认为中国纺织品贸易竞争力最强但有减弱趋势,印度纺织品贸易竞争力正在提升,而巴西、南非和俄罗斯纺织品贸易竞争力相对较弱。李博英(2019)利用1992—2017年中韩货物贸易细化行业数据,分析了中韩两国贸易的国际竞争力和比较竞争优势,认为中韩两国在各自优势产业的出口比较优势在世界市场上均得到提升,两国产品比较优势变化将随着本国产业结构调整和国际分工地位调整而变化,且在产品市场上的竞争日趋激烈。上述显示性贸易竞争力评价指标均采用总价值贸易数据核算,难以完全评价一国产业真实的国际贸易竞争力水平,主要原因是在全球价值链分工体系下一国产业总出口隐含众多国外增加值,已非该产业的"真正出口"。

(2)传统贸易竞争力测度方法修正研究。已有研究从增加值视角修正了上述传统显示性贸易竞争力评价指标。比如,郭晶(2015)从贸易增加值视角修正国际竞争力指标,认为传统的国际市场占有率(IMS)和显示性比较优势指数(RCA)因未剔除进口中间投入的影响而高估了中国服务业直接出口的国际竞争力,传统的IMS和RCA指数因未考虑物化在制造业出口中的服务业间接出口而低估了中国服务业整体国际竞争力,中国服务业国际市场占有率虽然逐年上升,但是仍表现出极强的比较劣势且有恶化趋势。陈艳玲(2017)从增加值视角考察当前我国服务贸易国际市场占有率、显示性比较优势和竞争优势,发现在出口增加值核算方式下,我国服务业贸易比较劣势会被进一步放大,应优先发展国内附加值较高的细分服务业,积极占据全球价值链高端位置。韦倩青(2020)则认为,中国制造业整体具有较强的贸易竞争力且呈现不断攀升的趋势,制造业分行业之间的贸易竞争力差别很大,总贸易口径下的贸易竞争力在一定程度上低估了大部分制造业的实际情况。李晓丹(2021)在对制造业分行业数据归并的基础上,分别采用显示性比较优势指数(RCA)和修正的显示性比较优势指数(NRCA)对制造业贸易竞争力进行测算,认为资本密集型制造业行业竞争力大多被低估,而技术密集型制造业行业竞争力则普遍被高估,但是制造业细分行业竞争力被高估或低估的差距呈现缩小趋势。

1.2.3 价格贸易条件测度研究

贸易条件指数最初由经济学家约翰·穆勒提出,并用于测度一国在一定时期内贸易出口相对于贸易进口的盈利能力,是评估一国对外贸易利益得失的重要指标。目前较常用的贸易条件指数主要有价格贸易条件指数、收入贸易条件指数以及要素贸易条件指数,其中价格贸易条件指数是测算其他贸易条件指数的重要基础,因而科学测度价格贸易条件指数尤为重要。价格贸易条件(Net Barter Terms of Trade,NBTT)也被称为净贸易条件,一般采用一国的出口商品价格指数与进口商品价格指数之比来测度,其中出口商品价格指数和进口商品价格指数一般采用拉氏指数或帕氏指数进行核算,我国通常采用拉氏指数来计算进出口商品价格指数。价格贸易条件指数表明,如果一国的价格贸易条件指数大于1,那么该国出口价格指数相对上升或者进口价格指数相对下降,出口 1 单位商品所能换回来的进口商品数量有所增加,此时该国价格贸易条件得到改善;反之,说明该国出口 1 单位商品所能换回来的进口商品数量有所减少,此时该国价格贸易条件有所恶化。

(1)传统价格贸易条件指数难以在同一框架下测度。传统价格贸易条件指数以最终产品国际分工为假设条件,其产品附加值的创造过程都在一个国家或地区内部,以价格为表征的产品价值大体上能反映该国或地区的贸易获利情况。因此,传统价格贸易条件指数测算方法得到广泛采用。比如,胡月(2020)使用 UN Comtrade 数据库中 1996—2017 年的农产品进出口数据,测算了世界 55 个样本国的农产品贸易条件,认为中国农产品价格贸易条件指数均值低于发展中国家农产品价格贸易条件指数平均水平,发达国家农产品价格贸易条件指数在整体上显著高于发展中国家,中国农产品贸易在世界农产品贸易利益分配格局中处于不利地位。张群卉(2016)利用 UN Comtrade 数据库的 HS 6 位数级微观贸易数据与帕氏指数测度了 1993—2014 年中日稀土产品价格贸易条件,认为中日稀土产品价格贸易条件在总体上趋于恶化,中低端产品价格贸易条件波动较大但有所改善,高端产品价格贸易条件持续恶化。从测度方法看,以往研究通常采用拉氏指数或帕氏指数核算价格贸易条件指数,但是测度结果往往难以形成令人信服的结论。事实上,传统价格贸易条件指数测度不可避免地面临诸多数据收集处理难题。比如,吴丹涛(2011)在总结归纳以往价格贸易条件指数测度方法时指出,测度价格贸易条件指数所采用的海关数据普遍存在进出口商品分类标准不同,进出口商品数量单位不同,进出口商品种类、技术等级和贸易方式经常发生改变等诸多缺陷。已有研究针对传统价格贸易条件指数测度方法存在的问题,提出了一些价格贸易条件指数测度修正方法。比如,钱学锋(2010)认为基于固定种类篮子的传统价格贸易条件指数测度方法忽略了贸易品种类变化的影响,势必低估出口产品价格指数和高估进口产品价格指数,从而导致价格贸易条件指数测度出现实质性偏误。徐志远(2017)考虑了商品种类的影响,利用 UN Comtrade 数据库 HS 6 位数级编码数据测度 2002—2015 年中国农产品价格贸易条件指数,认为考虑种类变动后的中国农产品价格贸易条件平均改善了 2.47%,且与固定种类下的价格贸易条件相比,长期趋势并未呈现明显恶化特征,其中进口种类变动对价格贸易条件的改善起主要作用,出口种类变动的贡献相对较弱。顾国达(2017)以 Feenstra(1994)的理论分析框架为基础,利用双层 CES 效用函数将扩展边际融入价格贸易条件测度方法,利用 1995—2014 年中国同世界 233 个国家(或地区)的双边贸易数据,分析了变动种类下的中国价格贸易条件指数演进趋势,认为在固定种类下的中国价格贸易条件平均被低估 13.71%,且被低估的主要产品是来源于发展中地区的中高技术产品。耿康顺(2019)则从区分贸易方式的角度修正传统价格贸易条件指数,采用 HS 6 位数级编码数据测算了 2000—2011 年中国高技术产品不同贸易方式的价格贸易条件变动状况,认为加工贸易方式的价格贸易条件指数先改善后恶化,一般贸易方式的价格贸易条件持续下降且呈较大幅度的恶化。显然,基于 UN Comtrade 数据库的价格贸易条件研究表明,进出口产品供需区域异质性、进出口产品种类、技术等级和贸易方式经常变化等问题,使得价格贸易条件指数难于在同一框架下测度,以至于价格贸易条件指数测度结果往往不具有可比性。

(2)传统价格贸易条件指数难以在全球价值链分工中测度。随着全球价值链分工进程的加速推进,越来越多的产品不再局限于在一国内部完成生产与销售活动,最终产品的生产过程被分解为若干个独立步骤,形成以工序、区段、环节为对象的国际分工体系,因而一国进出口产品价格包含多国产品附加值已成为普遍现象。在全球价值链分工背景下,传统价格贸易条件指数测算方法的合理性和实用性备受质疑。究其原因,主要是进出口商品既包含本国(或地区)中间产品创造的附加值,又包含来源于其他国家(或地区)中间产品投入所形成的附加值,但是传统中间产品进出口价格指数无法衡量该中间产品所创造的真实价值,以至于传统价格贸易条件指数难以准确反映一个国家(或地区)在全球价值链分工下的贸易获利程度。已有研究从产品分工视角修正贸易条件指数测度方法,比如,田文(2006)把产品内分工贸易条件定义为价格贸易条件与垂直专业化程度的乘积,杨海余(2007)采用该方法测算了 1995—2005 年中美贸易中八个典型制造业的贸易条件指数,认为中美贸易摩擦往往存在于产品内分工贸易条件较低的制造业。类似地,李萍(2015)认为 UN Comtrade 数据库的进出口产品价格核算不涉及价值形成过程,所形成的价格贸易条件指数难以完全反映一国国际贸易收益,因而把全球价值链分工贸易条件定义为价格贸易条件指数与垂直专业化分工程度的乘积,以此测算 2002—2012 年我国制造业贸易获利状况,并探讨了国际分工地位对我国制造业全球价值链分工贸易条件的影响,认为我国全球价值链分工地位提升对我国制造业全球价值链分工贸易条件具有正向影响。显然,尽管以往研究尝试引入垂直专业化程度以修正价格贸易条件指数,但是仍没有从真正意义上依照全球价值链分工提出价格贸易条件测度方法。

1.2.4　价格贸易条件影响因素研究

已有研究主要围绕贸易开放、产业分工、外商直接投资以及技术进步等方面探讨价格贸易条件变动的影响效应,具体包括如下几方面内容:

从贸易开放度角度看,贸易开放度可以调节其他影响因素,助力提升改善价格贸易条件。比如,朱晶(2007)分析了贸易开放度角度与工农产品相对价格之间的关系,认为改革开放以来我国农产品相对价格(即农产品相对于工业产品)的贸易条件并没有走低趋势,主要是得益于贸易开放对农产品相对价格的正面促进作用。有研究认为贸易开放对价格贸易条件改善具有调节效应。比如,董利红(2015)采用门槛回归模型揭示对外开放水平的作用机理,认为对外开放水平对价格贸易条件具有门槛效应,即对外开放水平高于某个门槛值时可以有效地提升要素资源对价格贸易条件的促进作用。林峰(2014)分析财政支出与价格贸易条件的关系时也发现,财政支出与价格贸易条件之间存在负相关关系,且这种关系因对外开放水平差异而出现显著的门限效应,即在对外开放水平较低的国家,财政支出对价格贸易条件恶化的作用较强,在对外开放水平较高的国家,财政支出对贸易条件恶化的作用则较弱。

从产业分工角度看,产业分工所处位置影响了价格贸易条件变动。有研究认为发展中国家参与国际分工将导致价格贸易条件恶化。比如,段国蕊(2007)认为随着经济全球化的不断推进,发展中国家按照比较优势原则参与国际分工并没有缩小与发达国家之间的差距,主要原因是发展中国家价格贸易条件并没有得到改善。张少军(2019)分析了全球价值链分工对发展中国家价格贸易条件的影响机制,认为居于全球价值链下游地位的发展中国家价格贸易条件随着全球价值链嵌入度的提高而恶化,全球价值链分工对发展中国家价格贸易条件恶化的作用主要通过出口渠道来实现。也有研究认为发展中国家参与国际分工能改善价格贸易条件。比如,李萍(2015)认为我国大多数行业全球价值链分工贸易条件改善,主要得益于我国制造业垂直专业化分工程度的提升,全球价值链分工地位的提升改善了我国制造业价格贸易条件。

从外商直接投资角度看,外商直接投资质量影响价格贸易条件。有研究认为发展中国家引进外商直接投资导致价格贸易条件恶化。比如,庄芮(2004)分析外商直接投资对价格贸易条件的作用机制,认为发展中国家不可过分依赖外资来改善价格贸易条件。熊勇清(2018)分析我国新兴产业价格贸易条件变动趋势,认为新兴产业价格贸易条件波动幅度较大且恶化趋势相对于传统产业更为严重,其中外商直接投资对新兴产业的影响与传统产业相比更为显著。李玉梅(2016)从加工贸易的视角分析了外商直接投资对我国价格贸易条件的影响,认为我国外资企业进出口加工贸易飞速发展但价格贸易条件趋向恶化,主要原因在于外商直接投资行业结构失衡。也有研究认为外商直接投资不会导致价格贸易条件恶化。比如,王文治(2013)测算了中国制造业 28 个行业的价格贸易条件,认为并非所有制造业细分行业的价格贸易条件都恶化,其中科技含量较高行业的价格贸易条件不断改善,外商直接投资不是造成中国制造业价格贸易条件恶化的因素。黄满盈(2006)认为,外商直接投资流向东道国出口优势部门将使出口价格下降,从而导致该国价格贸易条件恶化;外商直接投资流向东道国进口竞争部门将使进口价格下降,从而改善该国价格贸易条件。同时,黄满盈(2008)还认为,外商直接投资可以通过产业前向关联和后向关联的途径改善东道国的出口贸易结构,也可以通过示范效应和竞争效应促进东道国技术的进步和生产效率的提升,并最终改善东道国价格贸易条件。显然,外商直接投资行业结构调整和规模扩张影响了价格贸易条件。

从技术进步角度看,技术进步是提升价格贸易条件的主要因素。有研究认为技术进步改善了价格贸易条件。比如,张先锋(2008)分析了我国工业制成品价格贸易条件的影响因素,证实技术进步与我国工业制成品价格贸易条件呈显著正相关关系,技术进步明显改善了我国价格贸易条件。技术进步改善价格贸易条件的效果因产业差异而有所不同。赵强(2015)以商品显示技术附加值作为判别技术含量差异的方式,分析了技术进步对各分类商品价格贸易条件的影响效应,认为我国当前比较优势商品仍集中在资源型、中技术产品领域,但是高技术产品的价格贸易条件改善力度最大。有研究则认为技术进步能否改善价格贸易条件与技术进步偏向性有关。比如,陶旺生(2009)把技术进步划分为资本节约型和劳动节约型,认为资本节约型技术进步使得中国价格贸易条件改善,而劳动节约型技术进步并没有使中国获得产品内分工的高端位置,这是导致中国价格贸易条件恶化的主要原因。武海峰(2004)认为改善我国价格贸易条件必须依靠技术进步,应该发展和推广资本节约型技术和中性技术。显然,技术进步是改善价格贸易条件的主要途径。

1.2.5 研究评述

上述文献分析表明,在全球价值链分工趋于碎片化的形势下,价格贸易条件的测度方法与影响路径亟待深入研究。

从研究背景看,培育制造业参与国际经济合作和竞争新优势已成为"十四五"时期我国推进对外贸易创新发展的战略举措,也是到 2035 年基本实现参与国际经济合作和竞争新优势明显增强的远景目标的客观要求。因此,探索我国制造业参与国际合作和竞争新优势的着力点和提升路径是当前必须解决的现实问题。

从研究视角看,以往研究侧重于采用出口贸易增加值修正贸易竞争力(TC)、显示性竞争优势(RCA)以及全球价值链分工地位等指标评估我国制造业贸易竞争力,鲜少从全球价值链分工视角,采用贸易条件指数分析我国制造业对外贸易利益的得失及成因。事实上,贸易条件指数是衡量一国对外贸易收益和国际贸易竞争力的重要指标。其中,价格贸易条件指数尤为重要,是测算其他贸易条件指数的重要基础。因此,从全球价值链分工视角开展价格贸易条件指数研究,有助于探索我国制造业参与国际合作和竞争新优势的着力点和提升路径。

从测度方法看,传统价格贸易条件指数测度方法仍存在两个缺陷,即难以在同一产品分类目录框架下测度价格贸易条件,也难以准确反映一个国家(或地区)参与全球价值链分工时的对外贸易获利状况,从而导致传统价格贸易条件指数测算方法的合理性和实用性备受质疑。显然,从全球价值链分工视角修正传统价格贸易条件的测度方法值得深入研究。

从影响路径看,以往研究主要围绕贸易开放、产业分工、FDI 引进以及技术进步等影响因素探讨价格贸易条件变动的成因,但是没有深入系统地探讨这些影响因素是以何种路径引起价格贸易条件变动的。因此,我国制造业价格贸易条件的影响路径仍有待深入探讨。

1.3 研究思路与目标

1.3.1 研究思路

首先,着眼于党的十九届五中全会提出的"培育制造业参与国际合作和竞争新优势"的战略举措,依托比较优势理论,借助区域间投入产出模型,以中间产品进出口价格指数核算为导向,从全球价值链分工视角重新构建价格贸易条件测度方法;其次从影响因素入手,梳理价格贸易条件影响因素之间的逻辑关联,厘清价格贸易条件影响路径,并以我国制造业为对象验证全球价值链嵌入对中国制造业价格贸易条件的作用方式;最后根据研究结论提出改善我国制造业价格贸易条件的对策与建议。

1.3.2　研究目标

本书试图实现以下两个目标:一是从全球价值链的视角重新构建价格贸易条件指数测度方法,科学评估我国制造业价格贸易条件;二是从影响因素入手厘清价格贸易条件的影响路径,提出改善中国制造业价格贸易条件的对策与建议。

1.4　研究框架

按照既定的研究思路和研究目标,本书围绕价格贸易条件的测度方法与影响路径开展相关研究工作,主要研究内容及安排如下:

第1章为绪论。该部分主要阐述研究的选题背景及意义、梳理相关研究文献、明确研究思路、目标、方法及创新之处,以及本书的主体框架结构。

第2章为理论研究基础。该部分主要以比较优势理论为基础,从全球价值链分工视角出发论述世界各经济体参与全球价值链分工的动机、贸易获利以及贸易条件,为后续开展价格贸易条件的测度方法与影响路径研究夯实理论研究基础。

第3章为全球价值链分工视角下价格贸易条件指数测度方法。该部分主要立足于比较优势理论,从全球价值链的分工出发,以中间产品进出口价格指数核算为导向,以区域间产业关联方式为突破口,构建多区域投入产出价格影响模型,核算中间产品进出口价格变动量,进而重新构建价格贸易条件指数测算方法。

第4章为中国制造业贸易开放度指数。该部分主要从贸易潜力视角探讨贸易开放度指数测度问题,即以一国由开放且无贸易摩擦均衡状态转移到开放且有贸易摩擦均衡状态时的劳动者平均收入变化程度来构建贸易潜力指数测算方法,再按照min-max标准化方式对贸易潜力指数进行标准化,以标准化后的贸易潜力指数的倒数评估贸易开放度程度,从而分析我国制造业分行业贸易开放度的发展特征及趋势。

第5章为中国制造业全球生产阶段数。本部分主要从全球价值链的分工视角,针对产品全球生产工序分割程度日益深化的现象,以世界投入产出表为基础,采用全球生产阶段数测度方法分析中国制造业整体及其细分行业的生产阶段数构成特征,评估中国制造业在全球生产工序上所处的位置状态。

第6章为中国制造业全球价值链地位指数。该部分主要以生产阶段数为基础,以出口增加值核算为依托构建全球价值链分工地位指数测度方法,利用世界投入产出表实证分析我国制造业出口增加值的构成特征,测度我国制造业全球价值链地位指数,对比分析两岸中高技术制造业全球价值链分工地位,提出两岸制造业协同迈向全球价值链高端的对策。

第 7 章为中国制造业 FDI 行业转移与质量提升。该部分主要从行业转移和质量提升的角度探讨我国制造业 FDI 规模扩张问题,即从行业转移视角采用动态偏离-份额分析模型分析我国制造业总体 FDI 质量提升的原因,从政策规制视角采用面板门限回归模型探讨环境管制程度对制造业 FDI 质量的影响方式。

第 8 章为 FDI 技术溢出、政府补贴与中国制造业出口技术复杂度。该部分主要探讨 FDI 质量和政府补贴对我国制造业出口技术复杂度的影响。首先,把我国工业部门划分为外资企业和内资企业,根据 FEDER 模型的研究思路构建工业外资企业技术溢出效应测算模型,并采用面板门限模型探讨垂直溢出效应和水平溢出效应;其次,以"成本发现"模型为基础,采用 Hausmann(2005)提出的出口技术复杂度测度我国制造业出口技术复杂度,探讨政府补贴对 FDI 质量影响我国制造业出口技术复杂度的调节效应。

第 9 章为中国制造业价格贸易条件影响路径。该部分主要从影响因素入手,梳理价格贸易条件影响因素之间的逻辑关联,厘清价格贸易条件的影响路径,采用层级回归分析方法验证全球价值链嵌入对中国制造业价格贸易条件的作用方式。

第 10 章为总结、对策与展望。该部分总结归纳研究得出结论,从贸易开放度、全球价值链分工地位、外商直接投资以及技术进步等方面提出改善我国制造业价格贸易条件的具体对策与建议,对本书研究不足之处提出后续研究设想。

1.5　研究重点与难点

本书的研究重点在于分析中国制造业价格贸易条件的影响路径,探讨我国制造业参与国际合作和竞争新优势的着力点和提升路径。从贸易开放、产业分工、外商直接投资以及技术进步等影响因素入手,梳理各影响因素之间的逻辑关联,厘清价格贸易条件的影响路径是研究的重点。

本书的研究难点在于从全球价值链的视角构建价格贸易条件指数测度方法。以往研究并没有依照全球价值链分工提出价格贸易条件的测度方法,主要原因是依全球生产工序分工核算中间产品进出口价格指数较为困难。因此,核算中间产品进出口价格指数,进而从全球价值链的视角重构价格贸易条件指数测度方法是本书研究的难点。

1.6 研究方法与创新

1.6.1 研究方法

本书采用的研究方法主要体现在以下几个方面:在选题方面,着眼于党的十九届五中全会提出的"培育制造业参与国际合作和竞争新优势"的战略举措,采用文献归纳法明确把研究选题聚焦于探讨中国制造业价格贸易条件的测度方法与影响路径;在测度理论方面,依托比较优势理论,借助区域间投入产出模型分析方法,以中间产品进出口价格变动量核算为导向,重构价格贸易条件的指数测度方法;在实证分析方面,利用文献归纳法梳理价格贸易条件影响因素之间的逻辑关联,厘清价格贸易条件影响路径,并以我国制造业为对象,采用层级回归分析法验证全球价值链嵌入对中国制造业价格贸易条件的作用方式。

1.6.2 创新之处

本书研究的创新之处具体如下:

一是视角创新。以往研究主要从出口产品需求量出发,采用出口贸易增加值修正贸易竞争力指标来分析制造业国际贸易竞争力。本书则从产品进出口价格入手,采用修正的价格贸易条件指数来分析我国制造业参与国际合作与竞争的贸易得失。

二是观点创新。以往研究主要围绕贸易开放、产业分工、外商直接投资以及技术进步等方面探讨价格贸易条件变动的影响效应,没有梳理各影响因素之间的逻辑关联,并以此厘清价格贸易条件的影响路径。本书认为价格贸易条件变动是各种影响因素综合作用的体现,应该梳理各影响因素之间的逻辑关联,借此厘清价格贸易条件的影响路径,进而系统地探讨我国制造业价格贸易条件改善的实现路径。

三是方法创新。以往研究虽然注意到全球生产工序分工下,传统价格贸易条件指数已难以完全反映一国国际贸易收益,但是没有依全球生产工序分工提出价格贸易条件的测度方法。本书针对以往研究不足之处,从全球生产工序分工视角提出修正的价格贸易条件指数测度方法,丰富了价格贸易条件测度理论。

第 2 章　理论研究基础

随着全球价值链分工的不断深化,全世界基本形成以商品生产阶段跨境分割为主要特征的国际生产与贸易新格局。在此背景下,本章试图从理论上总结归纳各国参与全球价值链分工的动机、贸易获利以及贸易条件改善途径,为后续研究奠定理论基础。

2.1　全球价值链分工

价值链的概念最早由 Porter(1985)提出,是指商品或服务从原材料到最终产品各个阶段实现价值增值的一系列过程。图 2.1 为产品价值链"微笑曲线"示意图。该图刻画了产品在价值链上从研发、生产、组装、销售到售后等一系列业务工序的价值实现过程。

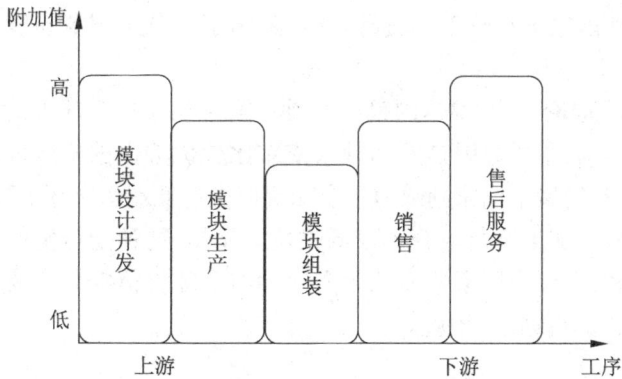

图 2.1　产品价值链"微笑曲线"示意图

Gereffi(1999)以产品价值链为基础提出全球价值链的概念,将全球价值链定义为产品在全球范围内从设计、使用到最终报废的整个产品生命周期中所有创造价值的活动,涵盖产品设计、生产、营销以及对最终用户的支持与售后服务等业务工序。UNIDO(2002)把全球价值链定义为实现商品或服务价值所形成的全球性跨企业网络组织,包含商品的生产、销售、回收、处理等过程,以及这些过程中的原材料采购运输,半成品、成品生产销售,最终消费回收等各种活动。随着产品生产工序分工的不断深化,最终产品的生产过程可分为研发新产品设计环节、核心零部件制造环节、一般零部件制造环节、加工组装环节、市场营销环节、售后服务等各个环节,且每个环节可看成中间产品生产的一个生产阶段,每个环节都在实现产品价值增值并形成产品价值链。显然,全球价值链理论可看成产品价值链理论的拓展,把参与价值链主体由企业拓展到经济体层面,由全球各经济体分别完成产品价值链上的产品研发、制造和销售等环节,因而产品价值在全球范围内完成分配和转移,形成全球价值链分工。

学术界用于描述全球价值链分工的专业术语较多。国外研究中描述全球价值链分工的术语主要有 Balassa(1965)的"垂直专业化"、Dixit(1982)的"多阶段生产"、Jones(2008)的"零散化生产"、Feenstra(1995)的"国际外包"以及 Deardorff(2008)的"片段化生产"等。在国内研究中,全球价值链分工常被称为垂直专业化、产品内分工以及工序分工。比如,刘志彪(2001)把全球价值链分工称为"垂直专业化",认为产品价值链各阶段上下游企业之间进行纵向分工与合作,如果上下游企业位于不同国家,则这种上下游企业跨国界分工就是一种全球价值链分工。卢峰(2007)把全球价值链分工称为"产品内分工",认为产品生产过程中不同工序通过空间分散化形成跨区生产链,如果产品工序在一国内部不同区域空间分散化则形成国内产品内分工,如果产品工序在不同国家空间分散化则形成国际产品内分工。曾铮(2007)把全球价值链分工称为"工序分工与贸易",认为产品生产与生产网络上的其他国家进行分工和贸易,这种跨国工序分工与贸易能更好地描述全球价值链分工。

"微笑曲线"理论表明,发达国家与发展中国家在参与全球价值链分工时所形成的贸易获利不均,主要原因是发达国家依靠比较优势占据全球价值链高端环节并获得较高收益,发展中国家则致力于全球价值链中低端生产环节,依靠进口高附加值中间品并从事加工组装以获得较低收益。显然,这种全球价值链分工格局对发展中国家不利,发展中国家依靠低级要素参与全球价值链分工的贸易获利能力较弱,容易陷入"低端锁定"困境。

2.2 比较优势理论

2.2.1 全球价值链分工下的比较优势理论

Jones(2000)提出了引入中间产品的国际生产分工与贸易模式。在没有中间产品投入的情况下,假设世界只有国家 A 和 B,生产两种最终产品 X 和 Y,使用劳动力 L 和资源 N 两种要素,商品价格 p_x 和 p_y 是由市场供需决定的外生变量,生产商品 X 只需要投入劳动力 L,生产商品 Y 需要投入劳动力 L 和中间产品 Z,而且中

间产品 Z 需要投入劳动力 L 和资源 N 进行生产。假设 w 为劳动力 L 的工资率，r_n 和 p_n 分别为资源 N 的收益和价格，单位商品 X 和 Y 的劳动力投入量分别为 a_{lx} 和 a_{ly}，商品 Y 的单位中间产品投入量为 a_{zy}，单位中间产品 Z 的劳动力投入量和资源投入量分别为 a_{lz} 和 a_{nz}，则在均衡状态下有

$$a_{lx}w = p_x \qquad (2.2.1)$$

$$a_{ly}w + a_{zy}p_n = p_y \qquad (2.2.2)$$

$$a_{lz}w + a_{nz}r_n = p_n \qquad (2.2.3)$$

由式(2.2.1)和式(2.2.2)，可得

$$\frac{a_{ly}}{a_{lx}} + a_{zy}\frac{p_n}{p_x} = \frac{p_y}{p_x} \qquad (2.2.4)$$

在没有中间产品投入的情况下，资源价格 p_n 由各国市场单独决定。假设国家 A 生产中间产品 Z 时使用资源 N 相对于国家 B 而言具有禀赋比较优势，即 $r_n^A < r_n^B$ 成立，则有

$$\left(\frac{p_n}{p_x}\right)^A > \left(\frac{p_n}{p_x}\right)^B \qquad (2.2.5)$$

$$\left(\frac{a_{ly}}{a_{lx}}\right)^B > \left(\frac{a_{ly}}{a_{lx}}\right)^A \qquad (2.2.6)$$

显然，各国依式(2.2.5)和式(2.2.6)所确定的比较优势进行产品生产和贸易。

图 2.2 为引入中间产品的李嘉图比较优势模型。在该图中，横坐标表示中间产品 Z 的相对价格，纵坐标表示商品 Y 的相对价格，两条直线分别表示国家 A 和国家 B 生产单位商品 Y 的机会成本线。该机会成本线与纵坐标的交点表示生产单位商品 Y 相对于生产单位商品 X 所需的劳动力投入量，其斜率为生产单位商品 Y 所需投入的中间产品量。

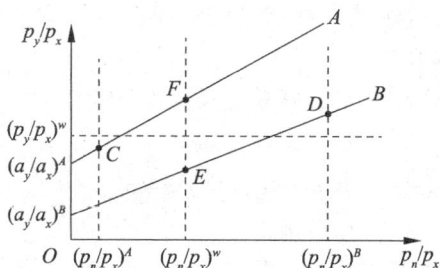

图 2.2　引入中间产品的李嘉图比较优势模型

从图 2.2 中可发现，如果商品 Y 的相对价格处于国家 A 和国家 B 的机会成本线上方，则国家 A 和国家 B 将同时生产商品 Y；如果商品 Y 的相对价格处于国家 A

和国家 B 的机会成本线之间，则国家 B 将生产商品 Y，而国家 A 将生产商品 X；如果商品 Y 的相对价格处于国家 A 和国家 B 的机会成本线之下，则国家 A 和国家 B 将同时生产商品 X。显然，在引入中间产品的情况下，中间产品 Z 的相对价格表示某国利用工序 Z 进行生产的相对成本价格。

（1）不考虑全球价值链分工的情况。假设使用中间产品进行生产的商品 Y 的相对价格为 $\left(\dfrac{p_y}{p_x}\right)^w$，则国家 A 具有资源禀赋优势条件可表示为 $\left(\dfrac{p_n}{p_x}\right)^A > \left(\dfrac{p_n}{p_x}\right)^B$，而国家 B 具有劳动生产率和资源使用效率上的比较优势。从图 2.2 中可以看出，国家 A 的机会成本线和国家 A 进行工序 Z 生产的相对价格线交于点 C，国家 B 的机会成本线与国家 B 进行工序 Z 生产的相对价格线交于点 D，交点 C 的位置明显低于交点 D 的位置，这表明国家 A 生产商品 Y 的相对价格低于国家 B 生产商品 Y 的相对价格。当全世界市场中的商品 Y 的价格为 $\left(\dfrac{p_y}{p_x}\right)^w$ 时，商品 Y 的相对价格高于国家 A 的机会成本，但低于国家 B 的机会成本，此时国家 A 生产并出口商品 Y，而国家 B 生产并出口商品 X。

（2）考虑全球价值链分工的情况。在全球价值链分工下，工序形成的中间产品 Z 可以进行跨国贸易，此时世界统一价格为 $\left(\dfrac{p_n}{p_x}\right)^w$。该世界统一价格线与国家 A 生产商品 Y 的机会成本线相交于点 F，与国家 B 生产商品 Y 的机会成本线相交于点 E。此时国家 A 生产商品 Y 的机会成本高于国家 B 生产商品 Y 的机会成本，商品 Y 的生产将由国家 A 转移到国家 B。这表明，国家 A 从事工序生产并将工序所形成的中间产品 Z 出口到国家 B，而国家 B 进行商品 Y 的生产及出口。

上述分析表明，如果存在全球价值链分工，则各国将按照本国的比较优势参与全球工序分工，并通过工序分工和贸易形成全球价值链分工体系。因此，发展中国家可以根据本国比较优势承接发达国家的附加值产品工序，以中间产品出口方式融入全球价值链分工体系。

进一步，如果中间产品 Z 具有贸易交易成本，则有

$$a_{lx}w = p_x \tag{2.2.7}$$

$$a_{ly}w + a_{zy}(p_n + t) = p_y \tag{2.2.8}$$

$$a_{lz}w + a_{nz}r_n = p_n \tag{2.2.9}$$

此时，国家 B 生产商品 Y 的比较优势决定方程可表示为

$$\frac{a_{ly}}{a_{lx}} + a_{zy}\left(\frac{p_n + t}{p_x}\right) = \frac{p_y}{p_x} \tag{2.2.10}$$

图 2.3 为引入中间产品和全球价值链分工的李嘉图比较优势模型。从图 2.3

中可发现,当中间产品的交易成本为 t' 时,国家 B 生产商品 Y 的相对价格处于点 M,此时国家 B 从国家 A 进口中间产品 Z,与自行生产中间产品 Z 相比,前者更能提高本国生产商品 Y 的比较优势,但是与国家 A 生产商品 Y 相比仍处于比较劣势。显然,原有生产分工状况在这种状态下不会发生改变,即国家 A 将生产商品 Y,国家 B 将生产商品 X;如果中间产品 Z,的交易成本下降到 t'',那么国家 B 生产商品 Y 的相对价格就处于点 E,此时国家 B 从国家 A 进口中间产品 Z,与自行生产中间产品 Z 相比,前者能大幅提高本国生产商品 Y 的比较优势,与国家 A 生产商品 Y 相比也处于比较优势。显然,在这种状态下,国家 A 具备生产商品 X 的比较优势,将选择生产商品 X 和商品 Z,而把商品 Y 的生产转移到国家 B,国家 B 生产商品 Y 和进口商品 Z。

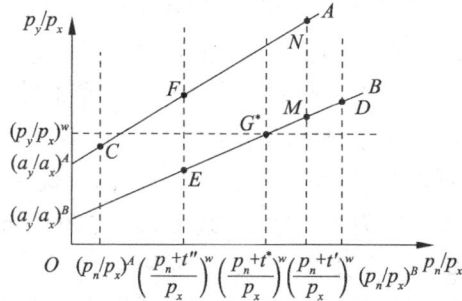

图 2.3　引入中间产品和全球价值链分工的李嘉图比较优势模型

从图 2.3 中还可发现,全球价值链分工得以发生的临界值为 t^*。如果中间产品 Z 的交易成本高于该临界值,那么国家 A 拥有生产商品 Y 的比较优势;如果中间产品 Z 的交易成本低于该临界值,那么国家 B 拥有生产商品 Y 的比较优势。可见,当中间产品 Z 的交易费用降低到一定限度时,商品 Y 的最终产品生产地点将由各国生产该商品的比较优势决定,即国家 B 生产商品 Y 或国家 A 进口商品 Y 取决于中间产品 Z 的相对价格。

2.2.2　生产工序选择与比较优势条件

Deardorff(2001)将李嘉图贸易模型进行拓展,并依此探讨全球价值链分工对比较优势条件的影响。假设小型开放国家投入的劳动力 L 可用来生产最终产品 X 和 Y 中的任何一种产品,其中产品 X 和 Y 的单位劳动需求量分别为 a_x 和 a_y,产品 X 和 Y 的世界市场价格分别为 p_x 和 p_y,小型开放国家的劳动工资为 w,产品 X 和 Y 的供应价格分别为 wa_x 和 wa_y。如果产品 X 和 Y 中任何一种产品的价格低于世界市场价格,那么市场均衡工资可表示为

$$w_0 = \max\left(\frac{p_X}{a_X}, \frac{p_Y}{a_Y}\right) \tag{2.2.11}$$

式(2.2.11)表明,如果$\frac{p_X}{a_X}>\frac{p_Y}{a_Y}$,那么小型开放国家将专业化生产出口产品$X$。因此,小型开放国家在产品$X$的生产上所获得的比较优势条件可表示为

$$\frac{a_X}{a_Y}<\frac{p_X}{p_Y} \qquad\qquad (2.2.12)$$

在全球价值链分工下,假设产品X的生产可分为$i(i=1,\cdots,n_X)$个生产阶段,且第i生产阶段所投入的劳动量为a_{Xi}。如果不考虑各生产阶段技术进步的影响,则有

$$\sum_{i=1}^{n_X} a_{Xi} \geqslant a_X \qquad\qquad (2.2.13)$$

假设每个生产阶段只生产相应的单位中间产品Z_{Xi},且该单位中间产品投入下一个生产阶段并生产出相应的中间产品$Z_{X,i+1}$,而最终的生产阶段则生产出产品X,即$X=Z_{X,n_X}$。显然,每一个生产阶段生产单位中间产品除了需要投入相应劳动量a_{Xi}外,还需投入前一个生产阶段所生产的中间产品$Z_{X,i-1}$。以2×2的李嘉图模型为例,假设中间产品可以在国际市场上交易,则产品X的生产被分为两个生产阶段,每个阶段所需劳动量分别为a_{X1}和a_{X2},其中第一个生产阶段生产中间产品Z,且中间产品Z的世界市场价格表示为p_z。劳动要素用于生产中间产品Z时获得的工资为p_z/a_{X1},在中间产品Z的生产阶段用于生产产品X所获得的工资则为$(p_X-p_Z)/a_{X2}$。假设劳动力将选择获得工资最多的生产活动,且只有当两项或两项以上的生产活动能够获得不低于该工资时才会选择从事分阶段生产活动。此时,小型开放国家的均衡工资可表示为

$$w_F = \max\left(\frac{p_X}{a_X}, \frac{p_Y}{a_Y}, \frac{p_Z}{a_{X1}}, \frac{p_X-p_Z}{a_{X2}}\right) \qquad (2.2.14)$$

图2.4为小型开放国家参与全球价值链分工时的生产工序选择。在该图中,粗实线X和粗虚线T_Z表示产出对价格的反应,细虚线Z表示净贸易(出口为正,进口为负)。如果小型开放国家在生产产品X上拥有比较优势,则其不会生产产品Y,但是其是否生产产品X依赖于中间产品价格。以产品X为基准,如果$p_Z<\frac{a_X-a_{X2}}{a_X}$,则小型开放国家将把劳动要素投放到第二生产阶段用于生产产品X,并出口该中间产品;如果$\frac{a_X-a_{X2}}{a_X}<p_Z<\frac{a_{X1}}{a_X}$,则小型开放国家将不参与全球价值链分工,并转而独自生产产品X;如果$\frac{a_{X1}}{a_X}<p_Z$,则小型开放国家将选择只生产中间产品Z。显然,小型开放国家在参与全球价值链分工时,将按照比较优势条件选择合适的全球

生产工序分工模式。

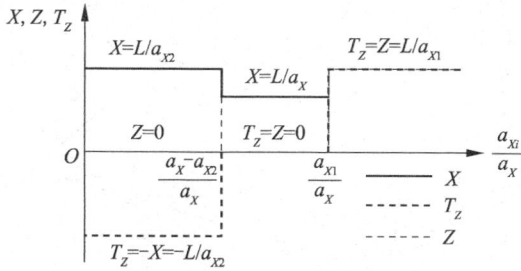

图 2.4　小型开放国家参与全球价值链分工时的生产工序选择

Deardorff(2001)认为,如果全球价值链分工不改变由小国确定的世界价格,那么全球价值链分工将会提高小国在全球价值链分工下的产品产出量;如果全球价值链分工改变由大国确定的世界价格,那么大国可能因贸易条件恶化而降低福利,而且在全球价值链分工中获益的国家可能因贸易条件恶化而导致国内要素所有者受损。

图 2.5 为国家 A 的生产边界线示意图。在不参与全球价值链分工的情况下,国家 A 在产品 X 的生产上具有比较优势,其生产边界线标在 $X–Y$ 平面上的李嘉图转换曲线为 $T_A T'_A$,此时国家 A 的比较优势条件为 OT_A/OT'_A;在参与全球价值链分工的情况下,国家 A 的生产边界由 $X–Y$ 二维平面拓展至 $X–Y–Z$ 三维空间,其中 Z 轴正方向表示中间产品净输出量,Z 轴负方向表示生产产品 X 时所需的中间产品净投入量。国家 A 在生产产品 X 的过程中投入等量的中间产品 Z,在 Z 轴上标记为 Z_A,并在 $X–Z$ 平面内作出一条 45°线。如果国家 A 参与全球价值链分工时不存在成本,则三角形 $Z_A T_A T'_A$ 与该 45°线相交于点 Z'_A,三角形 $Z_A T_A T'_A$ 与三角形 $Z'_A T_A T'_A$ 在同一个平面,此时国家 A 参与全球价值链分工的边界线由三角形 $T_A Z_A Z'_A$ 组成;如果国家 A 参与全球价值链分工的成本较高,则三角形 $Z_A T_A T'_A$ 与三角形 $Z'_A T_A T'_A$ 的表面将沿着 $T_A T'_A$ 扭曲,此时连接 Z_A 和 Z'_A 的直线 $Z_A Z'_A$ 将通过点 T'_A 的左侧。

同理,图 2.6 为国家 B 的生产边界线示意图。在该图中,国家 B 的最大生产率在最终产品 Y 和中间产品 Z 的方向上。

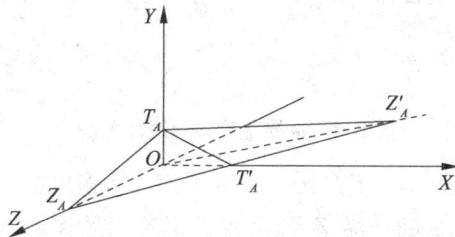

图 2.5　国家 A 的生产边界线示意图

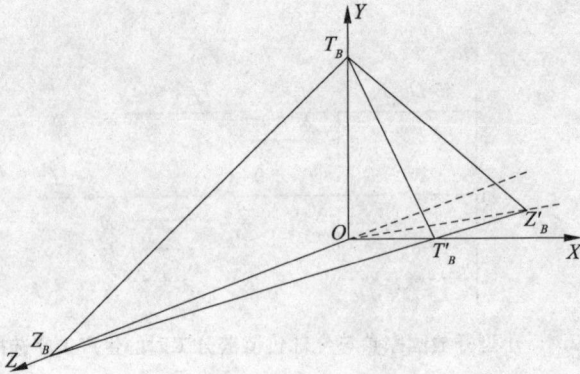

图 2.6 　国家 B 的生产边界线示意图

图 2.7 为世界生产边界线示意图。在三维坐标系中,结合国家 A 和国家 B 的生产边界线可得到世界生产可能性边界线。Deardorff(2001)将国家 A 的生产边界线的起点放在国家 B 的生产边界线曲面 $T_B Z_B Z_B'$ 上,在点 Z_A' 处描绘出国家 B 的生产边界线的三角形区域 $Z_W' Z_W'' Z_W'''$,在国家 A 的生产边界线的底部边沿 $Z_A Z_A'$ 描绘出平行四边形区域 $Z_W Z_W' Z_W'' Z_W''''$,此时国家 A 自身成为世界生产边界线的最顶部的三角形区域 $T_W Z_W' Z_W''$。

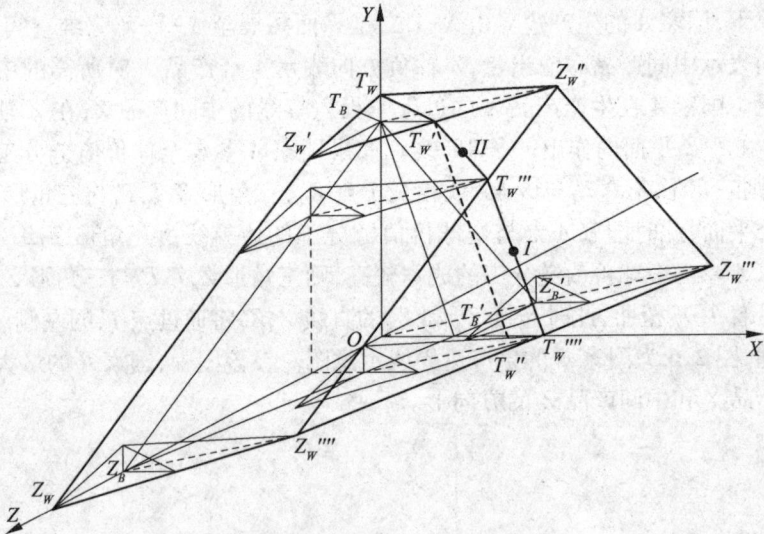

图 2.7 　世界生产边界线示意图

图 2.7 描述了"国家 B 只生产产品 Y""国家 A 生产产品 X 并使用中间产品 Z""国家 B 生产产品 Y 和中间产品 Z,国家 A 只生产产品 X"三种全球价值链分工模式。值得注意的是,中间产品 Z 只能用于生产产品 X,此时世界中间产品 Z 的净产

出为零,因此扭结线 $T_WT'_WT'''_WT''''_W$ 上的世界价格均衡点将在哪里出现,取决于两国消费者对产品 X 和产品 Y 的偏好。显然,如果没有全球价值链分工,那么产品将被限制在 $T_WT'_WT''_W$ 上进行组合生产;而在全球价值链分工情况下,如果消费者偏好把价格平衡点放在 $T'_WT''_W$,那么全球价值链分工将允许产品 X 和 Y 消费量增加,此时世界总体将从全球价值链分工中获得潜在收益。

从图 2.7 中还可发现,世界均衡价格将由平面斜率与平衡点所在的世界生产边界线相切的切点决定。如果产品 X 的需求足够高,平衡点将位于 $T'''_WT''''_W$ 上的点 I 处,那么世界均衡价格就是国家 B 在自给自足状态下的价格,且不会随全球价值链的分工而变化,此时国家 A 的比较优势条件不会恶化,即国家 A 的福利不会因全球价值链分工而损失;如果平衡点位于 $T'_WT''_W$ 上的点 II 处,此时产品 X 的相对价格因全球价值链分工而下降,国家 A 出口产品 X 将导致其比较优势条件恶化,即国家 A 的福利将因全球价值链分工而损失。事实上,$T'_WT'''_W$ 是平行四边形 $T'_WT''_WT'''_WT''''_W$ 的一部分,从国家 A 的生产边界线下边缘出来并穿过国家 B 的生产边界线左上边缘,因此在该部分中与世界生产边界线相切的价格平面也包括国家 A 的生产边界线整个底边。这种状况足以确保国家 A 不会将资源转移到其他生产阶段以获得收益,因而比较优势条件下降确实会给国家 A 的福利造成损失。

图 2.8 为生产工序选择对国家 A 的比较优势条件的正向影响。国家 A 最初只交易产品 X 和产品 Y,沿着国家 B 给出的价格线在点 C 消费。此时,全球价值链分工下的产品价格不会改变,但国家 A 将其所有劳动及中间产品 Z 转移到产品 X,将生产移动到 Z'_A 并沿着价格平面从点 C 移动到点 C' 进行交易。显然,国家 A 在参与全球价值链分工时改善了比较优势条件并提高了福利。

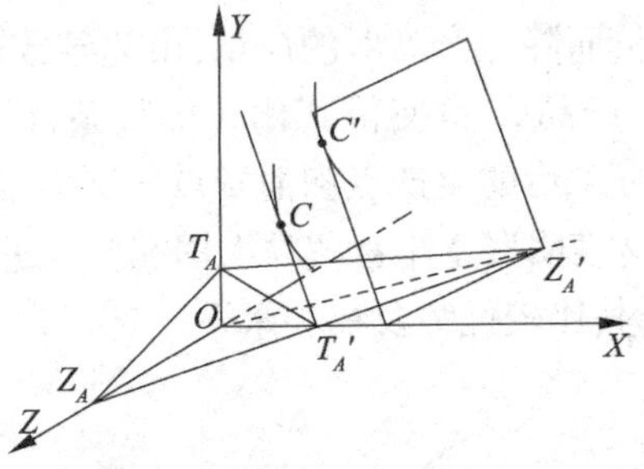

图 2.8　生产工序选择对国家 A 的比较优势条件的正向影响

图 2.9 为生产工序选择对国家 A 的比较优势条件的负向影响。如果国家 A 从点 C 开始沿着一个价格平面进行交易(低于 p_X/p_Y)并从上方顺时针旋转(低于 p_X/p_Z),此时国家 A 是在底部边缘点 T'_A 和 Z'_A 之间的某个地方生产产品 X,并进口产品 Y 和中间产品 Z,这意味着国家 A 在参与全球价值链分工时的比较优势条件有所恶化,以至于福利明显损失。

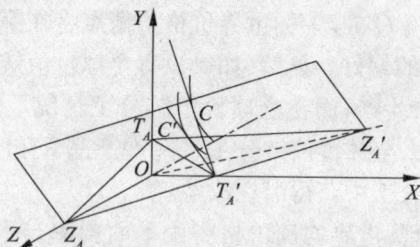

图 2.9　生产工序选择对国家 A 的比较优势条件的负向影响

2.2.3　要素禀赋与比较优势条件

Arndt(1998)分析了全球价值链分工下不同要素禀赋国家的比较优势变动状况。以此为基础,李萍(2014)解释了全球价值链分工对资源丰富国家比较优势的影响。

图 2.10 为资本丰富国家的比较优势变动情况。在该图中,资本丰富国家 A 在参与全球价值链分工时,将进口产品 X 的劳动密集型阶段产品 x_2 外包给国家 B,而在国内生产产品 Y 以及产品 X 中的资本密集阶段产品 x_1。产品 X 的工序分工提高了其生产量,此时生产边界线将由参与全球价值链分工前的曲线 TT' 扩张到参与全球价值链分工后的曲线 TT'',点 T'' 位于点 T' 的右侧。如果国家 A 为小国,世界产品价格为 p_w 且不发生变化,则该小国的比较优势不发生变化。但是,该小国 A 参与全球价值链分工将使得产品 X 的产量提高而产品 Y 的产量下降,该国参与全球价值链分工前的生产点和消费点分别为 Q 和 C,参与全球价值链分工后的生产点和消费点分别为 Q' 和 C',消费点 C' 位于更高的无差异曲线上。这表明,资本丰富的贸易小国在参与进口竞争部门产品的全球价值链分工时,能够在保持比较优势条件不变的情形下提高福利水平。如果国家 A 为大国,国家 A 参与全球价值链分工将提高产品 X 的产量而降低产品 Y 的产量,由此导致产品 X 的相对价格下降。在此情况下,国家 A 进口产品 X 将使得其比较优势条件得到提升,价格变为 p_w'。国家 A 参与全球价值链分工后的生产点和消费点分别为 Q'' 和 C'',且消费点 C'' 位于更高的无差异曲线上。这表明资本丰富贸易大国在参与进口竞争部门产品的全球价值链分工时,能够提升其比较优势及福利水平。

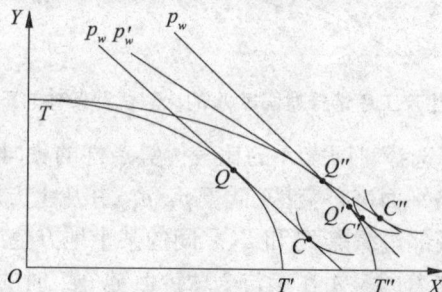

图 2.10　资本丰富国家的比较优势变动情况

　　图 2.11 为劳动力丰富国家(小国)的比较优势变动情况。在该图中,劳动力丰富的小国 B 参与全球价值链分工时,将生产产品 Y 以及产品 X 的劳动密集型阶段产品 x_2,生产边界线将由参与全球价值链分工前的曲线 TT' 扩张到参与全球价值链分工后的曲线 TT'',点 T'' 位于点 T' 的右侧。如果国家 B 为小国,世界产品价格为 p_w 且不发生变化,则该小国的比较优势不发生变化。国家 B 参与全球价值链分工使得产品 X 的产量提高而产品 Y 的产量下降,该国参与全球价值链分工前的生产点和消费点分别为 Q 和 C,参与全球价值链分工后的生产点和消费点分别为 Q' 和 C',消费点 C' 位于更高的无差异曲线上。这表明该国贸易福利得到提高。因此,劳动力丰富的贸易小国在参与进口竞争部门产品的全球价值链分工时,能够在保持比较优势不变的情形下提高福利水平。

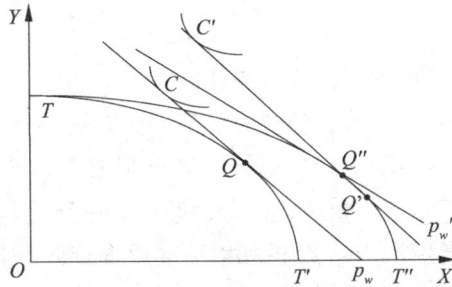

图 2.11　劳动力丰富国家(小国)的比较优势变动情况

　　图 2.12 为劳动力丰富国家(大国)的比较优势变动情况。劳动力丰富的大国 B 参与全球价值链分工将提高产品 X 的产量并降低产品 Y 的产量,以至于产品 X 的相对价格下降。此时,国家 B 出口产品 X 将导致其比较优势条件下降,价格变为 p_w'。在比较优势条件下降的情况下,国家 B 的贸易福利取决于其比较优势条件下降程度及其消费偏好。此时,新的贸易价格 p_w' 与原来的价格 p_w 相交于点 D,如果新消费点位于点 D 的右侧,则国家 B 的消费偏向于产品 X,价格线与无差异曲线共同决定的新消费点将高于点 C,此时国家 B 的贸易福利水平得到提高;如果新消费点位于点 D 的左侧,则国家 B 的消费偏向于产品 Y,价格线与无差异曲线共同决定的新消费点将低于点 C,此时国家 B 的贸易福利水平下降。特别地,如果新的贸易价格 p_w' 与原来的价格 p_w 的交点 D 位于 Y 轴上,那么新的消费点将位于点 D 的右侧,此时国家 B 的贸易福利水平仍然提高。因此,劳动力丰富的大国参与劳动密集型产品的全球价值链分工将导致其比较优势条件有所下降,但是福利水平能否提升主要取决于其比较优势条件下降程度及消费偏好。

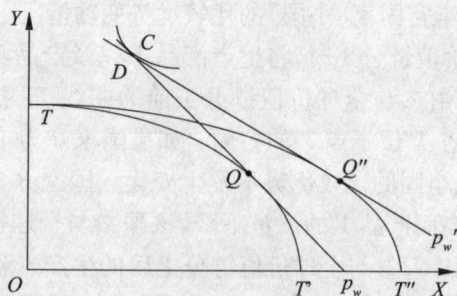

图 2.12 劳动力丰富国家(大国)的比较优势变动情况

2.3 价格贸易条件

2.3.1 基于比较优势理论的价格贸易条件

Deardorff(2004)探讨了全球价值链分工下的比较优势条件。假设世界由两个国家构成(分别记为 C_1 和 C_2),生产两种产品(分别记为 g_1 和 g_2),L 为劳动要素,a_g^c 为 C 国生产单位产品 g 所需要投入的劳动数量。按照比较优势理论,如果国家 C_1 和国家 C_2 相比,前者生产产品 g_1 的相对劳动成本较低,则国家 C_1 相比国家 C_2 在生产产品 g_1 上具有比较优势,可表示为

$$\frac{a_{g_1}^{c_1}}{a_{g_2}^{c_1}} < \frac{a_{g_1}^{c_2}}{a_{g_2}^{c_2}} \tag{2.3.1}$$

根据这个定义,国家 C_1 将出口产品 g_1,而国家 C_2 将出口产品 g_2。为了使贸易对两国有利,就存在既定两国之间的贸易分工,资源越多的国家总收益规模就越大,每个国家都能够根据贸易分工重新分配到它拥有的产业比较优势。

如果一个产品由多阶段生产工序完成,每个生产阶段的产品作为中间产品投入下一个生产阶段,那么国际分工由最终产品分工转为全球价值链分工,该产品的成本既包含生产过程中投入的劳动力成本,也包含投入的中间产品成本。以国家 C 生产产品 g 为例,生产产品 g 需要 h 种中间投入产品 b_{hg}^c,假设 p_h^c 为生产单位中间投入产品 b_{hg}^c 所需要的劳动力成本,产品 g 的最后生产阶段需要劳动力成本 a_g^c,则国家 C 生产产品 g 的总成本 λ_g^c 可表示为

$$\lambda_g^c = a_g^c + \sum_h p_h^c b_{hg}^c \tag{2.3.2}$$

如果国家 C_1 和国家 C_2 相比在生产产品 g_1 上具有比较优势,则

$$\frac{\lambda_{g_1}^{c_1}}{\lambda_{g_2}^{c_1}} = \frac{a_{g_1}^{c_1} + \sum_h p_h^{c_1} b_{hg_1}^{c_1}}{a_{g_2}^{c_1} + \sum_h p_h^{c_1} b_{hg_2}^{c_1}} < \frac{a_{g_1}^{c_2} + \sum_h p_h^{c_2} b_{hg_1}^{c_2}}{a_{g_2}^{c_2} + \sum_h p_h^{c_2} b_{hg_2}^{c_2}} = \frac{\lambda_{g_1}^{c_2}}{\lambda_{g_2}^{c_2}} \tag{2.3.3}$$

假设 p_g^c 和 v_g^c 分别为国家 C 生产产品 g 的价格和增加值,则

$$v_g^c = p_g^c - \sum_h p_h^c b_{hg}^c \tag{2.3.4}$$

显然,利用中间产品生产产品 g 时,实现单位增加值需投入的劳动力数量为

$$\alpha_g^c = \frac{a_g^c}{v_g^c} \tag{2.3.5}$$

如果国家 C_1 和国家 C_2 相比在生产产品 g_1 上具有比较优势,则

$$\frac{\alpha_{g_1}^{c_1}}{\alpha_{g_2}^{c_1}} = \frac{a_{g_1}^{c_1}/v_{g_1}^{c_1}}{a_{g_2}^{c_1}/v_{g_2}^{c_1}} < \frac{a_{g_1}^{c_2}/v_{g_1}^{c_2}}{a_{g_2}^{c_2}/v_{g_2}^{c_2}} = \frac{\alpha_{g_1}^{c_2}}{\alpha_{g_2}^{c_2}} \tag{2.3.6}$$

由式(2.3.4)和式(2.3.6)可得到

$$\frac{a_{g_1}^{c_1}/(p_{g_1}^{c_1} - \sum_h p_h^{c_1} b_{hg_1}^{c_1})}{a_{g_2}^{c_1}/(p_{g_2}^{c_1} - \sum_h p_h^{c_1} b_{hg_2}^{c_1})} < \frac{a_{g_1}^{c_2}/(p_{g_1}^{c_2} - \sum_h p_h^{c_2} b_{hg_1}^{c_2})}{a_{g_2}^{c_2}/(p_{g_2}^{c_2} - \sum_h p_h^{c_2} b_{hg_2}^{c_2})} \tag{2.3.7}$$

式(2.3.7)表明,在全球价值链分工下,相比国家 C_2,国家 C_1 在生产产品 g_1 上具有比较优势;相比国家 C_1,国家 C_2 在生产产品 g_2 上具有比较优势。

在多国多产品的情形下,国家 C 的劳动力工资可以表示为

$$w^c = \max(v_g^c/a_g^c) \tag{2.3.8}$$

如果国家 C 生产产品 g_1 而非生产产品 g_2,则必然满足如下条件:

$$v_{g_1}^c/a_{g_1}^c \geqslant v_{g_2}^c/a_{g_2}^c \tag{2.3.9}$$

如果国家 C 严格不生产产品 g_2,则

$$\frac{a_{g_1}^c}{a_{g_2}^c} < \frac{v_{g_1}^c}{v_{g_2}^c} = \frac{p_{g_1}^c - \sum_h p_h^c b_{hg_1}^c}{p_{g_2}^c - \sum_h p_h^c b_{hg_2}^c} \tag{2.3.10}$$

式(2.3.10)表明,一个国家产品的生产和贸易既取决于其生产该产品的劳动力需求,也取决于各国在生产中所需要的中间产品数量。中间产品投入需求取决于中间产品价格,如果中间产品价格较低,那么较小中间投入需求对降低比较产品成本贡献不大。

Deardorff(2004)把全球价值链分工下的价格贸易条件定义为两国的国内增加值率之比。以国家 C_1 为例,该国相对国家 C_2 的价格贸易条件可表示为

$$T_{c_1} = \frac{v_{g_1}^{c_1}}{v_{g_2}^{c_2}} = \frac{p_{g_1}^{c_1} - \sum_h p_h^{c_1} b_{hg_1}^{c_1}}{p_{g_2}^{c_2} - \sum_h p_h^{c_2} b_{hg_2}^{c_2}} \tag{2.3.11}$$

Gale(1960)认为,在投入产出价格模型中,产品价格与增加值之间的关系可表示为

$$p = v (I-A)^{-1} \tag{2.3.12}$$

其中,p 和 v 分别为产品部门的价格行向量和增加值行向量,I 为对角单位矩阵,A

为直接消耗系数矩阵,逆矩阵$(I-A)^{-1}$为里昂惕夫逆矩阵。

2.3.2 全球价值链分工下的价格贸易条件

受贸易"合成谬误"影响,诸多研究表明并非所有国家都适用比较优势战略。比如,张亚斌(2010)认为"合成谬误"导致中国贸易条件恶化的态势尤为明显。曾铮(2005)则采用引入全球工序分工的贸易条件模型,试图解释全球价值链分工体系下,发展中国家工业制成品贸易扩张无法改善工业价格贸易条件的原因。

假设有发达国家N和发展中国家S,r_n和r_s分别是两国的资本利率,w_n^s和w_s^s分别是两国技术工人工资率,w_n^u和w_s^u分别是两国非技术工人工资率,其中,$r_n<r_s$,$w_n^s>w_s^s$,$w_n^u>w_s^u$,$r_i>w_i^s>w_i^u(i=n,s)$,$\dfrac{w_n^s}{w_n^u}>\dfrac{w_s^s}{w_s^u}$。

两国产品的单位成本函数都可表示为

$$PF=rK+sw^sL+(1-s)w^uL \tag{2.3.13}$$

其中,K和L为生产该单位产品所投入的资本和劳动数量,s为生产该产品所使用的技术工人数量所占份额。

如果生产的产品为初级产品,则设定$K<L,s<\dfrac{1}{2}$;如果生产的产品为工业制成品,则设定$K>L,s>\dfrac{1}{2}$。在初始状态时,两国遵循比较优势原则专业化生产一种产品,其中发达国家专业化生产工业制成品,发展中国家专业化生产初级产品,则两国单位成本函数分别为

$$PF_n=r_nK_n+s_nw_n^sL_n+(1-s_n)w_n^uL_n \quad \left(K_n>L_n,s_n>\dfrac{1}{2}\right) \tag{2.3.14}$$

$$PF_s=r_sK_s+s_sw_s^sL_s+(1-s_s)w_s^uL_s \quad \left(K_s<L_s,s_s<\dfrac{1}{2}\right) \tag{2.3.15}$$

在厂商利润为零的条件下,两国出口产品的相对价格比指数为

$$\dfrac{p_n}{p_s}=\dfrac{PF_n}{PF_s}=\dfrac{r_nK_n+s_nw_n^sL_n+(1-s_n)w_n^uL_n}{r_sK_s+s_sw_s^sL_s+(1-s_s)w_s^uL_s} \tag{2.3.16}$$

注意到初始状态下有$\dfrac{p_n}{p_s}>1$,此时发展中国家在自由贸易中处于不利地位。假设工业制成品可分为两个工序进行生产,则工业制成品的生产函数可表示为

$$PF_n=PFI_1+PFI_2 \tag{2.3.17}$$

$$PFI_1=r_nK_{n1}+s_{n1}w_n^sL_{n1}+(1-s_{n1})w_n^uL_{n1} \tag{2.3.18}$$

$$PFI_2=r_sK_{n2}+s_{n2}w_s^sL_{n2}+(1-s_{n2})w_s^uL_{n2} \tag{2.3.19}$$

其中,$K_{n1}>K_n>K_{n2}$,$L_{n1}>L_n>L_{n2}$,$s_{n1}>s_n>s_{n2}$,工序1为高附加值的生产阶段,工序2为

低附加值的生产阶段。

如果发达国家专业化生产工业制成品中的高附加值产品,而把工业制成品的低附加值产品的生产阶段迁移到发展中国家,那么发展中国家既生产初级产品又生产工业制成品中的低附加值产品。此时,两国出口产品的相对价格比指数可表示为

$$\frac{p_n^*}{p_s^*} = \frac{PFI_1}{\varphi PF_s + (1-\varphi)PFI_2} \qquad (2.3.20)$$

其中,φ 为发展中国家生产的产品中初级产品所占份额。

由于 $K_{n1}>K_n>K_{n2}, L_{n1}>L_n>L_{n2}, s_{n1}>s_n>s_{n2}$,因此,发达国家将工业制成品中低附加值的产品转移到发展中国家后,有

$$PFI_1>PF_n \qquad (2.3.21)$$

从而可得到

$$p_n^*>p_n \qquad (2.3.22)$$

显然,发达国家位于全球价值链高端并专业化生产高附加值工业制成品,发展中国家仍然处于全球价值链低端并专业化生产初级产品和低附加值工业制成品。因此,发达国家的出口产品价格指数将上升,发展中国家则因承接发达国家转移的低附加值工业制成品而实现出口商品结构高度化。

进一步,由假设可得到

$$\varphi PF_s + (1-\varphi)PFI_2>PF_s \qquad (2.3.23)$$

从而可得到

$$p_s^*>p_s \qquad (2.3.24)$$

如果不参与全球价值链分工,则有 $\frac{p_n^*}{p_s^*}=\frac{p_n}{p_s}$,即价格贸易条件 $NBTT_n=\frac{p_n^*/p_n}{p_s^*/p_s}=1$。此时发达国家的出口产品价格指数上升意味着发展中国家的出口产品价格指数也相应上升,因而发展中国家的价格贸易条件并不会因此得到改善。

参与全球价值链分工后,由假设条件可以得到

$$\frac{p_n}{p_s}<\frac{p_n^*}{p_s^*} \qquad (2.3.25)$$

从而价格贸易条件

$$NBTT_n=\frac{p_n^*/p_n}{p_s^*/p_s}>1 \qquad (2.3.26)$$

式(2.3.26)表明,如果发达国家位于全球价值链高端并专业化生产高附加值工业制成品,而发展中国家仍然处于全球价值链低端并专业化生产初级产品和低附加值工业制成品,那么在这种全球价值链分工状态下,发达国家的价格贸易条件

将提升而发展中国家的价格贸易条件将恶化。

进一步,如果 $K_{n2} \approx K_s, L_{n2} \approx L_s, s_{n2} \approx s_p$,则有

$$\frac{p_n}{p_s} = \frac{r_n K_n + s_n w_n^s L_n + (1-s_n) w_n^u L_n}{r_s K_s + s_p w_s^s L_s + (1-s_s) w_s^u L_s} < \frac{r_n K_{n1} + s_{n1} w_n^s L_{n1} + (1-s_{n1}) w_n^u L_{n1}}{r_s K_s + s_s w_s^s L_s + (1-s_s) w_s^u L_s} \quad (2.3.27)$$

式(2.3.27)表明,发展中国家参与全球价值链分工后,如果不能通过要素结构变动和技术水平的提高实现要素的密集逆转,那么发展中国家将处于全球价值链分工的低端。

2.4 本章小结

本章主要从全球价值链分工视角,梳理比较优势等相关理论,总结归纳经济体参与全球价值链分工的动机、贸易获利以及贸易条件改善途径。具体结论如下:

(1)发展中国家在参与全球价值链分工时,可按照比较优势选择生产工序模式,但是生产工序选择对比较优势的影响具有不确定性。理论研究表明,发展中国家可以根据本国比较优势承接发达国家低附加值产品工序,以中间产品出口的方式融入全球价值链分工体系。值得注意的是,如果全球价值链分工不改变由发展中国家主导的世界价格,那么全球价值链分工将会提高发展中国家在全球价值链分工下的产品产出量;如果全球价值链分工改变由发达国家主导的世界价格,那么在全球价值链分工中获益的发展中国家也有可能因贸易条件恶化而导致国内要素所有者受损。

(2)当前全球价值链分工格局容易导致发展中国家陷入"低端锁定"困境。在当前全球价值链分工模式下,发达国家与发展中国家参与全球价值链分工的贸易获利不均。发达国家依靠比较优势控制全球价值链高端环节并获得较高收益,发展中国家专业化于全球价值链中低端生产环节,依靠进口高附加值中间产品从事加工组装环节以获得较低收益。显然,在全球价值链分工模式下,并非所有国家都适用比较优势战略。

(3)发展中国家亟待通过要素结构优化和技术进步来改善价格贸易条件。如果发达国家位于全球价值链高端并专业化生产高附加值工业制成品,而发展中国家仍然处于全球价值链低端并专业化生产初级产品和低附加值工业制成品,那么在全球价值链分工模式下,发达国家的价格贸易条件将提升而发展中国家的价格贸易条件将恶化。值得注意的是,劳动偏向型技术进步发生在出口部门将导致发展中国家的价格贸易条件出现恶化,资本偏向型技术进步发生在进口部门将使得发展中国家的价格贸易条件得到改善。

(4)要素禀赋确实能够影响经济体参与全球价值链分工的福利水平。从资本

方面看,资本丰富的小国在参与全球价值链分工时能够在保持既有比较优势不变的情况下提高福利水平,资本丰富的大国在参与全球价值链分工时能够提升比较优势及福利水平;从劳动力方面看,劳动力丰富的小国在参与全球价值链分工时能够在保持既有比较优势不变的情况下提高福利水平,劳动力丰富的大国在参与劳动密集型产品全球价值链分工时将降低比较优势,其福利水平能否提升主要取决于比较优势条件的下降程度及消费偏好。

　　总之,当前以发达国家专业化生产高附加值工业制成品,发展中国家既生产初级产品又生产低附加值工业制成品为特征的全球价值链分工格局仍未能得到有效扭转。在这种全球价值链分工模式下,发展中国家可以按照本国比较优势承接发达国家的低附加值产品工序,并以中间产品出口方式融入全球价值链分工体系,但是这种全球价值链分工参与方式往往容易导致发展中国家陷入"低端锁定"困境。因此,发展中国家亟须通过要素结构变动和技术进步来改善价格贸易条件。具体而言,我国制造业应该根据各行业的全球价值链位置,以合适的要素结构变动和技术进步改善价格贸易条件。

第3章 全球价值链分工视角下价格贸易条件指数测度方法

从测度方法看,传统价格贸易条件指数测度方法难以在同一产品种类目录框架下进行,也难以准确反映一个国家(或地区)在全球价值链分工下的对外贸易获利程度。这意味着在当前全球价值链分工不断深化的形势下,传统价格贸易条件指数测度方法亟待改进。因此,本章尝试从全球价值链视角重新构建价格贸易条件指数测度方法。

3.1 引言

贸易条件指数最早由古典经济学家约翰·穆勒提出,用于测度一个国家或地区在一定时期内贸易出口相对于贸易进口的盈利能力,是评估一个国家或地区对外贸易状况的重要指标。目前常用的贸易条件指数主要有价格贸易条件指数、收入贸易条件指数以及要素贸易条件指数,其中价格贸易条件指数是测算其他贸易条件指数的重要基础,科学合理地测算价格贸易条件指数尤为重要。然而在全球价值链分工背景下,传统价格贸易条件指数测算方法的合理性和实用性备受质疑。究其原因,主要是进出口商品既包含本国或地区中间产品创造的附加值又包含来自其他国家或地区中间产品投入所形成的附加值,但是传统中间产品进出口价格指数无法衡量该中间产品所创造的真实价值,以至于传统价格贸易条件指数难以准确反映一个国家或地区在全球价值链分工下的贸易获利程度。因此,从全球价值链分工视角完善价格贸易条件指数测算方法是亟须解决且具有重要意义的现实问题。

从全球价值链分工视角探讨价格贸易条件指数测度的研究较为鲜见,主要原因是依据全球价值链分工核算中间产品进出口价格指数甚为困难。传统价格贸易条件指数是以最终产品国际分工为假设条件,其产品附加值的创造过程都在一个国家或地区内部,以价格为表征的产品价值大体上能反映该国或地区的贸易获利情况。因此,传统价格贸易条件指数测算方法被学者和业界广泛采用。比如,王露(2014)测算了2001—2012年期间中韩农产品价格贸易条件指数,认为中国农产品贸易条件在中韩双边贸易中得到显著改善。谢国娥(2015)测算了2002—2013年海峡两岸农产品价格贸易条件指数,认为大陆对台湾的农产品价格贸易条件得到不断改善,但台湾对大陆的农产品价格贸易条件则不断恶化。胡月(2020)测算了世界 55 个样本国的农产品价格贸易条件指数,认为中国农产品贸易条件低于发达国家农产品贸易条件的平均水平,发达国家在世界农产品贸易利益分配格局中占据主要地位。随着经济全球化进程的不断加快,国际分工形式已经由传统产品分工向全球价值链分工转变。在全球价值链分工条件下,一个国家或地区的进出口中间产品包含其他国家或地区的中间产品附加值,以价格表征的产品价值已不能完全反映该国或地区的贸易获利程度。针对该问题,有学者立足全球价值链分工进行贸易条件指数测算研究。比如,田文(2006)把产业内贸易条件指数定义为垂直专业化率与价格贸易条件指数的乘积,从产业内分工视角评估一个国家或地区的贸易获利状况。与此相似,李萍(2015)构建了全球价值链分工贸易条件指数,探讨了改善我国制造业贸易获利的实现路径。上述研究仅仅以传统价格贸易条件指数为基础,加入垂直专业分工程度,以构建新的贸易条件指数,在本质上并没有依托全球价值链改进价格贸易条件测度方法。随着区域间贸易增加值核算方法的不断完善,有研究借鉴价格贸易条件指数的概念,利用增加值分解方法构建贸易条件测算公式。比如,胡剑波(2017)把隐含碳污染贸易条件指数定义为出口产品单位价值的隐含碳排放与进口产品单位价值的隐含碳排放的比值,以此衡量一个国或地区外贸隐含碳排放是否具有竞争优势。而更多研究则是从全球价值链的视角探讨价格贸易条件变动的影响因素。比如,张少军(2019)认为全球价值链嵌入度高将促使发展中国家的出口价格指数下降和进口价格指数上升,形成"高进低出"的贸易条件模式并最终导致贸易条件恶化。从研究思路看,在全球价值链分工视角下测算价格贸易条件指数更为恰当。虽然已有文献从贸易增加值核算视角对贸易条件指数测度方法进行了有益探索,但是至今仍没有研究探讨全球价值链分工视角下的价格贸易条件指数测算问题,可能的原因是在全球价值链分工视角下核算中间产品进出口价格指数较为困难。

中间产品进出口价格指数可以依托区域间投入产出价格影响模型进行核算。投入产出价格影响模型最早由 Leontief(里昂惕夫)于 1947 年提出,并用于研究美国各部门中间产品价格相互影响路径。后续研究依此探讨了部门间价格变动的传导效应。比如,王继源(2015)利用非竞争投入产出价格影响模型测算大宗商品下跌对中国物价水平的影响,认为进口采掘业部门价格下降 50% 将导致国内 CPI 和 PPI 分别下降 1.10 和 3.63 个百分点,大宗商品价格对中国物价的传导效应呈上升态势。廖明球(2013)也分析了某些产品价格变动对总产品价格指数、消费价格指数以及投资价格指数等综合价格指数的影响效应。然而,张红霞(2014)认为传统投入产出价格影响模型隐含着不合理假设,即初始价格变动部门的价格不会受其他部门价格变动的反馈影响,并针对该瑕疵提出考虑反馈作用的两部门投入产出价格影响模型。该研究为后续探讨区域间产业价格传导效应提供了理论基础。比如,王连(2017)以此测算了北京市农产品价格上涨10%对中国各省居民消费者价格指数的影响。可见,两区域中间产品进出口价格指数有望依托两区域投入产出价格影响模型进行核算。注意到,在全球价值链分工条件下,世界各国或地区的所有产业都参与了全球价值链分工,两区域投入产出价格模型已经无法分析一个国家或地区的产业价格变动,通过第三国或地区的产业间接引起其他国家或地区产业价格变动的间接传导效应。因此,多区域投入产出价格影响模型的构建亟待解决。在多区域情形下,两区域间除了产业直接关联外还存在经由其他区域的产业间接关联,这意味着多区域情形下的区域间产业关联方式较为复杂,每种区域间产业关联方式都有与之相匹配的产业价格传导方式。张红霞(2014)的研究方法在两部门情形下能够清晰描述两区域间产业关联方式,并借此构建两部门投入产出模型,但是难以直接用于构建多区域投入产出价格影响模型,主要原因是该研究方法必须预先明确多区域间产业关联方式。显然,如果能够明确多区域间产业关联方式,那么张红霞(2014)的研究方法就能用于构建多区域投入产出价格影响模型,中间产品进出口价格指数也就可以依该模型进行核算。

多区域间产业关联方式的确定依赖分块里昂惕夫逆矩阵分解法。国内也有不少学者开展投入产出价格影响模型的理论研究,比如,顾海兵(1994)根据完全消耗系数的思想构建了投入产出价格影响模型。但是该研究没有按分块矩阵形式对里昂惕夫逆矩阵进行合理分解,导致不能清晰地揭示区域间产业价格变动的传导效应。注意到,里昂惕夫逆矩阵表达式是一个收敛的矩阵级数,可以按照奇数项和偶数项拆分成两个收敛的矩阵级数之和。从里昂惕夫逆矩阵级数表达式与张红霞(2014)的研究方法对比看,张红霞(2014)的研究方法体现了完全消耗系数的思想,更具体地描述了两部门间产业价格波及效应的实现过程。该研究虽然以分块矩阵形式刻画了部门间产业价格变动的传导效应,但依然无法让人据此窥探到部门间产业关联方式的构建原理。进一步比较分析顾海兵(1994)和张红霞(2014)的研究结论可发现,如果两者的研究结论是一致的,那么前者给出的里昂惕夫逆矩阵就能够依某种方法合理地分解成后者给出的分块矩阵形式。这意味着探寻到与后者相匹配的分块里昂惕夫逆矩阵分解方法至关重要。从已有文献看,分块里昂惕夫逆矩阵常被用于分析区域间的经济溢出效应与反馈效应。Miller(1985)依托两区域投入产出模型,按加法形式把分块里昂惕夫逆矩阵拆分为三部分,以此测算区域内经济乘数效应、区域间经济溢出效应和区域间反馈效应。潘文卿(2015)也利用该方法测算了中国八大区域经济发展的乘数效应、溢出效应与反馈效应。但是这种拆分方法并没有真正对分块里昂惕夫逆矩阵进行分解,拆分结果也不符合张红霞(2014)的分块矩阵特征。以 Miller(1985)的研究为基础,Round(1985)按乘法形式有效地对分块里昂惕夫逆矩阵进行分解,并依此提出区域内乘数效应、区域间溢出效应和反馈效应的测算公式。后续不少学者以多区域投入产出模型为依托开展区域间溢出效应与反馈效应研究。比如,张友国(2017)依托三区域投入产出模型分析中国东部、中部和西部等区域间供需双向溢出-反馈效应。Yanmei L(2018)依托四区域投入产出模型分析北京、河北和天津等省(市)域间的碳排放溢出效应和反馈效应。从两部门投入产出模型看,按照 Round(1985)的分块里昂惕夫逆矩阵分解法对顾海兵(1994)提出的里昂惕夫逆矩阵进行分解,其分块分解结果刚好与张红霞(2014)的分块矩阵相匹配。可见,Round(1985)的分块里昂惕夫逆矩阵分解法所确定的区域间产业关联方式能够融入张红霞(2014)的研究方法。至此,立足张红霞(2014)的研究方法,依托多区域投入产出模型,按照 Round(1985)的分块里昂惕夫逆矩阵分解法确定区域间的产业关联方式,就可以构建多区域投入产出价格影响模型。

综上所述,从全球价值链分工视角完善价格贸易条件指数测算方法,可以更好地评估一个国家或地区在全球价值链分工条件下的贸易获利状况,具有理论价值和现实意义。从价格贸易条件指数的概念看,完善价格贸易条件指数要以全球价值链分工理论为指导,以中间产品进出口价格指数核算为导向,以区域间产业关联方式为突破口,利用 Round(1985)的分块里昂惕夫逆矩阵分解法和张红霞(2014)的研究方法,构建多区域投入产出价格影响模型,并以此改进价格贸易条件指数测算方法。

3.2　区域间投入产出价格影响模型

引理:设矩阵 C 可逆,则

$$I+C+C^2+\cdots+C^k+\cdots=(I-C)^{-1} \tag{3.2.1}$$

$$(I+C^2+C^4+\cdots+C^{2k}+\cdots)=(I+C)^{-1}(I-C)^{-1}=(I-C^2)^{-1} \tag{3.2.2}$$

$$(C^3+C^5+\cdots+C^{2k+1}+\cdots)=(I-C^2)^{-1}C \tag{3.2.3}$$

以两区域投入产出价格模型为例,设 P_i 为第 i 区域行业价格行向量,从实物型投入产出表的纵向平衡关系得到两区域投入产出价格方程为

$$(P_1 \quad P_2)=(P_1 \quad P_2)\begin{pmatrix} A^{11} & A^{12} \\ A^{21} & A^{22} \end{pmatrix}+(V_1 \quad V_2) \tag{3.2.4}$$

其中,分块矩阵 A^{ij} 为第 j 区域各行业单位产品中来自第 i 区域的中间产品所形成的直接消耗系数矩阵,V_i 为第 i 区域行业增加值率行向量。

由式(3.2.4)可得

$$(P_1 \quad P_2) = (V_1 \quad V_2) \begin{pmatrix} I-A^{11} & -A^{12} \\ -A^{21} & I-A^{22} \end{pmatrix}^{-1} = (V_1 \quad V_2) \begin{pmatrix} L^{11} & L^{12} \\ L^{21} & L^{22} \end{pmatrix} \quad (3.2.5)$$

其中,$\begin{pmatrix} L^{11} & L^{12} \\ L^{21} & L^{22} \end{pmatrix} = \begin{pmatrix} I-A^{11} & -A^{12} \\ -A^{21} & I-A^{22} \end{pmatrix}^{-1}$ 为分块里昂惕夫逆矩阵。

令 $M^{SS} = (I-A^{SS})^{-1}$,按照 Round(1985)的研究方法,式(3.2.4)可得

$$(P_1 \quad P_2) = (P_1 \quad P_2) \begin{pmatrix} A^{11} & 0 \\ 0 & A^{22} \end{pmatrix} + (P_1 \quad P_2) \begin{pmatrix} 0 & A^{12} \\ A^{21} & 0 \end{pmatrix} + (V_1 \quad V_2)$$

$$= (P_1 \quad P_2) \left[\begin{pmatrix} 0 & A^{12} \\ A^{21} & 0 \end{pmatrix} \begin{pmatrix} M^{11} & 0 \\ 0 & M^{22} \end{pmatrix} \right] + (V_1 \quad V_2) \begin{pmatrix} M^{11} & 0 \\ 0 & M^{22} \end{pmatrix} \quad (3.2.6)$$

令 $T^{RS} = A^{RS}M^{SS}$,$F^{11} = (I-T^{12}T^{21})^{-1}$,$F^{22} = (I-T^{21}T^{12})^{-1}$,由式(3.2.6)得

$$(P_1 \quad P_2) = (V_1 \quad V_2) \begin{pmatrix} M^{11} & 0 \\ 0 & M^{22} \end{pmatrix} \left[\begin{pmatrix} I & 0 \\ 0 & I \end{pmatrix} - \begin{pmatrix} 0 & A^{12} \\ A^{21} & 0 \end{pmatrix} \begin{pmatrix} M^{11} & 0 \\ 0 & M^{22} \end{pmatrix} \right]^{-1}$$

$$= (V_1 \quad V_2) \begin{pmatrix} M^{11} & 0 \\ 0 & M^{22} \end{pmatrix} \left[\begin{pmatrix} I & 0 \\ 0 & I \end{pmatrix} - \begin{pmatrix} 0 & T^{12} \\ T^{21} & 0 \end{pmatrix} \right]^{-1}$$

$$= (V_1 M^{11} \quad V_2 M^{22}) \left[\begin{pmatrix} I & 0 \\ 0 & I \end{pmatrix} - \begin{pmatrix} 0 & T^{12} \\ T^{21} & 0 \end{pmatrix} \right]^{-1}$$

$$= (V_1 M^{11} \quad V_2 M^{22}) \begin{pmatrix} F^{11} & F^{11}T^{12} \\ F^{22}T^{21} & F^{22} \end{pmatrix} \quad (3.2.7)$$

式(3.2.7)表明,第 1 区域和第 2 区域分别在域内按照逆矩阵 M^{11} 和 M^{22} 所确定的产业关联方式组织生产,并与区域间分块逆矩阵 $\left[\begin{pmatrix} I & 0 \\ 0 & I \end{pmatrix} - \begin{pmatrix} 0 & T^{12} \\ T^{21} & 0 \end{pmatrix} \right]^{-1}$ 所确定的区域间产业关联方式进行联结,由此构成区域间产业价格传导网络。此时,一个区域的产业增加值变化将引起该区域产业价格发生相应变动,而该区域产业价格变动将通过区域间产业价格传导网络引起其他区域产业价格发生变动。因此,从全球价值链分工看,一个区域产业价格变动既体现了本区域价值链上产业增加值的变动,也包含其他区域价值链上产业增加值变动。

设 μ_i 是第 i 区域的单位行向量,以两区域投入产出模型为例,按照 Fally(2012)对生产阶段数的定义,区域产业生产阶段数可表示为

$$(N_1 \quad N_2) = (\mu_1 \quad \mu_2) \begin{pmatrix} L^{11} & L^{12} \\ L^{21} & L^{22} \end{pmatrix}$$

$$= (\mu_1 \quad \mu_2) \begin{pmatrix} M^{11} & 0 \\ 0 & M^{22} \end{pmatrix} \left[\begin{pmatrix} I & 0 \\ 0 & I \end{pmatrix} - \begin{pmatrix} 0 & T^{12} \\ T^{21} & 0 \end{pmatrix} \right]^{-1}$$

$$= (\boldsymbol{\mu}_1 M^{11} \quad \boldsymbol{\mu}_2 M^{22}) \left[\begin{pmatrix} \boldsymbol{I} & \boldsymbol{0} \\ \boldsymbol{0} & \boldsymbol{I} \end{pmatrix} - \begin{pmatrix} \boldsymbol{0} & \boldsymbol{T}^{12} \\ \boldsymbol{T}^{21} & \boldsymbol{0} \end{pmatrix} \right]^{-1}$$

$$= (\boldsymbol{\mu}_1 M^{11} \quad \boldsymbol{\mu}_2 M^{22}) \begin{pmatrix} \boldsymbol{F}^{11} & \boldsymbol{F}^{11} \boldsymbol{T}^{12} \\ \boldsymbol{F}^{22} \boldsymbol{T}^{21} & \boldsymbol{F}^{22} \end{pmatrix} \tag{3.2.8}$$

式(3.2.8)表明,在全球价值链分工条件下,各区域价值链分工通过区域间产业关联方式进行链接并共同组成全球价值链分工体系,此时,一个国家或地区的产业全球价值链生产阶段数由该国或地区的产业区域生产阶段数和产业域外生产阶段数共同组成。相应地,一个区域的产业价格不仅体现了该产业依附于本区域生产阶段所创造的增加值,还体现了依附于域外生产阶段所创造的增加值。

仍以两区域投入产出价格影响模型为例分析区域间投入产出价格影响模型的构建方法。设 ΔP_i^0 为第 i 区域产业价格初始变动的行向量,则传统两区域投入产出价格影响模型可表示为

$$\Delta P_1 = \Delta P_2^0 A^{21} (\boldsymbol{I} - A^{11})^{-1} = \Delta P_2^0 \boldsymbol{T}^{21} \tag{3.2.9}$$

对传统投入产出价格影响模型做如下假定:价格发生初始变动的产业只受外部因素影响而发生价格变动,并通过产业关联传导引起其他产业价格发生变动,但是其他产业价格变动后,不能通过反馈作用引起价格发生初始变动的产业再次发生价格变动。张红霞(2014)认为,不考虑反馈作用的投入产出价格模型不能真实反映经济系统的运行状况,进而构建了带反馈效应的两部门投入产出价格影响模型。在全球价值链分工条件下,世界各国或地区的所有产业都参与了全球价值链分工,两区域投入产出价格模型已经无法分析一个国家或地区的产业价格变动,以及通过第三国或地区的产业间接引起其他国家或地区产业价格变动的间接传导效应。因此,亟须构建多区域投入产出价格影响模型。张红霞(2014)的研究方法虽然在两部门情形下能够清晰描述两区域间产业关联方式并借此构建两部门投入产出模型,但是难以直接用于构建多区域投入产出价格影响模型,主要原因是该研究方法必须预先明确多区域间产业关联方式。显然,如果按照 Round(1985)的分解方法确定区域间的产业关联方式,那么依托张红霞(2014)的研究方法就有望构建多区域投入产出价格影响模型。

假设产业增加值率为外生变量,借鉴张红霞(2014)的研究思路,分析各产业中间产品价格变动由初始状态$(\boldsymbol{0} \quad \boldsymbol{0})$变为$(\boldsymbol{0} \quad \Delta P_2^0)$时的区域产业价格变动量。将第 k 轮行业价格变动标记为 k,则

当 $k=0$ 时,第 1 区域行业价格不变动,第 2 区域行业价格发生变动,有

$$(\boldsymbol{0} \quad \Delta P_2^0) = (\boldsymbol{0} \quad \Delta P_2^0) \begin{pmatrix} \boldsymbol{I} & \boldsymbol{0} \\ \boldsymbol{0} & \boldsymbol{I} \end{pmatrix} \tag{3.2.10}$$

当 $k=1$ 时,第 1 区域产业价格变动量为

$$(\Delta \boldsymbol{P}_1^0 \quad \boldsymbol{0}) = (\boldsymbol{0} \quad \Delta \boldsymbol{P}_2^0) \begin{pmatrix} \boldsymbol{0} & \boldsymbol{A}^{12} \\ \boldsymbol{A}^{21} & \boldsymbol{0} \end{pmatrix} \begin{pmatrix} \boldsymbol{M}^{11} & \boldsymbol{0} \\ \boldsymbol{0} & \boldsymbol{M}^{22} \end{pmatrix} \tag{3.2.11}$$

当 $k=2$ 时,第 2 区域产业价格受第 1 区域产业价格变动的反馈影响而发生变动,有

$$(\boldsymbol{0} \quad \Delta \boldsymbol{P}_2^1) = (\Delta \boldsymbol{P}_1^0 \quad \boldsymbol{0}) \begin{pmatrix} \boldsymbol{0} & \boldsymbol{A}^{12} \\ \boldsymbol{A}^{21} & \boldsymbol{0} \end{pmatrix} \begin{pmatrix} \boldsymbol{M}^{11} & \boldsymbol{0} \\ \boldsymbol{0} & \boldsymbol{M}^{22} \end{pmatrix}$$

$$= (\boldsymbol{0} \quad \Delta \boldsymbol{P}_2^0) \left[\begin{pmatrix} \boldsymbol{0} & \boldsymbol{A}^{12} \\ \boldsymbol{A}^{21} & \boldsymbol{0} \end{pmatrix} \begin{pmatrix} \boldsymbol{M}^{11} & \boldsymbol{0} \\ \boldsymbol{0} & \boldsymbol{M}^{22} \end{pmatrix} \right]^2 \tag{3.2.12}$$

当 $k=3$ 时,第 1 区域产业价格的变动量为

$$(\Delta \boldsymbol{P}_1^1 \quad \boldsymbol{0}) = (\boldsymbol{0} \quad \Delta \boldsymbol{P}_2^1) \begin{pmatrix} \boldsymbol{0} & \boldsymbol{A}^{12} \\ \boldsymbol{A}^{21} & \boldsymbol{0} \end{pmatrix} \begin{pmatrix} \boldsymbol{M}^{11} & \boldsymbol{0} \\ \boldsymbol{0} & \boldsymbol{M}^{22} \end{pmatrix}$$

$$= (\boldsymbol{0} \quad \Delta \boldsymbol{P}_2^0) \left[\begin{pmatrix} \boldsymbol{0} & \boldsymbol{A}^{12} \\ \boldsymbol{A}^{21} & \boldsymbol{0} \end{pmatrix} \begin{pmatrix} \boldsymbol{M}^{11} & \boldsymbol{0} \\ \boldsymbol{0} & \boldsymbol{M}^{22} \end{pmatrix} \right]^3 \tag{3.2.13}$$

当 $k=4$ 时,第 2 区域产业价格的变动量为

$$(\boldsymbol{0} \quad \Delta \boldsymbol{P}_2^2) = (\Delta \boldsymbol{P}_1^1 \quad \boldsymbol{0}) \begin{pmatrix} \boldsymbol{0} & \boldsymbol{A}^{12} \\ \boldsymbol{A}^{21} & \boldsymbol{0} \end{pmatrix} \begin{pmatrix} \boldsymbol{M}^{11} & \boldsymbol{0} \\ \boldsymbol{0} & \boldsymbol{M}^{22} \end{pmatrix}$$

$$= (\boldsymbol{0} \quad \Delta \boldsymbol{P}_2^0) \left[\begin{pmatrix} \boldsymbol{0} & \boldsymbol{A}^{12} \\ \boldsymbol{A}^{21} & \boldsymbol{0} \end{pmatrix} \begin{pmatrix} \boldsymbol{M}^{11} & \boldsymbol{0} \\ \boldsymbol{0} & \boldsymbol{M}^{22} \end{pmatrix} \right]^4 \tag{3.2.14}$$

以此类推,利用式(3.2.7),可以得到

$$(\Delta \boldsymbol{P}_1 \quad \boldsymbol{0}) = \left(\sum_{k=0}^{\infty} \Delta \boldsymbol{P}_1^{2k+1} \quad \boldsymbol{0} \right)$$

$$= (\boldsymbol{0} \quad \Delta \boldsymbol{P}_2^0) \left[\begin{pmatrix} \boldsymbol{I} & \boldsymbol{0} \\ \boldsymbol{0} & \boldsymbol{I} \end{pmatrix} - \begin{pmatrix} \boldsymbol{0} & \boldsymbol{T}^{12} \\ \boldsymbol{T}^{21} & \boldsymbol{0} \end{pmatrix} \begin{pmatrix} \boldsymbol{0} & \boldsymbol{T}^{12} \\ \boldsymbol{T}^{21} & \boldsymbol{0} \end{pmatrix} \right]^{-1} \begin{pmatrix} \boldsymbol{0} & \boldsymbol{T}^{12} \\ \boldsymbol{T}^{21} & \boldsymbol{0} \end{pmatrix}$$

$$= (\boldsymbol{0} \quad \Delta \boldsymbol{P}_2^0) \begin{pmatrix} \boldsymbol{0} & \boldsymbol{F}^{11} \boldsymbol{T}^{12} \\ \boldsymbol{F}^{22} \boldsymbol{T}^{21} & \boldsymbol{0} \end{pmatrix} \tag{3.2.15}$$

同理,可得

$$(\boldsymbol{0} \quad \Delta \boldsymbol{P}_2) = \left(\boldsymbol{0} \quad \sum_{k=0}^{\infty} \Delta \boldsymbol{P}_2^{2k} \right)$$

$$= (\boldsymbol{0} \quad \Delta \boldsymbol{P}_2^0) \left[\begin{pmatrix} \boldsymbol{I} & \boldsymbol{0} \\ \boldsymbol{0} & \boldsymbol{I} \end{pmatrix} - \begin{pmatrix} \boldsymbol{0} & \boldsymbol{T}^{12} \\ \boldsymbol{T}^{21} & \boldsymbol{0} \end{pmatrix} \begin{pmatrix} \boldsymbol{0} & \boldsymbol{T}^{12} \\ \boldsymbol{T}^{21} & \boldsymbol{0} \end{pmatrix} \right]^{-1}$$

$$= (\boldsymbol{0} \quad \Delta \boldsymbol{P}_2^0) \begin{pmatrix} \boldsymbol{F}^{11} & \boldsymbol{0} \\ \boldsymbol{0} & \boldsymbol{F}^{22} \end{pmatrix} \tag{3.2.16}$$

由式(3.2.15)和式(3.2.16)可得

$$\begin{pmatrix} \Delta P_1 & \Delta P_2 \end{pmatrix} = \begin{pmatrix} 0 & \Delta P_2^0 \end{pmatrix} \begin{pmatrix} F^{11} & F^{11}T^{12} \\ F^{22}T^{21} & F^{22} \end{pmatrix} \tag{3.2.17}$$

以第 1 区域为例,式(2.3.17)表明,第 2 区域的价格变动通过溢出效应引起第 1 区域的价格相应发生的变动量为 $\Delta P_2^0 F^{22}T^{21}$,同时,第 2 区域的价格变动通过第 1 区域的价格变动反馈作用而发生的变动量为 $\Delta P_2^0 F^{22}$。

同理,价格初始变动状态由$\begin{pmatrix}0&0\end{pmatrix}$转为$\begin{pmatrix}\Delta P_1^0&0\end{pmatrix}$时,区域产业价格变动可表示为

$$\begin{pmatrix} \Delta P_1 & \Delta P_2 \end{pmatrix} = \begin{pmatrix} \Delta P_1^0 & 0 \end{pmatrix} \begin{pmatrix} F^{11} & F^{11}T^{12} \\ F^{22}T^{21} & F^{22} \end{pmatrix} \tag{3.2.18}$$

显然,价格变动初始状态由$\begin{pmatrix}0&0\end{pmatrix}$变为$\begin{pmatrix}\Delta P_1^0&\Delta P_2^0\end{pmatrix}$的过程可以分解为价格变动初始状态由$\begin{pmatrix}0&0\end{pmatrix}$分别转为$\begin{pmatrix}\Delta P_1^0&0\end{pmatrix}$和$\begin{pmatrix}0&\Delta P_2^0\end{pmatrix}$等状态的线性加总,则由式(3.2.17)和式(3.2.18)可得

$$\begin{pmatrix} \Delta P_1 & \Delta P_2 \end{pmatrix} = \begin{pmatrix} \Delta P_1^0 & \Delta P_2^0 \end{pmatrix} \begin{pmatrix} F^{11} & F^{11}T^{12} \\ F^{22}T^{21} & F^{22} \end{pmatrix} \tag{3.2.19}$$

式(3.2.19)表明,第 1 区域产业价格变动量可分解为两部分,即第 2 区域产业价格变动通过溢出效应引起第 1 区域产业价格变动所形成的变动量 $\Delta P_2^0 F^{22}T^{21}$,以及第 1 区域价格变动通过第 2 区域产业的反馈作用而发生的产业价格变动量 $\Delta P_1^0 F^{11}$。

特别地,如果区域产业中间产品价格的初始扰动来源于该区域内部各生产阶段上的单位产品增加值变动,即有

$$\begin{pmatrix} \Delta P_1^0 & \Delta P_2^0 \end{pmatrix} = \begin{pmatrix} \Delta V_1 & \Delta V_2 \end{pmatrix} \begin{pmatrix} M^{11} & 0 \\ 0 & M^{22} \end{pmatrix} \tag{3.2.20}$$

从式(3.2.7)和式(3.2.19)可发现,由式(3.2.7)即可直接获得式(3.2.19)。这意味着张红霞(2014)的研究方法可以反映区域内部各生产阶段上产业单位增加值扰动,并通过区域产业关联方式引起区域产业价格变动的实现过程。

综上,两区域投入产出价格影响模型可以表示为

$$\begin{pmatrix} \Delta P_1 & \Delta P_2 \end{pmatrix} = \begin{pmatrix} \Delta P_1^0 & \Delta P_2^0 \end{pmatrix} \begin{pmatrix} I & -T^{12} \\ -T^{21} & I \end{pmatrix}^{-1} \tag{3.2.21}$$

类似地,区域产业价格初始变动状态由$\begin{pmatrix}0&0&0\end{pmatrix}$转为$\begin{pmatrix}\Delta P_1^0&\Delta P_2^0&\Delta P_3^0\end{pmatrix}$可以分解为三部分,即价格变动初始状态由$\begin{pmatrix}0&0&0\end{pmatrix}$分别转为$\begin{pmatrix}\Delta P_1^0&0&0\end{pmatrix}$、$\begin{pmatrix}0&\Delta P_2^0&0\end{pmatrix}$和$\begin{pmatrix}0&0&\Delta P_3^0\end{pmatrix}$的线性加总。三区域投入产出价格影响模型可表示为

$$(\Delta P_1 \quad \Delta P_2 \quad \Delta P_3)$$

$$= (\Delta P_1^0 \quad \Delta P_2^0 \quad \Delta P_3^0) \left[\begin{pmatrix} I & 0 & 0 \\ 0 & I & 0 \\ 0 & 0 & I \end{pmatrix} - \begin{pmatrix} 0 & A^{12} & A^{13} \\ A^{21} & 0 & A^{23} \\ A^{31} & A^{32} & 0 \end{pmatrix} \begin{pmatrix} M^{11} & 0 & 0 \\ 0 & M^{22} & 0 \\ 0 & 0 & M^{33} \end{pmatrix} \right]^{-1}$$

$$= (\Delta P_1^0 \quad \Delta P_2^0 \quad \Delta P_3^0) \begin{pmatrix} I & -T^{12} & -T^{13} \\ -T^{21} & I & -T^{23} \\ -T^{31} & -T^{32} & I \end{pmatrix}^{-1}$$

$$= (\Delta P_1^0 \quad \Delta P_2^0 \quad \Delta P_3^0) \begin{pmatrix} F^{11} & 0 & 0 \\ 0 & F^{22} & 0 \\ 0 & 0 & F^{33} \end{pmatrix} \begin{pmatrix} I & S^{12} & S^{13} \\ S^{21} & I & S^{23} \\ S^{31} & S^{32} & I \end{pmatrix}$$

$$= (\Delta P_1^0 \quad \Delta P_2^0 \quad \Delta P_3^0) \begin{pmatrix} F^{11} & F^{11}S^{12} & F^{11}S^{13} \\ F^{22}S^{21} & F^{22} & F^{22}S^{23} \\ F^{33}S^{31} & F^{33}S^{32} & F^{33} \end{pmatrix} \tag{3.2.22}$$

其中,$S^{RP} = T^{RP}(I-T^{PQ}T^{QP})^{-1} + T^{RQ}(I-T^{QP}T^{PQ})^{-1}T^{QP}$,

$F^{RR} = [I - T^{RP}(I-T^{PQ}T^{QP})^{-1}(T^{PR}+T^{PQ}T^{QR}) - T^{RQ}(I-T^{QP}T^{PQ})^{-1}(T^{QP}T^{PR}+T^{QR})]^{-1}$。

式(3.2.22)表明,第1区域产业价格变动效应可分解为两部分效应,即第1区域产业价格变动通过第2和第3区域的区域间产业关联传导而形成的价格变动反馈效应为 $\Delta P_1^0 F^{11}$,第2和第3区域产业价格变动通过区域间产业关联传导而形成的价格变动溢出效应分别为 $\Delta P_2^0 F^{22}S^{21}$ 和 $\Delta P_3^0 F^{33}S^{31}$。值得注意的是,产业价格变动溢出效应包含该产业价格变动的直接溢出效应以及通过第3区域所形成的间接溢出效应。

3.3 全球价值链分工视角下价格贸易条件指数

在全球价值链条件下,一个国家或地区的产业同时参加了前向全球价值链分工和后向全球价值链分工。从前向全球价值链分工看,一个国家或地区的产业中间产品消耗用于满足该国或地区价值链上产业的中间产品需求和其他国家或地区价值链上产业的中间产品需求,因此,该国或地区的产业中间产品出口价格依前向全球价值链,由该国或地区价值链上产业中间产品需求价格,以及其他国家或地区价值链上产业中间产品需求决定。同样地,从后向全球价值链分工看,一个国家或地区的产业中间产品使用来源于该国或地区价值链上产业中间产品供给和其他国家或地区价值链上产业中间产品供给。因此,该国或地区的产业中间产品进口价格依后向全球价值链,由该国或地区价值链上产业中间产品供给价格,以及其他国家或地区产业中间产品供给价格所决定。

以两区域投入产出价格影响模型为例,按照 Deardorff(2004)提出的全球价值链产品价值核算公式(3.2.21),可得

$$(\Delta \boldsymbol{P}_1^0 \quad \Delta \boldsymbol{P}_2^0) = (\Delta \boldsymbol{P}_1 \quad \Delta \boldsymbol{P}_2) \begin{pmatrix} \boldsymbol{I} & -\boldsymbol{T}^{12} \\ -\boldsymbol{T}^{21} & \boldsymbol{I} \end{pmatrix} \tag{3.3.1}$$

设 $\boldsymbol{EX}_{1,2}$ 为第 1 区域对第 2 区域的产业中间产品出口额列向量,$\boldsymbol{\mu}_{1,2}$ 为对应第 2 区域的单位行向量,$\Delta \hat{\boldsymbol{P}}_1^0$ 为对应 $\Delta \boldsymbol{P}_1^0$ 的对角矩阵,则第 1 区域对第 2 区域的产业中间产品出口价格变动量可表示为

$$\Delta \pi_{1,2}^e = \Delta \hat{\boldsymbol{P}}_1^0 [\boldsymbol{EX}_{1,2}/(\boldsymbol{\mu}_{1,2} \boldsymbol{EX}_{1,2})] \tag{3.3.2}$$

同理,设 $\boldsymbol{EX}_{2,1}$ 为第 2 区域对第 1 区域的产业中间产品出口额列向量,$\boldsymbol{\mu}_{2,1}$ 为对应第 i 区域的单位行向量,$\Delta \hat{\boldsymbol{P}}_2^0$ 为对应 $\Delta \boldsymbol{P}_2^0$ 的对角矩阵,则第 2 区域对第 1 区域的产业中间产品出口价格变动量可表示为

$$\Delta \pi_{2,1}^e = \Delta \hat{\boldsymbol{P}}_2^0 [\boldsymbol{EX}_{2,1}/(\boldsymbol{\mu}_{2,1} \boldsymbol{EX}_{2,1})] \tag{3.3.3}$$

第 1 区域对第 2 区域的产业价格贸易条件指数可表示为

$$NBTT_{1,2} = (1+\Delta \pi_{1,2}^e)/(1+\Delta \pi_{2,1}^e) \tag{3.3.4}$$

同理,第 1 区域对第 2 区域的总体中间产品出口价格变动量可表示为

$$\Delta \pi_{1,2}^{e,total} = \Delta \boldsymbol{P}_1^0 [\boldsymbol{EX}_{1,2}/(\boldsymbol{\mu}_{1,2} \boldsymbol{EX}_{1,2})] \tag{3.3.5}$$

第 2 区域对第 1 区域的总体中间产品出口价格变动量可表示为

$$\Delta \pi_{2,1}^{e,total} = \Delta \boldsymbol{P}_2^0 [\boldsymbol{EX}_{2,1}/(\boldsymbol{\mu}_{2,1} \boldsymbol{EX}_{2,1})] \tag{3.3.6}$$

显然,第 1 区域对第 2 区域的总体价格贸易条件指数可表示为

$$NBTT_{1,2}^{total} = (1+\Delta \pi_{1,2}^{e,total})/(1+\Delta \pi_{2,1}^{e,total}) \tag{3.3.7}$$

3.4　实证分析

3.4.1　数据来源及处理说明

本章采用世界投入产出表比较分析两岸制造业价格贸易条件的状况。当前最新的世界投入产出表是由 WIOD 数据库于 2016 年发布,并由 Timmer M P(2015)编制的 2014 年世界投入产出表。该表由 43 个国家或地区的 56 个行业构成,其中 19 个制造业部门的名称及其代码如表 3.1 所示。由于世界投入产出表中有些产业的"总投入"值为零,因此为了尽可能不改变产业间的关联特征,对这些产业的中间产品、最终产品、总产出及增加值分别赋值 0、0.01、0.01 和 0,由此得到里昂惕夫逆矩阵。WIOD 数据库于 2016 年公布了与 2014 年世界投入产出表相配套的 2014 年社会核算表,该表提供了以 2010 年为基期的产业中间产品价格定基指数,还提

供了中间产品使用量和中间产品需求量。本章以 2014 年的中间产品价格定基指数计算产业中间产品价格变动量,以中间产品需求量计算各国产业中间产品出口量所占比重,以中间产品使用量计算各国中间产品进口额所占比重。

表 3.1　制造业行业名称及其代码

行业名称	代码	行业名称	代码
食品、饮料和烟草制品制造业	C10-C12	其他非金属矿产品制造业	C23
纺织品、服装和皮革制品制造业	C13-C15	基本金属制造业	C24
木材、木材和软木制品、稻草制品、编织材料制造业(家具除外)	C16	金属制品制造业(机械和设备除外)	C25
造纸和纸制品制造业	C17	计算机、电子和光学产品制造业	C26
记录媒体的印刷和复制业	C18	电气设备制造业	C27
焦炭和精炼石油产品制造业	C19	机械设备制造业	C28
化学品和化工产品制造业	C20	汽车、挂车和半挂车制造业	C29
基本药物和制剂制造业	C21	其他运输设备制造业	C30
橡塑制品制造业	C22	家具制造业	C31-C32

3.4.2　两岸制造业中间产品价格变动状况

图 3.1 为中国大陆和中国台湾制造业各行业中间产品价格变动量。从图中可发现,中国大陆制造业各行业中间产品价格上涨幅度基本保持在 2.2% 左右,其中化学品和化工产品制造业,基本金属制造业,计算机、电子和光学产品制造业,电气设备制造业和机械设备制造业等主要贸易行业的中间产品价格涨幅与全球相应行业中间产品价格平均涨幅相比仍有较大差距;中国台湾制造业各行业中间产品价格变动情况则存在较大差异,其中造纸和纸制品制造业、化学品和化工产品制造业、其他非金属矿产品制造业和基本金属制造业等行业中间产品进出口贸易量占全台湾中间产品进出口贸易总量的比重合计分别高达 45.44% 和 43.92%,但这些行业的中间产品价格下降幅度较大。而食品、饮料和烟草制品制造业,纺织品、服装和皮革制品制造业,木材、木材和软木制品、稻草制品、编织材料制造业(家具除外),记录媒体的印刷和复制业,基本药物和制剂制造业,橡塑制品制造业,金属制品制造业(机械和设备除外),机械设备制造业,汽车、挂车和半挂车制造业以及家具制造业等行业的中间产品进出口贸易量所占比重合计仅为 12.62% 和 16.42%,但这些行业的中间产品价格上涨幅度都高于全球相应行业的中间产品价格平均涨幅。显然,中国台湾主要行业中间产品价格大幅下降而非主要行业中间产品价格大幅上涨的两极分化状况不利于制造业价格贸易条件的改善。

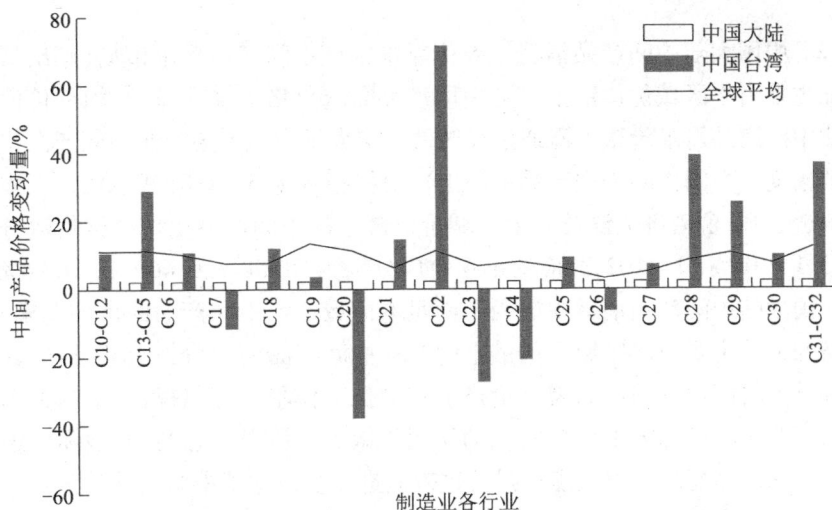

图 3.1　中国大陆和中国台湾制造业各行业中间产品价格变动量

3.4.3　实证分析结果

表 3.2 为中国大陆与中国台湾的价格贸易条件指数测算结果。

表 3.2　中国大陆与中国台湾的价格贸易条件指数测算结果

	中国产品贸易市场	中间产品出口价格指数	中间产品进口价格指数	价格贸易条件指数
中国大陆	中国大陆	9.3052(71.58%)	9.1884(74.78%)	1.0499
	中国台湾	1.7017(0.46%)	0.6634(0.17%)	
	其他区域	1.2102(27.96%)	1.0345(25.05%)	
	平均值	3.2190	3.0661	
中国台湾	中国大陆	0.9381(24.66%)	1.5561(30.47%)	0.7393
	中国台湾	−2.3382(−2.15%)	−0.3030(−0.19%)	
	其他区域	0.9815(77.49%)	1.1966(69.72%)	
	平均值	0.9420	1.2742	

从该表可发现：

（1）中国大陆价格贸易条件有所改善,中国台湾价格贸易条件明显恶化。从价格贸易条件指数看,中国大陆价格贸易条件指数为 1.0499,略大于 1,表明中国大陆的贸易获利能力尚可,其价格贸易条件有微弱改善;中国台湾价格贸易条件指数为 0.7393,小于 1,表明中国台湾的贸易获利能力严重不足,其价格贸易条件明显恶化。

（2）中国大陆中间产品消费主要依靠本区域中间产品需求市场，其出口价格的上涨主要由本区域价值链上产业中间产品需求价格上涨所拉动，国际价值链上的产业中间产品需求价格上涨通过反馈效应增大了中国大陆产业中间产品出口价格上涨幅度。中国大陆中间产品平均出口价格指数为 3.2190，其中依附于中国大陆价值链、中国台湾价值链及其他区域价值链上的中间产品出口价格指数分别为 9.3052、1.7017 和 1.2102，相应的影响效应分别为 71.58%、0.46% 和 27.96%。这表明中国大陆中间产品消费主要用于满足本区域产业中间产品的市场需求，其出口价格的上涨主要由本区域价值链上的产业中间产品需求价格上涨拉动，其他区域价值链上的产业中间产品需求价格上涨的拉动作用不容忽视，但中国台湾价值链上的产业中间产品需求价格的拉动作用很微弱。值得注意的是，国际价值链上的产业中间产品需求价格上涨通过反馈效应进一步拉动了中国大陆价值链上的产业中间产品需求价格，进而引起中国大陆产业中间产品出口价格再上涨。

（3）中国台湾中间产品消费过于依赖国际中间产品需求市场，其出口价格主要受国际价值链上的产业中间产品需求价格下降所影响，而且国际价值链上的产业中间产品需求价格下降通过反馈效应加剧了中国台湾中间产品出口价格下跌。中国台湾中间产品平均出口价格指数为 0.9420，其中依附于中国大陆价值链、中国台湾价值链以及其他区域价值链上的中间产品出口价格指数分别为 0.9381、－2.3382 和 0.9815，相应的影响效应分别为 24.66%、－2.15% 和 77.49%。这表明中国台湾中间产品消费主要用于满足国际价值链上的产业中间产品市场需求，其出口价格下跌主要受中国大陆价值链和其他区域价值链上的产业中间需求价格下降所影响，而且国际价值链上的产业中间产品需求价格下降通过反馈效应降低了中国台湾价值链上的产业中间产品需求价格，进而导致中国台湾中间产品出口价格的加剧下跌。

（4）中国大陆中间产品的使用主要依靠本区域中间产品供给市场，其进口价格上涨主要由本区域价值链上的产业中间产品供给价格上涨推动，其他区域价值链上的产业中间产品供给价格上涨的推动作用也应引起重视。中国大陆中间产品平均进口价格指数为 3.0661，其中依附于中国大陆价值链、中国台湾价值链以及其他区域价值链上的中间产品进口价格指数分别为 9.1884、0.6634 和 1.0345，相应的影响效应分别为 74.78%、0.17% 和 25.05%。这表明中国大陆中间产品的使用依赖于本区域中间产品供给市场，其进口价格上涨主要由本区域价值链上的产业中间产品供给价格上涨推动，其他区域价值链上的产业中间产品供给价格上涨也推动了中国大陆中间产品进口价格的上涨，但是中国台湾价值链上的产业中间产品供给价格下降对中国大陆中间产品进口价格上涨的削弱作用甚为微弱。

（5）中国台湾中间产品的使用主要依靠国际中间产品供给市场，其进口价格上涨主要由国际价值链上的产业中间产品供给价格上涨推动。中国台湾中间产品进口价格指数为 1.2742，其中依附于中国大陆价值链、中国台湾价值链以及其他区域价值链上的中间产品进口价格指数分别为 1.5561、-0.3030 和 1.1966，相应的影响效应分别为 30.47%、-0.19% 和 69.72%。这表明中国台湾中间产品的使用依赖于国际中间产品供给市场，其进口价格受中国大陆价值链和其他区域价值链上产业中间产品供给价格上涨的影响尤为明显，但是该上涨影响部分被中国台湾价值链上的产业中间产品供给价格下降所削弱。

表 3.3 为中国大陆和中国台湾的制造业中间产品价格变动量。

表 3.3　中国大陆和中国台湾的制造业中间产品价格变动量

中国产品贸易市场		中间产品出口价格变动量	中间产品进口价格变动量
中国大陆	中国大陆	1.2983（63.50%，15.16%）	1.3295（117.87%，16.24%）
	中国台湾	0.7017（34.32%，29.13%）	-0.2198（-19.49%，65.28%）
	其他区域	0.0445（2.18%，21.15%）	0.0182（1.62%，52.89%）
	合计	2.0445	1.12793
中国台湾	中国大陆	-0.0652（1.44%，105.29%）	0.3593（-17.39%，64.62%）
	中国台湾	-4.4420（98.16%，133.06%）	-2.5454（123.17%，195.36%）
	其他区域	-0.0181（0.40%，97.89%）	0.1198（-5.78%，60.77%）
	合计	-4.5253	-2.0666

从该表可发现：

（1）中国大陆制造业中间产品出口价格上涨主要由中国大陆及中国台湾价值链上的非制造业中间产品需求价格上涨所引起，中国台湾制造业中间产品出口价格下跌主要由中国台湾制造业中间产品需求价格下降所引起。从中国大陆制造业中间产品出口价格变动的构成看，依附在中国大陆价值链、中国台湾价值链和其他区域价值链上的制造业中间产品需求价格变动量分别为 1.2983、0.7017 和 0.0445，相应的影响效应分别为 63.50%、34.32% 和 2.18%。同时，各区域价值链上的制造业中间产品需求价格变动对本区域价值链上产业中间产品需求价格变动所产生的影响程度分别为 15.16%、29.13% 和 21.15%。这表明中国大陆制造业中间产品出口价格上涨主要由本区域价值链和中国台湾价值链上的非制造业中间产品需求价格所拉动。从中国台湾制造业中间产品出口价格变动的构成看，依附在中国大陆价值链、中国台湾价值链和其他区域价值链上的制造业中间产品需求价格变动量分别为-0.0652、-4.4420和-0.0181,相应的影响效应分别为1.44%、98.16%和0.40%。同时,各区域价值链上的制造业中间产品需求价格变动对本区域价值链上产业中间产品需求价格变动所产生的影响效应分别为105.29%、133.06%和97.89%。这表明中国台湾制造业中间产品出口价格下跌主要受中国台湾价值链上的制造业中间产品需求价格下降所引起。

(2)中国大陆价值链上的非制造业中间产品供给价格上涨推高了中国大陆制造业中间产品进口价格,中国台湾价值链上的制造业中间产品供给价格下跌拉低中国台湾制造业中间产品进口价格。从中国大陆制造业中间产品进口价格变动的构成看,依附在中国大陆价值链、中国台湾价值链和其他区域价值链上的制造业中间产品供给价格变动量分别为1.3295、-0.2198和0.0182,相应的影响效应分别为117.87%、-19.49%和1.62%。而且,各区域价值链上的制造业中间产品供给价格变动对中国大陆价值链上中间产品供给价格变动的贡献效应分别为16.24%、65.28%和52.89%。这表明中国大陆价值链上的非制造业中间产品供给价格上涨推高了中国大陆制造业中间产品的出口价格。从中国台湾制造业中间产品进口价格变动的构成看,依附在中国大陆价值链、中国台湾价值链和其他区域价值链上的制造业中间产品供给价格变动量分别为0.3593、-2.5454和0.1198,相应的影响效应分别为-17.39%、123.17%和-5.78%。而且,各区域价值链上的制造业中间产品需求变动量对本区域价值链上中间产品供给价格变动的影响效应分别为64.62%、195.36%和60.77%。显然,中国台湾中间产品进口价格下降主要受中国台湾价值链上的制造业中间产品供给价格下跌所影响。

3.5 本章小结

本章在全球价值链分工背景下,以中间产品进出口价格指数核算为导向,以区域间产业关联方式为突破口,利用Round(1985)的分块里昂惕夫逆矩阵分解法确定区域间的产业关联方式,借鉴张红霞(2014)的研究方法构建多区域投入产出价格影响模型,从全球价值链分工视角重新构建了价格贸易条件指数测度方法。该测算方法克服了传统价格贸易条件指数难以准确反映一个国家或地区在全球价值链分工下的贸易获利程度的缺陷,丰富了传统价格贸易条件指数测算方法理论研究。当然,该测算方法在实际应用中可能存在瑕疵。比如,该测算方法把产业中间产品价格变动所形成的区域间反馈效应计入产业全球价值链上各区域部门中间产品价格变动。产业全球生产工序分割使得中间产品在不同国家(或地区)流动时会被各国(或地区)的进出口贸易核算系统重复计算,如果产业中间产品价格反馈效应包含中间产品跨区域流动而被重复计算的那部分影响效应,那么该测算方法就有可能存在高估中间产品进出口价格指数的情况。

本章比较分析了两岸制造业价格贸易条件状况,得到如下结论:

(1)中国大陆中间产品供需主要依靠国内中间产品市场,而中国台湾中间产品供需主要依赖国际中间产品市场,中国大陆中间产品市场价格上涨对中国台湾价格贸易条件的影响较大,但中国台湾中间产品市场对中国大陆贸易条件的影响甚微。

(2)中国大陆价格贸易条件有所改善,中国台湾价格贸易条件则明显恶化,主要原因是中国大陆的中间产品出口价格指数的上涨幅度大于中间产品进口价格指数的上涨幅度,中国台湾的中间产品出口价格指数下跌而中间产品进口价格指数依然上涨。

(3)从出口价格指数看,中国大陆的中间产品出口价格上涨主要由前向国内价值链上产业中间产品需求价格上涨拉动,中国台湾的中间产品出口价格下跌主要受中国大陆价值链和其他区域价值链上的产业中间产品需求价格下降影响。值得注意的是,两岸中间产品参与前向全球价值链分工所形成的反馈效应是影响两岸中间产品出口价格变动的重要推手。

(4)从进口价格指数看,中国大陆的中间产品进口价格上涨主要由中国大陆价值链上产业中间产品供给价格上涨推动,而中国台湾的中间产品进口价格上涨主要由国际价值链上的产业中间产品供给价格上涨推动。具体而言,中国大陆价值链上的非制造业中间产品供给价格上涨推高了中国大陆制造业中间产品进口价格,中国台湾制造业中间产品供给价格下跌拉低了中国台湾制造业中间产品进口价格。

基于上述结论,本章认为中国大陆改善制造业价格贸易条件,就要在国内国际双循环相互促进的新发展格局下提升我国制造业的全球价值链地位,扩大国内非制造业中间产品需求,以拉动制造业中间产品出口价格上涨,优化国际中间产品供给以缓解制造业中间产品进口价格的上涨压力。具体而言,提出如下对策:

(1)从中间产品出口价格指数看,中国大陆应依托前向全球价值链分工提升中间产品的出口价格指数。一是要依托国内非制造业中间产品需求市场拉动国内制造业中间产品出口价格上涨。以现代服务业拉动制造业中间产品内需为导向优化前向国内价值链,扩张现代服务业尤其是生产性服务业的价值链,压缩传统制造业价值链和培育高新技术制造业价值链,通过放大国内价值链上产业中间产品附加值的乘数效应来拉动制造业中间产品出口价格上涨。二是要瞄准主要贸易伙伴非制造业中间产品需求市场,促进国内制造业中间产品出口价格上涨。以制造业转型升级助推制造业全球价值链攀升为目标延伸前向国际价值链,提高制造业中间产品前向国际价值链分工的参与程度,重点在于巩固欧盟和亚太地区等主要贸易伙伴非制造业中间产品需求市场,推动传统制造业产能向"一带一路"沿线非主要贸易伙伴非制造业中间产品需求市场转移,通过放大国际中间产品需求价格的反馈效应来拉动制造业中间产品出口价格上涨。

(2)从中间产品进口价格指数看,中国大陆应依托后向全球价值链分工维稳中间产品进口价格指数。一是要立足国内非制造业中间产品供给市场推动制造业中间产品供给价格平稳上涨。以制造业服务化助力制造业中间产品供给升级为导向延伸后向国内价值链,重点在于加快生产性服务业与制造业融合发展,以电子信息、流程制造、装备制造等产业为突破口推动制造业从制造环节向集成服务方向延伸,通过国内服务化制造业中间产品供给增值来推动制造业中间产品进口价格上涨。二是要跟踪国际中间产品供给市场,缓解国内制造业中间产品供给价格上涨压力。以国际中间产品供给服务国内制造业转型升级为要求重构后向国际价值链,重点在于按照要素供给制约条件选择性地扩大资源、技术和服务等中间产品的进口规模,缩短国际中间产品参与我国制造业后向全球价值链分工的供应链,通过压缩国际中间产品进口成本来化解国内价值链上中间产品供给价格的上涨压力。

第 4 章　中国制造业贸易开放度指数

推进更高水平的对外开放是加快构建新发展格局的客观需要,也是实现制造业向全球价值链高端攀升的重要动力。在国际贸易分析中,贸易开放度反映一国进出口贸易额占该国 GDP 的比重,也被称为对外贸易依存度。以往研究表明,该指标难以完全反映一国产业或产品参与世界自由贸易时所获得的潜在收益,而贸易潜力则可以衡量一国(或地区)从贸易壁垒状态转向自由贸易时所获得的收益。因此,本章尝试从贸易潜力出发重新构建贸易开放度测度方法。

4.1　引言

近年来,世界各国进出口货物贸易受全球经济低迷影响而持续低速增长,挖掘贸易潜力以促进外贸企稳回升是当前各国亟待解决的现实问题,其中,准确测度贸易潜力指数尤为必要。贸易潜力指数依托贸易潜力进行测度。Kalirajan K(1999)将贸易潜力定义为贸易条件下各经济体在贸易开放且无摩擦状态下能达到的最大贸易量。Egger(2001)把贸易潜力指数定义为实际贸易量与贸易潜力的比值,以此来衡量经济体之间的双边贸易效率。该贸易潜力指数的定义已被学界广泛接受。从已有文献看,贸易潜力主要以贸易引力模型为依据,采用计量方法进行测度。比如,Benedictis(2005)采用面板数据模型测度了 11 个欧洲国家和 31 个 OECD 国家的贸易潜力。孔庆峰(2015)也采用面板数据模型测度了"一带一路"相关国家的贸易潜力。Isabel Proença(2008)认为,依托贸易引力模型进行计量所得到的贸易量估计值只是平均值,其置信区间的大小直接影响该估计值的可信度。Ravishankar G(2014)认为,传统贸易引力模型存在无贸易摩擦的假设,把多数不易于观测的因素归为随机扰动项会导致计量模型出现估计偏差。这意味着实际贸易量有可能超出依计量模型估计出来的潜在贸易量而出现贸易潜力指数大于 1 的现象。刘青峰(2002)按贸易潜力指数把中国前 30 位贸易伙伴分为潜力再造型、潜力开拓型和潜力巨大型。显然,这种通过测度贸易潜力间接得到贸易潜力指数的方法不具有理论依据,因而这种贸易潜力指数测度方法是否可行值得商榷。随后,多数研究把贸易潜力指数理解为贸易效率,即把贸易效率定义为实际贸易量与最优贸易量的比值,并采用前沿随机方法来测算贸易效率。比如,谭秀杰(2015)和陈继勇(2019)按此方式计算"一带一路"沿线国家的贸易效率,并利用实际贸易量与贸易效率的比值测度贸易潜力。Ravishankar G(2014)认为这种贸易效率测度方式是以生产前沿面理论为依据,把一定技术水平下各种比例投入所对应的最优贸易产出理解为贸易潜力。生产前沿面理论认为,经济体如果不按生产前沿面组织贸易就会导致贸易无效率,从而实际贸易量就无法达到最优贸易量,因此贸易无效率体现了双边贸易从最优生产前沿面状态偏离到其他生产状态时所产生的贸易福利损失程度。显然,生产前沿面的最优贸易量与贸易开放且无摩擦时能达到的最大贸易量并非完全一致,贸易效率并不能完全替代贸易潜力指数。

贸易福利成本至今仍是备受关注的国际贸易研究话题。李嘉图贸易理论认为,一个经济体的技术前沿代表该经济体生产每一种产品的最佳技术,经济体之间因获得技术的机会不同而形成比较优势,并导致各经济体之间的贸易出现差异。Eaton(2002)通过引入技术水平对李嘉图贸易模型进行了理论拓展,认为一国劳动者平均工资收入与该国的技术水平及国内贸易份额有关,技术水平恒定时,国内贸易份额越大则劳动者平均工资收入越低;国内贸易份额恒定时,技术水平越高则劳动者平均工资收入越高,因此经济体之间的技术限制和贸易壁垒都将导致劳动者平均工资收入下降,即技术限制和贸易壁垒将产生贸易福利成本。后续研究以此为基础探讨了贸易福利效应问题。比如,Arkolakis(2009)理论推导了一个经济体从自给自足状态转移到贸易均衡状态时的劳动者平均工资收入变化,由此来测度该经济体参与国际贸易所获得的福利效应。该研究表明,如果能够从理论上探讨一个经济体由开放且有贸易摩擦的均衡状态转移到开放且无贸易摩擦的均衡状态的劳动者平均工资的收入变化,那么就可以按照劳动者实际平均工资和劳动者最优平均工资的比值重构贸易潜力指数测度公式。

上述研究表明,通过测度贸易潜力间接得到贸易潜力指数的方法不具有理论依据,把贸易潜力指数理解为贸易效率并采用前沿随机模型测算贸易效率的方法则有生产前沿面理论支撑。尽管贸易效率表达式与贸易潜力指数表达式相吻合,但是生产前沿面理论形成的最优贸易量并不完全等同于贸易开放且无摩擦状态下能达到的最优贸易量,因而贸易效率不能完全用来替代贸易潜力指数。贸易效率测度方法表明可以从贸易状态转移的视角探讨贸易潜力指数的测算问题,贸易理论研究也证实贸易状态转移所形成的劳动者平均工资收入变化可以测度一个经济体的贸易福利效应。显然,如果能够从理论上探讨一个经济体由开放且有贸易摩擦的均衡状态转移到开放且无贸易摩擦的均衡状态其劳动者平均工资的收入变化,那么贸易潜力指数就可以按照劳动者实际平均工资收入和劳动者最优平均工资收入的比值进行重构。

基于此,本章首先从理论上探讨开放且无贸易摩擦均衡状态下的劳动者平均收入与开放且有贸易摩擦均衡状态下的劳动者实际平均收入之间的关系,把开放且无贸易摩擦均衡状态下的劳动者平均收入定义为贸易潜力,以一国(或地区)由开放且无贸易摩擦均衡状态转移到开放且有贸易摩擦均衡状态时的劳动者平均收入变化程度来构建贸易潜力指数测算模型;其次,以贸易潜力为基础,按照 min-max 标准化方式对贸易潜力指数进行标准化,以标准化后的贸易潜力指数的倒数评估贸易开放程度。

4.2　贸易开放度

4.2.1　贸易潜力指数

Egger P H(2002)提出的贸易潜力指数测算模型可表示为

$$TP_i = y_i / y_i^* \tag{4.2.1}$$

其中,TP_i 为贸易潜力指数;y_i 和 y_i^* 分别为第 i 个国家的实际贸易量和贸易潜力。

按照随机前沿方法,实际贸易量和贸易潜力的表达式可分别表示为

$$y_i = f(x_{ij}, \beta) \exp(v_i - \mu_i), \mu_i \geq 0 \tag{4.2.2}$$

$$y_i^* = f(x_{ij}, \beta) \exp(v_i) \tag{4.2.3}$$

其中,v_i 为服从均值为零的正态分布的随机变量,μ_i 为与 v_i 相互独立的贸易非效率项,$f(x_{ij}, \beta)$ 为相应的估计函数表达式。

由式(4.2.2)和式(4.2.3)可得到贸易效率的表达式为

$$TP_i = y_i / y_i^* = \exp(-\mu_i) \tag{4.2.4}$$

式(4.2.4)表明,当 $\mu_i = 0$ 时,第 i 个国家不存在贸易非效率,此时实际贸易收入等于贸易潜力;当 $\mu_i > 0$ 时,第 i 个国家存在贸易非效率,此时实际贸易量小于最优贸易量。

显然,贸易效率和贸易潜力指数在测度公式上是一致的。尽管贸易效率表达式与贸易潜力指数表达式相吻合,但是生产前沿面理论形成的最优贸易量并不完全等同于贸易开放且无贸易摩擦状态下能达到的最大贸易量,因而贸易效率不能完全用来替代贸易潜力指数。随机前沿引力模型表明贸易效率可以采用最优生产前沿面状态偏离到其他生产状态时所产生的贸易损失程度来测度,这意味着从贸易状态转移的视角探讨贸易潜力指数测算问题值得尝试。

从国际贸易理论研究看,李嘉图比较优势理论认为国家之间存在生产率或技术上的相对差异是国际贸易产生的缘由。段亚丁(2014)在评述中认为,要进行李嘉图比较优势理论的实证检验必须从数学上严谨地证明两国的出口贸易差异和劳动生产率差异之间确实存在明确关系。Eaton J(2002)提出的 EK 模型很好地解决

了上述实证检验难题。EK 模型的主要贡献是在理论推导中引入生产率满足 Fréchet 分布的假设,并通过估计模型中的贸易生产率弹性来衡量国家之间的生产率差异及其对出口贸易的影响。一些学者从不同方面拓展了 EK 模型。比如,Arkolakis(2012)从贸易福利效应的视角进行研究,认为可以根据一个国家从贸易均衡状态转移到自给自足状态时的劳均收入变化来测度该国从国际贸易中获得的贸易福利收益。受此启发,本书进一步探讨各国从开放且有贸易摩擦均衡状态转移到开放且无贸易摩擦均衡状态所产生的劳均收入变化。

以 Eaton J(2002)的研究为基础,Arkolakis(2009)推导出一个国家在开放且有贸易摩擦均衡状态下的劳均收入模型。按照 Eaton J(2002)提出的 EK 模型,假设经济体由 N 个国家组成,每个国家只生产一个可贸易产品,各国可贸易产品可表示为 $j \in (0,1)$,且具有连续性。第 i 个国家的代表性厂商拥有劳动力 L_i 和实物资本 K_i,且本国劳动力和资本均可无弹性供应,则第 i 个国家消费者的效用函数可表示为

$$U_i = \Big[\int_0^1 x_i(j)^{(\rho-1)/\rho} \mathrm{d}j \Big]^{\rho/(1-\rho)}, \rho > 1 \qquad (4.2.5)$$

其中,$x_i(j)$ 为第 i 个国家购买的第 j 种产品。

假设第 i 个国家的代表性厂商采用资本和劳动力相结合的柯布-道格拉斯生产函数,相应的要素弹性系数分别为 α 和 $1-\alpha$,且生产率为 $z_i(j)$。假设第 i 个国家的全要素生产率服从 Fréchet 概率分布,即

$$F_i(z_i) = \exp(-T_i z_i^{-\theta}) \qquad (4.2.6)$$

其中,$T_i > 0$ 为第 i 个国家的技术水平,该值越大表示产品 j 越有可能获得较高的生产率;$\theta > 1$ 为贸易生产率系数,该值越大则产品 j 的生产率变化程度就越小。

在第 i 个国家完全竞争市场中,如果生产力水平给定,则产品 j 的生产边际成本可表示为

$$r_i^\alpha w_i^{1-\alpha}/z_i(j) \qquad (4.2.7)$$

其中,r_i 和 w_i 分别为第 i 个国家的资本利率和工资水平。

在贸易摩擦条件下,假设产品从第 i 个国家到第 n 个国家的冰山成本 τ_{ni} 满足 $\tau_{ni} > 0, n \neq i, \tau_{ii} = 1$ 且不存在通过第三国的套利行为。充分市场竞争表明,从第 i 个国家运到第 n 个国家的产品 j 的价格等于生产产品 j 的边际成本,且可以表示为

$$p_{ni}(j) = \tau_{ni} r_i^\alpha w_i^{1-\alpha}/z_i(j) \qquad (4.2.8)$$

其中,$p_{ni}(j)$ 为第 n 个国家的厂商购买产品 j 需支付的价格。

假设厂商依据最小成本原则从供应商那里购买产品,那么第 n 个国家厂商购买产品 j 需支付的最小价格可以表示为

$$p_n(j) = \min_{l=1,\cdots,N}(p_{nl}(j)) \qquad (4.2.9)$$

在上述定价规则和生产率分布条件下,第 n 个国家的价格指数 p_n 可以表示为

$$p_n = \gamma \Phi_n^{-1/\theta} \qquad (4.2.10)$$

其中，$\Phi_n = \left[\sum_{l=1}^{N} T_l \left(\tau_{nl} r_l^{\alpha} w_l^{1-\alpha} \right)^{-\theta} \right]$，$\gamma = \left[\Gamma \left(\dfrac{\theta + 1 - \rho}{\theta} \right) \right]^{\frac{1}{1-\rho}}$ 为伽马函数，且 $\theta > 1 - \rho$。

假设 X_n 为第 n 个国家厂商购买所有产品的总支出，X_{ni} 为第 n 个国家厂商购买第 i 个国家产品的支出，则第 n 个国家厂商进口第 i 国家产品的支出占总支出的份额为 X_{ni}/X_n。在给定价格和生产率联合分布的条件下，Eaton J(2002) 从理论上证实，第 i 个国家是第 n 个国家的最低成本供应商的概率，等于第 n 个国家厂商进口第 i 国家产品的支出份额。因此，第 n 个国家厂商购买第 i 个国家产品的支出份额 λ_{ni} 可表示为

$$\lambda_{ni} = \frac{X_{ni}}{X_n} = \frac{T_i \left(\tau_{ni} r_i^{\alpha} w_i^{1-\alpha} \right)^{-\theta}}{\sum_{l=1}^{N} T_l \left(\tau_{nl} r_l^{\alpha} w_l^{1-\alpha} \right)^{-\theta}} \qquad (4.2.11)$$

由式(4.2.10) 和式(4.2.11) 可以得到

$$\frac{\lambda_{ni}}{\lambda_{ii}} = \left(\frac{p_i \tau_{ni}}{p_n} \right)^{-\theta} \qquad (4.2.12)$$

其中，λ_{ii} 是第 i 个国家厂商购买本国产品的支出份额，即为国内贸易份额。

Arkolakis(2012) 以此为基础，从理论上推导了贸易摩擦条件下的劳均收入表达式。Arkolakis(2012) 的推导过程具体如下：

首先，在充分竞争市场下资本租金率可表示为

$$r_i = \frac{\alpha}{1-\alpha} w_i k_i^{-1} \qquad (4.2.13)$$

其中，k_i 是劳均资本，即资本与劳动力的比值。

其次，由式(4.2.11) 和式(4.2.13) 可得，第 i 个国家的国内贸易份额可表示为

$$\lambda_{ii} = \frac{T_i \left(k_i^{-\alpha} w_i \right)^{-\theta}}{\sum_{l=1}^{N} T_l \left(\tau_{il} k_l^{-\alpha} w_l \right)^{-\theta}} \qquad (4.2.14)$$

再次，由式(4.2.10) 和式(4.2.13) 可得，第 i 个国家的实际工资收入可表示为

$$\frac{w_i}{p_i} = (1-\alpha) T_i^{\frac{1}{\theta}} \lambda_{ii}^{-\frac{1}{\theta}} k_i^{\alpha} \qquad (4.2.15)$$

式(4.2.15) 表明，由价格指数缩减引发的实际工资收入是技术成熟度、国内贸易份额和劳均资本的函数。

最后，根据贸易平衡原则，劳均收入水平可表示为

$$y_i = \frac{w_i}{p_i} + \frac{r_i k_i}{p_i} \qquad (4.2.16)$$

注意到,最优生产条件下工资-利息比与资本-劳动力比按弹性系数成比例。由式(4.2.15)和式(4.2.16)可知,第 i 个国家厂商的劳均收入可表示为

$$y_i = A_i k_i^\alpha \tag{4.2.17}$$

其中,$A_i = T_i^{\frac{1}{\theta}} \lambda_{ii}^{-\frac{1}{\theta}}$ 相当于第 i 个国家柯布-道格拉斯生产函数中的全要素生产率。

第 i 个国家厂商在自给自足状态下的国内贸易份额等于1,从自给自足状态转移到开放且有贸易摩擦均衡状态所产生的劳均收入变化可以表示为

$$\frac{y_i}{y^{AU}} = (\lambda_{ii})^{-1/\theta} \tag{4.2.18}$$

受 Arkolakis(2012)的研究启发,本章尝试探讨一个国家从开放且有贸易摩擦的均衡状态转移到开放且无贸易摩擦的均衡状态所产生的劳均收入变化。具体过程如下:

由平衡贸易条件可得,第 i 个国家的总收入必须等于其他所有国家进口该国商品的总支出。因此,该平衡贸易等式可写为

$$L_i(w_i + r_i k_i) = \sum_{k=1}^{N} L_k(w_k + r_k k_k) \lambda_{ki} \tag{4.2.19}$$

在无贸易摩擦的条件下,所有国家从第 i 个国家进口商品的份额相同,即 $\lambda_{ki}^{FT} = \lambda_{ii}^{FT}$。因此,第 i 个国家的国内贸易份额必须等于该国占所有国家组成的经济体总收入的份额,即

$$\lambda_{ii}^{FT} = \frac{L_i(w_i^{FT} + r_i^{FT} k_i)}{\sum_{k=1}^{N} L_k(w_k^{FT} + r_k^{FT} k_k)} \tag{4.2.20}$$

在无贸易摩擦的条件下,所有国家的价格指数都相同。由此可得

$$\lambda_{ii}^{FT} = \frac{L_i y_i^{FT}}{\sum_{k=1}^{N} L_k y_k^{FT}} = \frac{Y_i^{FT}}{\sum_{k=1}^{N} Y_k^{FT}} \tag{4.2.21}$$

其中,$Y_i^{FT} = L_i y_i^{FT}$ 为第 i 个国家的实际收入。

注意到第 i 个国家的技术水平不会因有贸易摩擦而变化。由式(4.2.14)可以得到

$$\left(\frac{Y_i}{L_i} k_i^{-\alpha}\right)^\theta \lambda_{ii} = T_i = \left(\frac{Y_i^{FT}}{L_i} k_i^{-\alpha}\right)^\theta \lambda_{ii}^{FT} \tag{4.2.22}$$

由式(4.2.21)和式(4.2.22)可得到

$$Y_i^{FT} = \left(\sum_{l=1}^{N} Y_l^{FT}\right)^{\frac{1}{1+\theta}} Y_i^{\frac{\theta}{1+\theta}} \lambda_{ii}^{\frac{1}{1+\theta}} \tag{4.2.23}$$

由式(4.2.17)和式(4.2.23)可得

$$y_i^{FT} = \left(\sum_{l=1}^N Y_l^{FT} \right)^{\frac{1}{1+\theta}} \left(\frac{T_i}{L_i} \right)^{\frac{1}{1+\theta}} k_i^{\frac{\alpha\theta}{1+\theta}} \tag{4.2.24}$$

由式(4.2.17)和式(4.2.24)可得

$$\sum_{l=1}^N Y_l^{FT} = \left(\sum_{l=1}^N Y_l^{\frac{\theta}{1+\theta}} \lambda_{ll}^{\frac{1}{1+\theta}} \right)^{\frac{1+\theta}{\theta}} = \left[\sum_{l=1}^N L_l \left(\frac{T_l}{L_l} \right)^{\frac{1}{1+\theta}} k_l^{\frac{\alpha\theta}{1+\theta}} \right]^{\frac{1+\theta}{\theta}} \tag{4.2.25}$$

由式(4.2.23)和式(4.2.25)可得

$$y_i^{FT} = \left[\sum_{l=1}^N L_l \left(\frac{T_l}{L_l} \right)^{\frac{1}{1+\theta}} k_l^{\frac{\alpha\theta}{1+\theta}} \right]^{\frac{1}{\theta}} \left(\frac{T_i}{L_i} \right)^{\frac{1}{1+\theta}} k_i^{\frac{\alpha\theta}{1+\theta}} = \Omega(L,T,k) \left(\frac{T_i}{L_i} \right)^{\frac{1}{1+\theta}} k_i^{\frac{\alpha\theta}{1+\theta}} \tag{4.2.26}$$

其中, $\Omega(L,T,k) = \left[\sum_{l=1}^N L_l \left(\frac{T_l}{L_l} \right)^{\frac{1}{1+\theta}} k_l^{\frac{\alpha\theta}{1+\theta}} \right]^{\frac{1}{\theta}}$。

式(4.2.26)表明,在开放且无贸易摩擦的条件下,一个国家的劳均收入是该国的劳均技术水平、劳均资本以及全要素生产率(Ω)的函数,其中全要素生产率并不会影响每个国家在跨国收入分配中的相对地位。这意味着,劳均技术水平或劳均资本越高的国家,其劳均收入也越高,因而该国在国际经济体收入分配中的相对地位将越有优势。

根据式(4.2.26),一个国家从开放且有贸易摩擦均衡状态转移到开放且无贸易摩擦均衡状态所产生的劳均收入变化可表示为

$$\frac{y_i^{FT}}{y_i} = \widetilde{\Omega} \left(\frac{\lambda_{ii}}{S_i} \right)^{\frac{1}{1+\theta}} \tag{4.2.27}$$

其中, $\widetilde{\Omega} = \left[\sum_{l=1}^N S_l \left(\frac{\lambda_{ll}}{S_l} \right)^{\frac{1}{1+\theta}} \right]^{\frac{1}{\theta}}$, $S_i = Y_i / \sum_{l=1}^N Y_l$ 为第 i 个国家经济收入在经济体中所占的份额。

式(4.2.27)表明,当国内贸易份额相同时,经济收入份额越大的国家由开放且有贸易摩擦均衡状态转移到开放且无贸易摩擦均衡状态时所获得的福利收益越低,因而该国可能更没意愿推动自由贸易;当经济收入份额相同时,国内贸易份额越大的国家由开放且有贸易摩擦均衡状态转移到开放且无贸易摩擦均衡状态时所获得的福利收益越高,因而该国可能更倾向于推动自由贸易。

假设开放且无贸易摩擦均衡状态是各国在国际贸易中所处的最优状态,本章把开放且无贸易摩擦均衡状态时的劳均收入定义为贸易潜力,遵循传统贸易潜力指数的定义,从福利成本的视角重新构建贸易潜力指数测算模型:

$$TP_i = \frac{(S_i / \lambda_{ii})^{1/(1+\theta)}}{\widetilde{\Omega}} \tag{4.2.28}$$

显然,该贸易潜力指数模型在本质上刻画了一个国家由开放且无贸易摩擦的均衡状态偏离到开放且无贸易摩擦均衡状态时的福利成本(劳均收入损失)。一国福利成本越高,表明该国越远离开放且无贸易摩擦的均衡状态,此时该国贸易潜力就越大。

4.2.2 贸易开放度指数

贸易开放度的测度可以从微观和宏观两个层面开展。在微观层面,武力超(2020)采用服务贸易限制指数(STRI)来测度服务业贸易开放度,陈万灵(2020)采用 Hoekman 频度分析法从开放广度和开放深度两个维度评估中国服务业贸易开放度。在宏观层面,贸易开放度反映一国进出口贸易额占该国 GDP 的比重,也被称为对外贸易依存度。余思勤(2020)利用 1990—2017 年中国与"海上丝绸之路"34 个国家的数据,分析了中国与"海上丝绸之路"沿线国家的贸易开放度与经济增长之间的直接关系和间接关系。以往宏观层面的研究表明,传统贸易开放度指标难以从本质上完全反映一国产业或产品参与世界自由贸易所获得的潜在收益,但是贸易潜力可以衡量一国从贸易壁垒状态转向自由贸易时所获得的收益。因此,本章尝试从贸易潜力角度出发重新构建贸易开放度测度方法。

注意到,一国贸易潜力越大就越远离开放且无贸易摩擦的均衡状态,这意味着一国贸易潜力指数的倒数可以用于测度该国的贸易开放程度。因此,可按照 min-max 标准化方式对贸易潜力指数进行标准化,以标准化后的贸易潜力指数的倒数评估贸易开放度程度。

贸易开放度指数可用公式表示为

$$TPI_i = \frac{1-\lambda_{ii}^{1/\theta}}{\widetilde{\Omega}\,(S_i/\lambda_{ii})^{1/(1+\theta)} - \lambda_{ii}^{1/\theta}} \tag{4.2.29}$$

其中,$TPI_i \in [0,1]$。该指标在自给自足状态下的值为 0,在无摩擦状态下的值为 1。

4.3 实证分析

4.3.1 面板随机前沿模型

边文龙(2016)对面板随机前沿模型(SFA)的研究进展进行了梳理总结。在效率不随时间变化的情形下,面板随机前沿模型可表示为

$$y_{it} = x'_{it}\beta + \varepsilon_{it} = x'_{it}\beta - u_i + v_{it} \tag{4.3.1}$$

其中,u_i 在不同个体 i 之间服从相互独立的半正态分布,即 $u_i \sim N^+(0,\sigma_u^2)$,$u_i$ 的概率密度函数为 $f(u_i) = \dfrac{2}{\sqrt{2\pi}\,\sigma_u}\exp(-u^2/2\sigma_u^2)$;$v_{it}$ 在个体 i 和时间 t 之间服从相互独立

的整体正态分布,即 $v_{it} \sim N(0, \sigma_v^2)$,$v_{it}$ 的概率密度函数为 $g(v_{it}) = \dfrac{2}{\sqrt{2\pi}\,\sigma_v}\exp(-v_{it}^2/$

$2\sigma_v^2)$;u_i 与 v_{it} 相互独立,且 u_i、v_{it} 与 x_{it} 不相关。

Jondrow(1981)以式(4.3.1)为基础,提出如下模型:

$$y_{it} = x'_{it}\beta + \varepsilon_{it} = x'_{it}\beta - u_i + v_t \tag{4.3.2}$$

Jondrow(1981)由 u_i 与 v_{it} 的边缘分布函数 $f(u_i, \varepsilon_i)$ 得到 u_i 相对 v_{it} 的条件分布

函数 $f(u_i|\varepsilon_i)$,并证明了 $f(u_i|\varepsilon_i)$ 恰好服从 $N^+(\mu_{i*}, \sigma_*^2)$,其中,$\mu_{i*} = \dfrac{\sigma_u^2\varepsilon_i}{\sigma^2}$,$\sigma_*^2 =$

$\dfrac{\sigma_u^2\sigma_v^2}{\sigma^2}$,$\sigma^2 = \sigma_u^2 + \sigma_v^2$。

4.3.2　变量与数据说明

考虑到数据的可获得性和完整性,本章选择 2010—2014 年 WIOD 数据库中的世界投入产出表和社会经济核算表的制造业部门进行实证分析,具体制造业行业名称及其代码参见表 3.1。

(1)劳均收入(y)。采用社会经济核算表中的我国制造业各部门增加值以及从业人员数量来计算劳均收入,其中增加值以 2010 年增加值价格指数进行平减。增加值的单位为百万美元,从业人员数量的单位为千人。

(2)经济收入份额(S)。采用社会经济核算表,以当年价计算的制造业各部门增加值来衡量该部门的经济收入,依此计算我国制造业部门增加值占全世界该部门增加值的份额,即经济收入份额,单位为百万美元。

(3)国内贸易份额(λ)。Simonovska I(2014)提出的国内贸易份额核算公式为

$$\frac{X_{ni}}{X_n} = \frac{I_{ni}}{G_n - E_n + I_n} \tag{4.3.3}$$

$$\frac{X_{nn}}{X_n} = 1 - \frac{\sum_{k=1, k\neq n}^{N} X_{nk}}{X_n} = 1 - \frac{I_n}{X_n} \tag{4.3.4}$$

其中,$\dfrac{X_{ni}}{X_n}$ 为第 n 个国家购买第 i 个国家产品的进口贸易份额,$\dfrac{X_{nn}}{X_n}$ 为第 n 个国家购买自己国家产品的国内贸易份额,G_n、E_n 和 I_n 分别为第 n 个国家的总支出、总出口和总进口。

采用 Simonovska I(2014)的研究成果,计算我国制造业各部门国内贸易份额。其中,我国制造业部门总支出用当年价世界投入产出表中该部门的总产出来衡量,我国制造业部门总进口用当年价世界投入产出表中其他经济体向我国该制造业部门出口中间产品和最终产品的供给量加总来衡量,我国制造业部门总出口用当年

价世界投入产出表中其他经济体对我国该制造业部门中间产品和最终产品的需求量加总来衡量。

（4）劳均资本（k）。为了便于计算，采用当年价社会经济核算表中的资本补偿和劳动力补偿之比来替代衡量劳均资本，单位均为百万美元。

4.3.3 主要变量现状分析

图 4.1 为 2010—2014 年期间制造业细分行业劳均资本平均值。从图中可发现，我国制造业各行业之间的要素配置存在明显的要素偏向性。2010—2014 年期间，木材、木材和软木制品、稻草制品、编织材料制造业（家具除外）（C16），食品、饮料和烟草制品制造业（C10-C12），纺织品、服装和皮革制品制造业（C13-C15），记录媒体的印刷和复制业（C18）以及家具制造业（C31-C32）等的劳均资本平均值都小于 1，表明这些劳动密集型制造业的要素配置偏向劳动力；橡塑制品制造业（C22），金属制品制造业（机械和设备除外）（C25），造纸和纸制品制造业（C17），其他运输设备制造业（C30），汽车、挂车和半挂车制造业（C29），其他非金属矿产品制造业（C23），机械设备制造业（C28）以及基本药物和制剂制造业（C21）等的劳均资本平均值介于 1 和 1.5 之间，表明这些资本密集型制造业的要素配置小幅度偏向资本；焦炭和精炼石油产品制造业（C19），化学品和化工产品制造业（C20），基本金属制造业（C24），电气设备制造业（C27）以及计算机、电子和光学产品制造业（C26）等制造业的劳均资本平均值都大于 1.5，表明这些资源密集型或技术密集型制造业的要素配置更明显偏向资本。显然，我国制造业要素配置具有明显的偏向性，且不同类型行业之间的要素偏向性有所差异，其中劳动密集型制造业偏向劳动力，资本密集型制造业偏向资本，资源密集型和技术密集型制造业明显偏向资本。

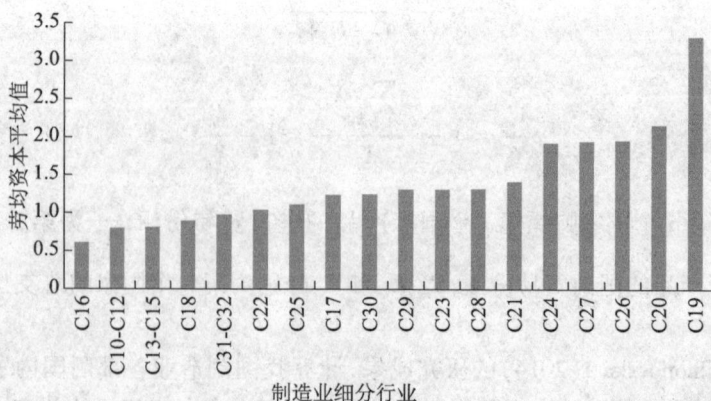

图 4.1　2010—2014 年期间制造业细分行业劳均资本平均值

　　图 4.2 为制造业细分行业劳均收入平均值(取对数)与劳均资本平均值的散点图。从图中可发现,制造业劳均收入平均值与劳均资本平均值之间具有明显的正相关关系,但是制造业劳均收入随劳均资本增大而存在边际递减效应。值得注意的是,制造业劳均收入与要素配置偏向性关系较为密切,即劳动密集型制造业的要素配置偏向劳动力且劳均经济收入相对较低,资本密集型制造业的要素配置偏向资本且劳均经济收入处于中等水平,资源密集型和技术密集型制造业的要素配置明显偏向资本且劳动经济收入相对较高。

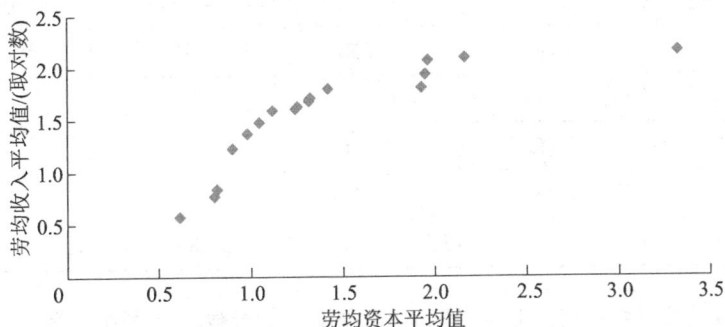

图 4.2　制造业劳均收入平均值(取对数)与劳均资本平均值的散点图

4.3.4　实证分析结果

　　Eaton J(2002)采用两阶段最小二乘法进行参数估计,认为贸易生产率弹性系数的取值在 3.6 与 12.2 之间,并取贸易生产率弹性系数值为 8 进行研究。Simonovska I(2014)也采用两阶段最小二乘法估计参数,认为贸易生产率弹性系数的取值在 4.39 与 4.42 之间较为合适,并把贸易生产率弹性系数取值为 4 进行其他参数估计。根据式(4.2.17),利用半正态面板随机前沿模型估计贸易生产率弹性系数。

　　表 4.1 为半正态随机前沿模型计量结果。从该模型可发现:① 非效率项的似然比检验的概率为 0.042,表明在 95% 显著水平下拒绝原假设,即模型存在非效率项;② λ 的值为 1.431,表明非效率项在复合扰动项上处于主导地位;③ 各解释变量的参数估计值的符号符合经济学含义,且相应的伴随概率都小于 0.01,表明参数都通过 t 检验。因此,使用该模型进行相关分析。注意到,变量 $\ln \lambda$ 的参数估计值为 -0.162,这表明可获得贸易弹性系数的值为 6.17,并按该弹性系数进一步测算贸易潜力指数。

表 4.1　半正态随机前沿模型计量结果

变量	系数	标准差	Z 值	P 值
$\ln \lambda$	−0.162	0.035	−3.337	0.000
$\ln k$	0.902	0.016	54.125	0.000
_cons	1.754	0.146	10.511	0.000
$\ln \text{sig} 2\nu$	−2.884	0.248	−10.133	0.000
$\ln \text{sig} 2\mu$	−2.337	0.471	−5.127	0.000
sigma_ν	0.244	0.056		
sigma_μ	0.311	0.087		
sigma 2	0.152	0.028		
λ	1.431	0.071		
LR: $\mu = 0$	Chibar2(01) = 2.771, $P \geqslant$ Chibar2 = 0.042			

　　图 4.3 为 2014 年制造业细分行业贸易开放度指数。从图中可发现,我国制造业细分行业贸易开放度指数仍偏低,中高技术制造业与低技术制造业相比贸易开放度指数更大。从制造业总体看,除了计算机、电子和光学产品制造业(C26)的贸易开放度指数达到 0.5 外,其他制造业细分行业的贸易开放度指数都低于 0.5,这表明我国制造业总体贸易开放度指数仍偏低,制造业细分行业的贸易潜力仍有较大的提升空间;从细分行业看,计算机、电子和光学产品制造业(C26),其他运输设备制造业(C30),电气设备制造业(C27),机械设备制造业(C28),汽车、挂车和半挂车制造业(C29),橡塑制品制造业(C22),基本药物和制剂制造业(C21),金属制品制造业(机械和设备除外)(C25),化学品和化工产品制造业(C20),记录媒体的印刷和复制业(C18),基本金属制造业(C24)以及食品、饮料和烟草制品制造业(C10-C12)等中高技术制造业细分行业的贸易开放度指数高于 0.3,而纺织品、服装和皮革制品制造业(C13-C15),造纸和纸制品制造业(C17),其他非金属矿产品制造业(C23),木材、木材和软木制品、稻草制品、编织材料制造业(家具除外)(C16),家具制造业(C31-C32)以及焦炭和精炼石油产品制造业(C19)等中低技术制造业细分行业的贸易开放度指数均低于 0.3,这表明我国制造业细分行业的贸易开放度指数存在明显差异,中高技术制造业的贸易开放度指数明显高于低技术制造业的贸易开放度指数。

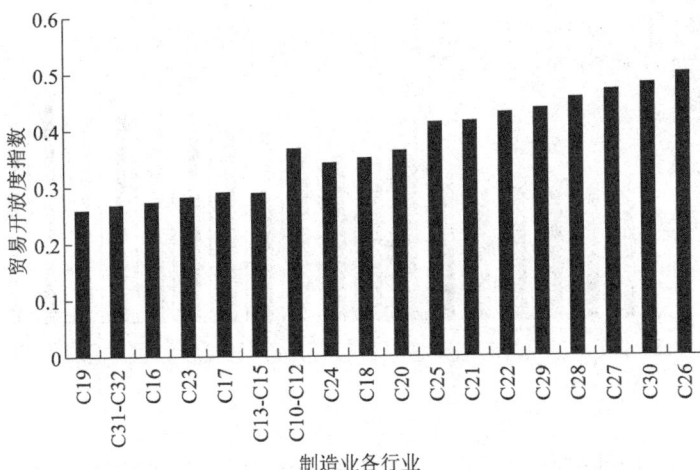

图 4.3　2014 年制造业细分行业贸易开放度指数

图 4.4 为 2010—2014 年期间我国制造业细分行业贸易开放度指数变动情况。从图中可发现,2010-2014 年期间,我国制造业细分行业贸易开放度指数都有所提升,但是各制造业细分行业的贸易开放度指数提升幅度有所差别。具体而言,计算机、电子和光学产品制造业(C26),其他运输设备制造业(C30),电气设备制造业(C27),机械设备制造业(C28),汽车、挂车和半挂车制造业(C29),橡塑制品制造业(C22),基本药物和制剂制造业(C21)等制造业细分行业的贸易开放度指数增速高于 10%,而金属制品制造业(机械和设备除外)(C25),化学品和化工产品制造业(C20),记录媒体的印刷和复制业(C18),基本金属制造业(C24),纺织品、服装和皮革制品制造业(C13-C15),其他非金属矿产品制造业(C23),木材、木材和软木制品、稻草制品、编织材料制造业(家具除外)(C16),家具制造业(C31-C32)以及焦炭和精炼石油产品制造业(C19)等制造业细分行业的贸易开放度指数增速则低于 10%。值得注意的是,造纸和纸制品制造业(C17)以及食品、饮料和烟草制品制造业(C10-C12)等劳动密集型制造业细分行业的贸易开放度指数增速也高于 10%。这表明我国制造业细分行业的贸易开放度指数增速存在明显差异,中高技术制造业的贸易开放度指数增速明显高于低技术制造业贸易开放度指数的增速。

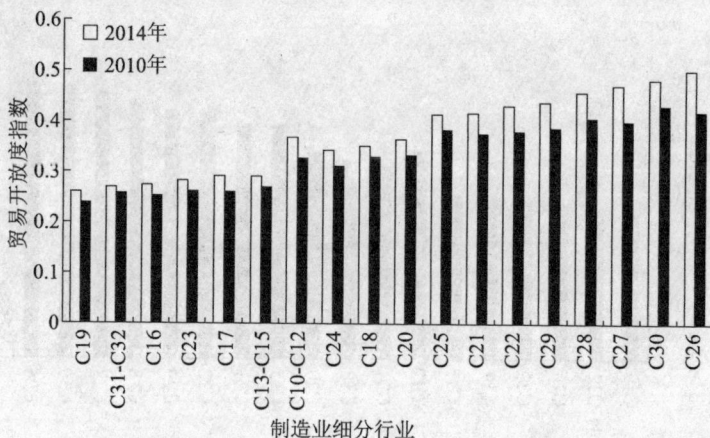

图 4.4　2010—2014 年期间我国制造业细分行业贸易开放度指数变动情况

图 4.5 为 2014 年制造业贸易开放度指数与劳均经济收入(取对数)的散点图。从图中可发现,制造业贸易开放度指数与劳均经济收入(取对数)之间存在明显的正相关关系,而且贸易开放度指数随着劳均经济收入的递增呈加速上升趋势。这表明劳均经济收入较高的制造业具有较高的贸易开放度,劳均经济收入较高的制造业与劳均经济收入较低的制造业相比更有贸易潜力。显然,我国制造业对外贸易状况不断得到改善,可能得益于劳均经济收入较低的制造业部门,劳均收入较高的制造业部门的推动作用仍有待进一步发掘。

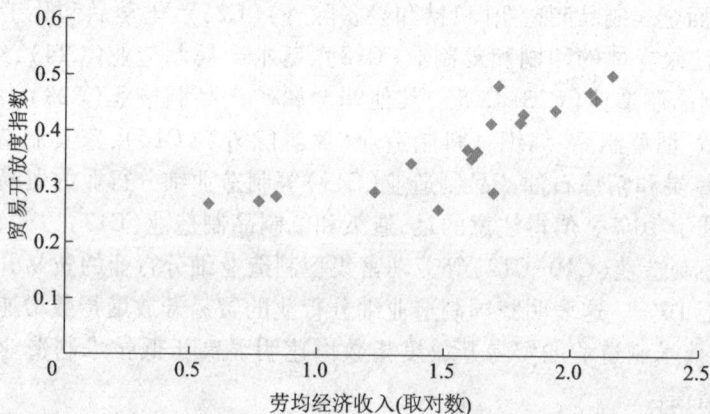

图 4.5　2014 年制造业贸易开放度指数与劳均经济收入(取对数)的散点图

4.4　本章小结

本章以传统贸易潜力指数模型为切入点,以 Arkolakis(2012)的研究为基础推导出开放且无贸易摩擦均衡状态下的劳均收入表达式,从理论上分析了一个国家由开放且有贸易摩擦均衡状态转移到开放且无贸易摩擦的均衡状态所产生的劳均收入变化,本书把开放且无贸易摩擦的均衡状态下的劳均收入定义为贸易潜力,遵循传统贸易潜力指数的概念,从福利成本视角重新构建贸易潜力指数模型。

该模型以一个国家由开放且有贸易摩擦均衡状态转移到开放且无贸易摩擦的均衡状态时的福利成本(劳均收入损失)来衡量贸易潜力指数。一国的福利成本越高表明该国越远离开放且无贸易摩擦的均衡状态,该国的贸易潜力也就越大。该模型克服了以往贸易潜力指数模型无法得到理论支撑的缺陷,是传统贸易指数测算模型的有益改进。当然,该模型在实际应用中依然存在不可避免的瑕疵。比如,贸易生产率弹性系数仍需通过合适的计量方法进行估计,尽管贸易生产率弹性系数估计值的大小不会改变一个国家贸易潜力值在经济体中的排序,但仍然会影响到该国贸易潜力值的测算结果。

随后,以贸易潜力指数为基础,按照 min-max 标准化方式对贸易潜力指数进行标准化,以标准化后的贸易潜力指数的倒数评估贸易开放度程度。实证分析结果表明:我国制造业细分行业贸易开放度指数有所提升但是仍处于偏低状态;中高技术制造业与低技术制造业相比,前者贸易开放度指数明显更高且增速更大;劳均经济收入较高的制造业与劳均经济收入较低的制造业相比,前者具有更高的贸易开放度及更强的贸易潜力。

显然,我国制造业贸易潜力仍有较大的提升空间,应以激发劳均经济收入较高的制造业部门的贸易潜力为抓手,推动我国制造业总体对外贸易状况不断得到改善。

第5章 中国制造业全球生产阶段数

随着全球生产工序的不断细化和专业化分工的加速推进,越来越多的经济体进入全球生产和贸易市场,完成产品全球化生产的不同生产阶段,加快推动产品生产链环节由国内向国外的不断延伸。产品全球生产工序分割日益深化的现象已引起广泛关注。有不少研究表明,一个国家的产品生产工序分割长度变长意味着该国产品的生产链条拉长,从而有利于该国提升产品的生产效率和经济福利水平。从生产工序的分割长度评估方法看,生产阶段数是当前国际上较为常用的生产工序分割长度测度方法。值得注意的是,在全球价值链分工视角下,产品的全球生产阶段数可以划分为国内生产阶段数和国际生产阶段数,从而能够更好地反映一国产品在全球价值链分工下的生产工序结构特征。因此,本章采用生产阶段数测度方法,在全球价值链视角下分析中国制造业全球生产阶段的构成特征。

5.1 理论模型

5.1.1 生产阶段数

Fally(2012)用各种初级要素的提供者到最终产品之间的距离定义产品生产的工序长度,认为产品最终价值由每一个生产阶段的增价所形成,并采用一国(或地区)某部门产品在生产过程中所经历的生产阶段数来测度生产工序长度。

设 V_i 和 X_i 分别为第 i 产业的增加值和总产出,N_i 为商品在第 i 产业的生产阶段数,则

$$N_i = \sum_{n=1}^{\infty} n v_i^{(n)} \tag{5.1.1}$$

其中,$v_i = \dfrac{V_i}{X_i}$ 为第 i 产业的增加值率。

设 μ_{ij} 为第 j 产业用于生产第 i 产业单位产品的中间产品投入价值,则

$$\frac{V_i}{X_i} + \sum_j \mu_{ij} = 1 \tag{5.1.2}$$

令 $v_i^{(1)} = \dfrac{V_i}{X_i}$ 表示经历一个生产阶段的产品增加值,$v_i^{(2)} = \sum_j \mu_{ij} \dfrac{V_j}{X_j} = \sum_j \mu_{ij} v_j^{(1)}$ 表

示经历两个生产阶段的产品增加值，$v_i^{(3)} = \sum_{j,k} \mu_{ij} \mu_{jk} v_k^{(1)}$ 表示经历三个生产阶段的产品增加值，依此类推。

由式(5.1.2)可得

$$\frac{V_i}{X_i} + \sum_j \mu_{ij} \frac{V_j}{X_j} + \sum_{j,k} \mu_{ij} \mu_{jk} \frac{V_k}{X_k} + \cdots = \sum_{n=1}^{\infty} v_i^{(n)} = 1 \qquad (5.1.3)$$

由式(5.1.1)可得

$$\begin{aligned} N_i &= \sum_{n=1}^{\infty} n v_i^{(n)} = \sum_{n=1}^{\infty} (n+1) v_i^{(n+1)} = \sum_{n=0}^{\infty} v_i^{(n+1)} + \sum_{n=0}^{\infty} n v_i^{(n+1)} \\ &= \sum_{n=1}^{\infty} v_i^{(n)} + \sum_{n=1}^{\infty} n \sum_j \mu_{ij} v_i^{(n)} = 1 + \sum_{j=1}^{\infty} \mu_{ij} \sum_n n v_i^{(n)} \\ &= 1 + \sum_{j=1}^{\infty} \mu_{ij} N_j \end{aligned} \qquad (5.1.4)$$

式(5.1.4)表明，第 i 产业生产阶段数可以看作第 i 产业产品在生产过程中所经历的生产阶段数的加权平均值，其中权数就是各生产阶段所贡献的增加值。从生产工序长度的定义可以看出，如果在最终产品的生产过程中只有一个生产阶段，则该指数就取为 1；如果在最终产品的生产过程中需要投入本部门或国内外其他部门的中间投入产品，则该指数值大于 1。显然，生产工序长度取决于中间投入产品在最终产品生产过程中的重要程度，以及在生产这些中间投入产品过程中需要经历的生产阶段。

5.1.2　生产阶段数核算方法

倪红福(2016)把 Fally(2012)基于单区域投入产出模型的生产阶段数测度方法推广至多区域情形。设分块矩阵 A^{ij} 为直接消耗系数矩阵，u_i 和 N_i 分别为第 i 区域产业单位行向量和产业全球生产阶段数列向量。以三区域投入产出模型为例，按照倪红福(2016)的研究思路，三区域的产业全球生产阶段数可表示为

$$(N_1 \quad N_2 \quad N_3) = (u_1 \quad u_2 \quad u_3) + (N_1 \quad N_2 \quad N_3) \begin{pmatrix} A^{11} & A^{12} & A^{13} \\ A^{21} & A^{22} & A^{23} \\ A^{31} & A^{32} & A^{33} \end{pmatrix} \quad (5.1.5)$$

设矩阵 I_i 为第 i 区域的单位对角矩阵，则式(5.1.5)可改写为

$$\begin{aligned} (N_1 \quad N_2 \quad N_3) &= (u_1 \quad u_2 \quad u_3) \begin{pmatrix} I_1 - A^{11} & -A^{12} & -A^{13} \\ -A^{21} & I_2 - A^{22} & -A^{23} \\ -A^{31} & -A^{32} & I_3 - A^{33} \end{pmatrix}^{-1} \\ &= (u_1 \quad u_2 \quad u_3) \begin{pmatrix} B^{11} & B^{12} & B^{13} \\ B^{21} & B^{22} & B^{23} \\ B^{31} & B^{32} & B^{33} \end{pmatrix} \end{aligned} \qquad (5.1.6)$$

其中，B^{ij} 为里昂惕夫逆矩阵的分块元素。

按照倪红福（2016）的方法，第 i 区域产业的生产阶段数可写成

$$N_i = u_i M^{ii} + u_i (B^{ii} - M^{ii}) + u_j \sum_{j \neq i} B^{ij}$$

$$= u_i M^{ii} + u_i \sum_{j \neq i} B^{ij} T^{ii} + u_j \sum_{j \neq i} B^{ij} \qquad (5.1.7)$$

其中，$M^{ii} = (I - A^{ii})^{-1}$，$T^{ii} = A^{ii} M^{ii}$。

式（5.1.7）把第 i 区域产业的生产阶段数分解为三个部分。其中，$u_i M^{ii}$ 表示国内生产阶段数，相当于 Fally（2012）在单区域投入产出模型中定义的生产阶段数。$u_i \sum_{j \neq i} B^{ij} T^{ii}$ 为所有国外产品生产中对第 i 区域产业中间投入的需求引起的第 i 区域产业的生产阶段数，该项值越大表示中间产品国际贸易越强，生产交易次数越频繁，生产阶段数就越大。该分解项主要反映中间产品国际贸易的影响机制，因此被归到国际生产分割长度部分。$u_j \sum_{j \neq i} B^{ij}$ 表示第 i 区域产业产品对国外产品中间产出的需求引起的第 i 区域产业的生产阶段数，该项表示第 i 区域产业在生产最终产品过程中所引发的其他国家产出增加。第二项和第三项的和统称为国际生产阶段数，用来衡量国际生产分割长度。

设 w_i 为第 i 区域产业的总产出权重列向量，则第 i 区域的平均生产阶段数可表示为

$$\overline{N}_i = N_i w_i \qquad (5.1.8)$$

根据生产分割长度的概念，第 i 区域产业的全球生产分割指数可定义为

$$IPSL_{i-ratio} = IPSL_i / N_i \qquad (5.1.9)$$

其中，$IPSL_{i-ratio}$ 为国际生产分割指数，$IPSL_i$ 为国际生产阶段数，N_i 为全球生产阶段数。

5.2 数据来源及处理说明

WIOD 数据库提供的 2014 年世界投入产出表由 43 个经济体 56 个行业构成，其中各经济体代码及其名称如表 5.1 所示。本章主要选择中国（CHN）、印度尼西亚（IDN）、日本（JPN）、韩国（KOR）、德国（DEU）、法国（FRA）、英国（GBR）、意大利（ITA）、俄罗斯（RUS）、印度（IND）、美国（USA）等国为主要贸易经济体进行分析。

表 5.1　世界投入产出表中的经济体代码及其名称

代码	名称	代码	名称	代码	名称
AUS	澳大利亚	FRA	法国	MLT	马耳他
AUT	奥地利	GBR	英国	NLD	荷兰
BEL	比利时	GRC	希腊	NOR	挪威
BGR	保加利亚	HRV	克罗地亚	POL	波兰
BRA	巴西	HUN	匈牙利	PRT	葡萄牙
CAN	加拿大	IDN	印度尼西亚	ROU	罗马尼亚
CHE	瑞士	IND	印度	RUS	俄罗斯
CHN	中国	IRL	爱尔兰	SVK	斯洛伐克
CYP	塞浦路斯	ITA	意大利	SVN	斯洛文尼亚
CZE	捷克	JPN	日本	SWE	瑞典
DEU	德国	KOR	韩国	TUR	土耳其
DNK	丹麦	LTU	立陶宛	TWN	中国台湾
ESP	西班牙	LUX	卢森堡	USA	美国
EST	爱沙尼亚	LVA	拉脱维亚	ROW	其他地区
FIN	芬兰	MEX	墨西哥		

在该世界投入产出表中,制造业细分行业代码、名称及分类如表 5.2 所示。世界投入产出表中的制造业有 19 个细分行业。满婷煜(2017)把其中 7 个制造业部门归为低技术制造业,4 个制造业部门归为中低技术制造业,7 个制造业部门归为中高技术制造业,1 个制造业部门归为高技术制造业。

考虑到世界投入产出表总产出栏目中有些行业总产出为零,本章给这些行业的总产出赋值为 0.01,以此得到里昂惕夫逆矩阵。

表 5.2　WIOD 中的制造业细分行业代码、名称及分类

ISIC 代码	行业名称	技术类别
C10-C12	食品、饮料和烟草制品制造业	低技术制造业
C13-C15	纺织品、服装和皮革制品制造业	低技术制造业
C16	木材、木材和软木制品、稻草制品、编织材料制造业(家具除外)	低技术制造业
C17	造纸和纸制品制造业	低技术制造业

ISIC 代码	行业名称	技术类别
C18	记录媒体的印刷和复制业	低技术制造业
C19	炼焦及石油加工及燃料加工业	中低技术制造业
C20	化学品和化工产品制造业	中高技术制造业
C21	基本医学产品和医学制剂	中高技术制造业
C22	橡胶及塑料制品业	中低技术制造业
C23	非金属矿物制品业	中低技术制造业
C24	金属制品业	中低技术制造业
C25	合金制造业	中高技术制造业
C26	计算机、电子和光学产品制造业	高技术制造业
C27	电气设备制造业	中高技术制造业
C28	机械设备制造业	中高技术制造业
C29	汽车、挂车及半挂车制造业	中高技术制造业
C30	其他运输设备制造业	中高技术制造业
C31—C32	家具制造业	低技术制造业

5.3 国际生产分割指数

5.3.1 各经济体制造业国际生产分割指数

图 5.1 为 2014 年世界各经济体制造业国际生产分割指数。从图中可发现,经济体量较小的经济体制造业更依赖国际生产工序分工,经济体量较大的发达经济体制造业国际生产工序分工程度较低,经济体量大的发展中经济体的制造业也侧重于国内生产工序分工。从国际生产分割指数看,全世界制造业国际生产分割指数平均值为 34.44%。卢森堡(LUX)、马耳他(MLT)、匈牙利(HUN)、埃斯蒂尼亚(EST)、比利时(BEL)、爱尔兰(IRL)、荷兰(NLD)、斯洛伐克(SVK)、塞浦路斯(CYP)、捷克(CZE)、保加利亚(BGR)、斯洛文尼亚(SVN)、奥地利(AUT)、立陶宛(LTU)、拉脱维亚(LVA)、中国台湾(TWN)、丹麦(DNK)、葡萄牙(PRT)、克罗地亚(HRV)和波兰(POL)等 20 个经济体的制造业全球生产分割指数分别为 53.93%、49.47%、49.38%、47.93%、47.42%、46.62%、45.89%、45.57%、43.36%、42.25%、41.97%、40.86%、40.70%、40.47%、39.36%、39.18%、38.96%、37.98%、36.27% 和 35.30%。这些经济体的制造业国际生产分割指数都高于全世界制造业国际生产

分割指数平均值,这表明这些经济体的制造业国际生产工序分工程度相对较高,且对国际生产工序的中间产品需求程度较大。芬兰(FIN)、德国(DEU)、法国(FRA)、土耳其(TUR)、瑞典(SWE)、墨西哥(MEX)、加拿大(CAN)、瑞士(CHE)、罗马尼亚(ROU)、西班牙(ESP)、韩国(KOR)、英国(GBR)、印度尼西亚(IDN)、意大利(ITA)、挪威(NOR)、希腊(GRC)和澳大利亚(AUS)等 17 个经济体的制造业国际生产分割指数分别为 34.05%、33.10%、33.02%、32.79%、32.42%、31.65%、31.45%、31.01%、30.43%、30.36%、29.00%、28.81%、27.84%、27.67%、27.17%、25.81%和 25.11%。这些经济体的制造业国际生产分割指数略低于全世界制造业国际生产分割指数平均值,这表明这些经济体的制造业国际生产工序分工程度仍相对较高,对国际生产工序的中间产品需求程度仍较大。印度(IND)、日本(JPN)、巴西(BRA)、美国(USA)、俄罗斯(RUS)和中国(CHN)等 6 个经济体的制造业国际生产分割指数分别为 23.76%、22.36%、18.86%、18.47%、15.32%和 11.78%。这些经济体的制造业国际生产分割指数远低于全世界制造业国际生产分割指数平均值,表明经济体量较大的经济体制造业更侧重于进行国内生产工序分工。显然,在我国的主要贸易对象中,欧洲国家的制造业国际生产工序分工程度相对较高,RCEP 成员和中国台湾的制造业国际生产工序分工程度相对较低,美国和俄罗斯的制造业国际生产工序分工程度更低,因此,中国制造业应该先易后难逐步推进参与欧洲国家、RECP 成员、中国台湾及美国等经济体国际生产工序分工的合作与竞争。

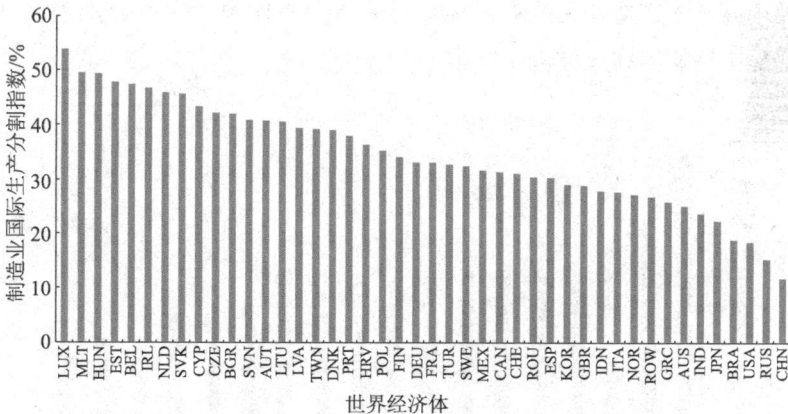

图 5.1 2014 年世界各经济体制造业国际生产分割指数

5.3.2 中国制造业国际生产分割指数

图 5.2 为 2014 年中国制造业分行业国际生产分割指数。从图中可发现,我国计算机、电子和光学产品制造业的国际生产分割程度明显高于其他制造业分行业的国际生产分割程度,但是仍远低于全世界制造业的国际生产分割水平。在我国

制造业分行业中,计算机、电子和光学产品制造业(C26)的国际生产分割指数为
21.65%,比全世界制造业的国际生产分割指数平均值低了 12.79 个百分点,但比
排在第二位的焦炭和精炼石油产品制造业(C19)的国际生产分割指数还要高
5.19 个百分点。这表明我国制造业各细分行业的国际生产分割程度普遍偏低,尽
管我国计算机、电子和光学产品制造业的国际生产分割程度明显高于其他制造业,
但是仍远达不到全世界制造业的国际生产分割程度;机械设备制造业(C28),化学
品和化工产品制造业(C20),其他运输设备制造业(C30),电气设备制造业(C27)
和金属制造业(机械和设备除外)(C25)等中高技术制造业的国际生产分割指数分
别为 13.38%、12.91%、12.74%、12.66%和 11.89%,明显高于我国制造业整体国际
生产分割指数的平均值。基本金属制造业(C24),橡塑制品制造业(C22),造纸和
纸制品制造业(C17),其他非金属矿产品制造业(C23),记录媒体的印刷和复制业
(C18),家具制造业(C31-C32),木材、木材和软木制品、稻草制品、编织材料制造
业(家具除外)(C16),纺织品、服装和皮革制品制造业(C13-C15)和食品,饮料和
烟草制品制造业(C10-C12)等中低技术制造业的国际生产分割指数分别为
14.35%、12.13%、11.71%、10.90%、10.37%、9.84%、9.46%、7.59%和 6.12%,明
显低于我国制造业整体的国际生产分割指数平均值。值得注意的是,中高技术制
造业中的基本药物和制剂制造业(C21)和汽车、挂车和半挂车制造业(C29)的国际
生产分割指数分别为 7.70%和 10.52%,明显低于我国制造业整体的国际生产分割
指数平均值。显然,我国制造业整体的国际生产分割程度明显偏低,主要原因在于
高技术及中高技术制造业无法有效地提升制造业整体国际生产分割程度,中低技
术制造业过于依赖国内生产工序分工。

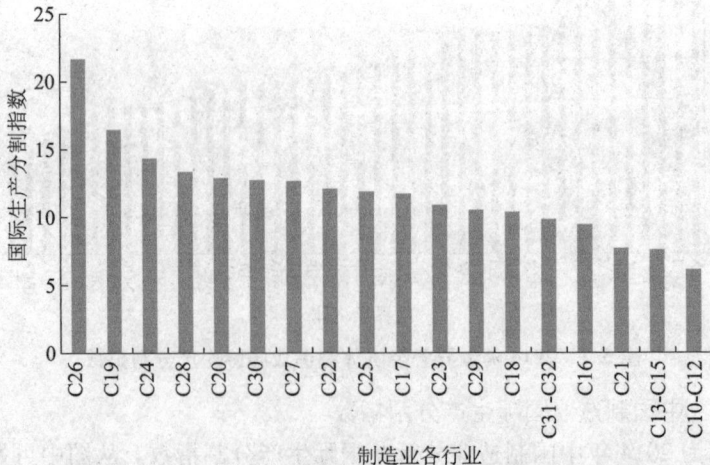

图 5.2　2014 年中国制造业分行业国际生产分割指数

　　表 5.3 为 2014 年中国制造业分行业国际生产分割指数。从该表可发现,其他经济体行业产品直接参与我国制造业国际生产工序分工是我国制造业国际生产工序分工的最主要方式,我国出口产品间接参与本国制造业国际生产工序分工的程度较为微弱。在我国制造业细分行业的国际生产分割指数构成中,世界其他经济体行业产品直接参与我国制造业国际生产工序的分工程度占比普遍超过 90%,我国各行业出口产品间接参与制造业国际生产工序的分工程度占比不足 10%。值得注意的是,除计算机、电子和光学产品制造业(C26)外,在机械设备制造业(C28),其他交通运输设备制造业(C30)、电气设备制造业(C27),化学品和化工产品制造业(C20),汽车、挂车和半挂车制造业(C29),金属制品制造业(机械和设备除外)(C25),基本药物和制剂制造业(C21)等中高技术制造业的国际生产分割指数构成中,本国制造业出口产品间接参与所占份额都低于 7%。而焦炭和精炼石油产品制造业(C19),基本金属制造业(C24),橡塑制品制造业(C22),造纸和纸制品制造业(C17),其他非金属矿产品制造业(C23),家具制造业(C31-C32),记录媒体的印刷和复制业(C18),木材、木材和软木制品、稻草制品、编织材料制造业(家具除外)(C16),纺织品、服装和皮革制品制造业(C13-C15)以及食品、饮料和烟草制品制造业(C10-C12)等中低技术制造业所占份额都不足 5%。显然,我国出口产品间接参与我国中高技术制造业国际生产分割的程度相对较深,但是制造业整体参与国际生产分割的能力依然不足。

表 5.3　2014 年中国制造业分行业国际生产分割指数

制造业	国际生产分割指数	本国间接参与	其他经济体直接参与	本国间接参与占比/%
C10-C12	6.118	0.238	5.880	3.893
C13-C15	7.585	0.377	7.208	4.971
C16	9.456	0.411	9.045	4.347
C17	11.709	0.551	11.158	4.709
C18	10.369	0.481	9.889	4.635
C19	16.456	0.656	15.800	3.986
C20	12.911	0.597	12.314	4.621
C21	7.698	0.348	7.350	4.516
C22	12.108	0.581	11.527	4.797
C23	10.897	0.500	10.396	4.592
C24	14.351	0.643	13.708	4.482

制造业	国际生产 分割指数	本国间接参与	其他经济体直接 参与	本国间接参与 占比/%
C25	11. 894	0. 574	11. 320	4. 825
C26	21. 649	2. 256	19. 393	10. 421
C27	12. 655	0. 814	11. 841	6. 435
C28	13. 383	0. 850	12. 533	6. 350
C29	10. 517	0. 589	9. 929	5. 597
C30	12. 741	0. 829	11. 912	6. 507
C31-C32	9. 842	0. 496	9. 346	5. 037

5.4 生产阶段数

5.4.1 主要经济体制造业生产阶段数

图 5.3 为 2000—2014 年主要贸易经济体的制造业全球生产阶段数。从图中可发现：

（1）中国制造业整体全球生产阶段数明显高于世界制造业全球生产阶段数平均值。中国制造业整体全球生产阶段数在 2000—2014 年期间各主要年份均保持在 2.0~3.0 之间，明显高于同时期世界制造业全球生产阶段数平均值。比如，2000 年和 2014 年的中国制造业整体全球生产阶段数分别为 2.293 和 2.589，同时期世界制造业全球生产阶段数平均值则分别为 1.607 和 1.621，中国制造业整体全球生产阶段数比同时期世界制造业全球生产阶段数平均值分别高出了 0.686 和 0.968。显然，中国制造业在全球价值链分工中所经历的生产阶段数相对较多，生产环节相对较为复杂。

（2）中国、印度以及印度尼西亚等发展中国家的制造业全球生产阶段数高于发达国家的制造业全球生产阶段数。在 2000—2014 年期间，中国、印度以及印度尼西亚等发展中国家的全球生产阶段数都保持在 2.0 以上，日本、韩国、美国和德国等发达国家的全球生产阶段数普遍在 1.6~1.8 之间。究其原因，可能是发达国家把一些生产过程更分散且生产链较长的低附加值生产阶段转移到中国、印度以及印度尼西亚等发展中国家，导致发达国家自身全球生产阶段数普遍较小，而发展中国家全球生产阶段数较大。

（3）发达国家全球生产阶段数普遍缓慢下降而发展中国家全球生产阶段数快速上升。从生产阶段数变动趋势看，发达国家全球生产阶段数普遍呈平稳下降趋

势。比如,美国、德国和日本的全球生产阶段数分别从 2000 年的 1.671、1.816 和
1.751 下降到 2014 年的 1.602、1.772 和 1.711,年平均下降速度分别为 0.324%、
0.188% 和 0.178%;发展中国家的全球生产阶段数则普遍呈加速上升趋势。比如,
中国、印度和印度尼西亚等国家的全球生产阶段数分别从 2000 年的 2.293、2.063 和
2.008 较为快速地上升到 2014 年的 2.589、2.313 和 2.216,年平均上升速度分别为
0.938%、0.883% 和 0.761%。显然,发达国家逐步向发展中国家外包附加值较低的非
核心生产环节,发展中国家在接受发达国家产业外迁的过程中快速提升了本国的全
球生产阶段数,发达国家与发展中国家之间的全球价值链分工日益明显。

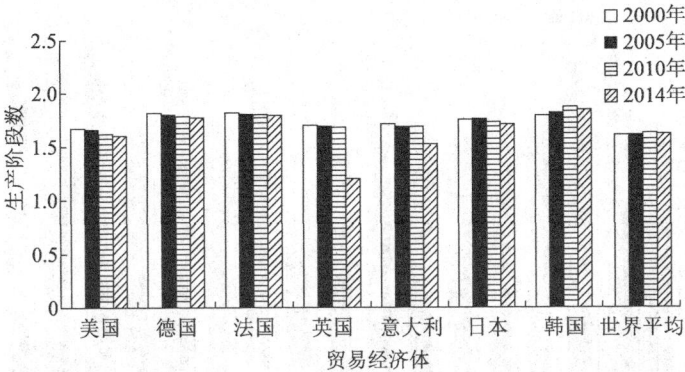

图 5.3　2000—2014 年主要贸易经济体的制造业全球生产阶段数

5.4.2　中国制造业生产阶段数

图 5.4 为 2000—2014 年中国制造业生产阶段数分解结果。

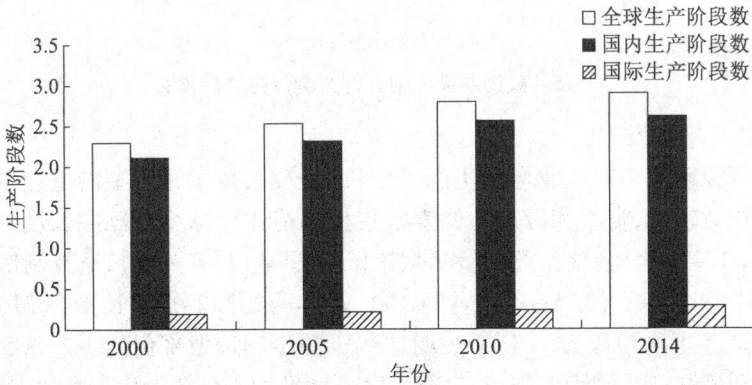

图 5.4　2000—2014 年中国制造业生产阶段数分解结果

　　从图中可发现,我国制造业全球生产阶段数上升幅度明显,主要原因在于制造
业国内生产阶段数大幅提升。我国制造业全球生产阶段数从 2000 年的 2.296 上
升到 2014 年的 2.897,其中国内生产阶段数和国际生产阶段数分别从 2000 年的

2. 109 和 0. 187 上升到 2014 年的 2. 634 和 0. 263。但是,两者在此期间所占份额基本保持平稳,其中国内生产阶段数所占份额从 2000 年的 91. 85% 下降到 2014 年的90. 23%,国际生产阶段数则从 2000 年的 0. 082% 微调到 2014 年的 0. 098%。显然,尽管我国全球生产阶段数上升幅度较大,但是我国制造业生产工序主要在国内,国际分工中的生产工序相对较短,因此我国制造业仍处于全球价值链较低端的位置。

图 5. 5 为我国制造业细分行业全球生产阶段数。

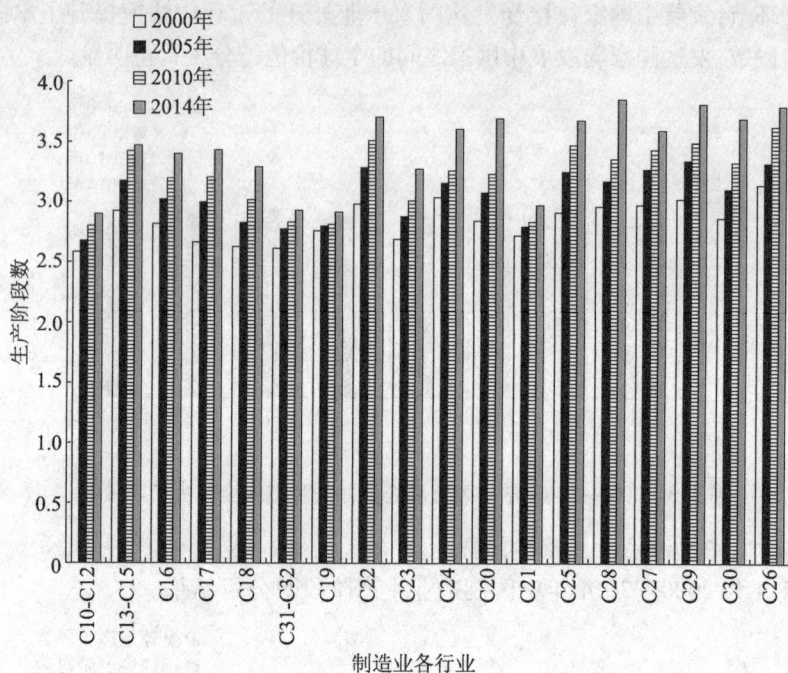

图 5.5　我国制造业细分行业全球生产阶段数

从图 5.5 中可发现:

(1) 资源密集型制造业全球生产工序长度较短,技术密集型制造业全球生产工序长度相对较长,资本和劳动力要素密集型制造业全球生产工序长度介于两者之间。以 2014 年为例,食品、饮料和烟草制品制造业(C10-C12),家具制造业(C31-C32),焦炭和精炼石油产品制造业(C19),基本药物和制剂制造业(C21)等资源密集型制造业生产阶段数小于 3,表明这些资源型制造业部门的生产从初级要素和原材料到最终产品的距离较短,生产工序长度平均不足 3 个生产阶段;化学品和化工产品制造业(C20),橡塑制品制造业(C22),基本金属制造业(C24),金属制品制造业(机械和设备除外)(C25),计算机、电子和光学产品制造业(C26),机械设备制造业(C28),电气设备制造业(C27),汽车、挂车和半挂车制造业(C29)等技术密集型制造业部门的生产工序长度较长,产品生产至少需要平均 3.5 个以上的生产阶段;纺织品、服装和皮革制品制造业(C13-C15),木材、木材和软木制品、稻草制品、编织材料制造业(家具除外)(C16),造纸和纸制品制造业(C17),记录媒体的印刷和复制业(C18),非金属矿物制品业(C23)等资本和劳动力要素密集型制造业部门的生产工序长度介于 3~3.5 之间,与资源密集型制造业生产工序长度相比更长,但与技术密集型制造业生产工序长度相比则更短。

(2) 我国制造业细分行业生产阶段数普遍都有较大幅度提升。2000—2014 年期间,我国制造业整体全球生产阶段数从 2000 年的 2.296 上升到 2014 年的 2.897,以年平均增长率 1.704% 的速度实现了较大幅度增长。其中,合金制造业(C25),计算机、电子和光学产品制造业(C26),机械设备制造业(C28),汽车、挂车和半挂车制造业(C29)以及其他运输设备制造业(C30)等技术密集型制造业细分行业的生产阶段数年平均增长率分别为 1.823%、1.721%、2.049% 和 1.809%,表明这些技术密集型制造业细分行业较大幅度地提升了生产工序长度;纺织、服装、皮革及其制品(C13-C15),木材、木材和软木制品、稻草制品、编织材料制造业(家具除外)(C16),造纸和纸制品制造业(C17),记录媒体的印刷和复制业(C18),橡塑制品制造业(C22),其他非金属矿产品制造业(C23),基本金属制造业(C24),电气设备制造业(C27)等资本或劳动密集型制造业细分行业生产阶段数的年平均增长率高于 1.00% 而低于 1.704%,表明这些资本或劳动密集型制造业细分行业也较大幅度地提升了生产工序长度。值得注意的是,食品、饮料和烟草制品制造业(C10-C12),家具制造业(C31-C32),焦炭和精炼石油产品制造业(C19)等资源密集型制造业细分行业生产阶段数年平均增长率低于 1.00%,表明这些资源密集型制造业细分行业提升的生产工序长度幅度相对较小。

图 5.6 为 2014 年我国制造业细分行业国内生产阶段数和国际生产阶段数所占份额。

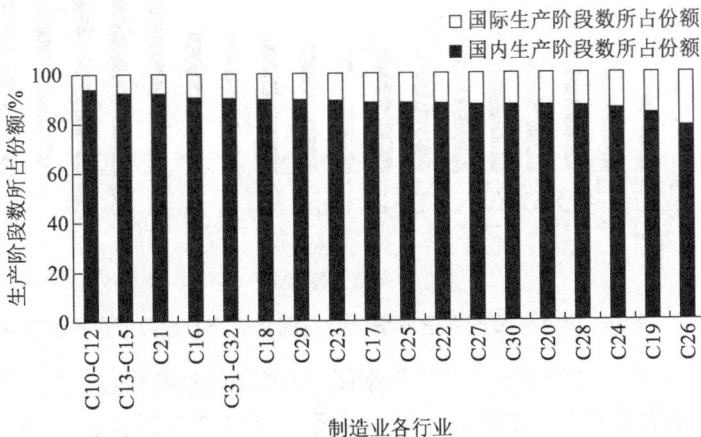

图 5.6　2014 年我国制造业细分行业国内生产阶段数和国际生产阶段数所占份额

从图 5.6 中可以发现,我国制造业全球生产阶段数主要由国内生产阶段数决定,国际生产阶段数的影响相对较弱。从全球生产阶段数构成看,国内生产阶段数所占份额低于 85% 的制造业部门为计算机、电子和光学产品制造业(C26),焦炭和精炼石油产品制造业(C19),两者的国内生产阶段数所占份额分别为 78.35% 和83.54%,其余的制造业细分行业生产阶段数所占份额都超过 85%。值得注意的是,食品、饮料和烟草制品制造业(C10-C12),纺织品、服装和皮革制品制造业(C13-C15),基本药物和制剂制造业(C21),木材、木材和软木制品、稻草制品、编织材料制造业(家具除外)(C16),家具制造业(C31-C32)等依赖国内原材料供应的制造业细分行业的生产阶段数所占份额都超过 90%。这表明我国制造业细分行业全球生产工序主要分布在国内,国内生产工序长度较长而国际生产工序长度较短;我国制造业各部门国际生产阶段数所占份额从低到高,按图 5.6 由食品、饮料和烟草制品制造业(C10-C12)向计算机、电子和光学产品制造业(C26)排序分布,其中依赖国内原材料供应的制造业细分行业参与国际生产工序分工程度最低,技术密集型制造业参与国际生产工序分工程度相对较高,资本和劳动力密集型制造业参与国际分工程度介于两者之间。显然,我国制造业参与国际分工程度基本呈现由资源密集型制造业向资本或劳动密集型制造业、技术密集型制造业递进的特征。

图 5.7 为 2010—2014 年我国制造业细分行业国际生产阶段数所占份额变动量。

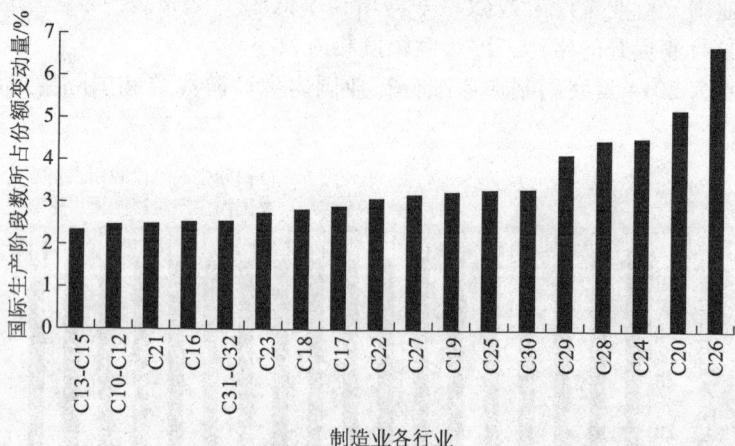

图 5.7　2010-2014 年我国制造业细分行业国际生产阶段数所占份额变动量

从图 5.7 中可发现,2000—2014 年期间,我国制造业细分行业的国际生产阶段数所占份额都有所提升。其中,计算机、电子和光学产品制造业(C26),化学品和化工产品制造业(C20),基本金属制造业(C24),汽车、挂车和半挂车制造业(C29)

以及机械设备制造业（C28）等制造业部门的国际生产阶段数所占份额提升幅度超过 4 个百分点，橡塑制品制造业（C22），电气设备制造业（C27），焦炭和精炼石油产品制造业（C19），金属制品制造业（机械和设备除外）（C25），以及其他运输设备制造业（C30）等制造业部门的国际生产阶段数所占份额提升幅度在 3 个百分点和 4 个百分点之间，纺织品、服装和皮革制品制造业（C13-C15），食品、饮料和烟草制品制造业（C10-C12），家具制造业（C31-C32），基本药物和制剂制造业（C21），木材、木材和软木制品、稻草制品、编织材料制造业（家具除外）（C16），造纸和纸制品制造业（C17），记录媒体的印刷和复制业（C18）以及其他非金属矿产品制造业（C23）制造业部门的国际生产阶段数所占份额提升幅度则低于 2 个百分点。显然，我国制造业总体的国际生产阶段数有所增加，其中中高技术制造业国际生产阶段数提升幅度较大，中低技术制造业生产阶段数提升幅度相对较小。

5.5　本章小结

本章主要从全球价值链分工视角，针对产品全球生产工序分割程度日益深化的现象，采用全球生产阶段数测度方法分析中国制造业整体及其细分行业的生产阶段数构成特征，评估中国制造业在全球生产工序分工上所处的位置。本章结论如下：

（1）经济体量较小的经济体制造业更依赖国际生产工序分工，经济体量较大的发达经济体制造业的国际生产工序分工程度较低，且经济体量大的发展中经济体制造业侧重于国内生产工序分工。就我国制造业而言，我国制造业国际生产分割程度明显偏低，其他经济体产品直接参与我国制造业国际生产工序分工是我国制造业国际生产工序分工的最主要方式，我国出口产品间接参与本国制造业国际生产工序分工的程度较为微弱。其主要原因在于高技术及中高技术制造业无法有效地提升制造业国际生产分割程度，而中低技术制造业过于依赖国内生产工序分工。

（2）中国制造业在全球价值链分工中所经历的生产阶段相对较多，全球生产阶段数明显高于制造业世界平均水平。可能的原因是发达国家把一些生产过程更分散且生产链较长的低附加值生产阶段转移到中国。

（3）发达国家全球生产阶段数普遍缓慢下降，而发展中国家全球生产阶段数快速上升。可能原因在于发达国家逐步向发展中国家外包附加值较低的非核心生产环节，发展中国家在接受发达国家产业外迁的过程中提升了生产阶段数，发达国家与发展中国家之间的全球价值链分工日益明显。

第6章 中国制造业全球价值链地位指数

商务部等 7 部门于 2016 年 12 月联合发布《关于加强国际合作提高我国产业全球价值链地位的指导意见》,强调要推动各经济体消除与制造业相关的服务壁垒,推动产业合作由加工制造环节为主向合作研发、联合设计以及品牌培育等高端环节延伸,推动电子信息、通信设备、电力装备、工程机械等制造业实现跨境布局优化,积极打造我国占据主动地位、优势互补、互利共赢的产业全球价值链。因此,在全球生产工序分割下探讨我国制造业全球价值链分工地位具有现实意义。

6.1 出口增加值核算理论

6.1.1 区域间投入产出模型

表 6.1 为非竞争型世界投入产出表。

表 6.1 非竞争型世界投入产出表

投入 \ 产出		中间使用					最终使用					总产出
		国家 1	国家 2	国家 3	…	国家 n	国家 1	国家 2	国家 3	…	国家 n	
中间投入	国家 1	Z_{11}	Z_{12}	Z_{13}	…	Z_{1n}	Y_{11}	Y_{12}	Y_{13}	…	Y_{1n}	X_1
	国家 2	Z_{21}	Z_{22}	Z_{23}	…	Z_{2n}	Y_{21}	Y_{22}	Y_{23}	…	Y_{2n}	X_2
	国家 3	Z_{31}	Z_{32}	Z_{33}	…	Z_{3n}	Y_{31}	Y_{32}	Y_{33}	…	Y_{3n}	X_3
	…	…	…	…	…	…	…	…	…	…	…	…
	国家 n	Z_{n1}	Z_{n2}	Z_{n3}	…	Z_{nn}	Y_{n1}	Y_{n2}	Y_{n3}	…	Y_{nn}	X_n
增加值		VA_1	VA_2	VA_3	…	VA_n						
总投入		X'_1	X'_2	X'_3	…	X'_n						

根据该表可构建区域间投入产出模型。设分块矩阵 Z_{ij} 为国家 i 生产并被国家 j 使用的中间产品,分块矩阵 Y_{ij} 为国家 i 生产并被国家 j 使用的最终产品,VA_i 为国家 i 在生产过程中创造产生的增加值行向量,X_i 为国家 i 的总产出列向量,$A_{ij} =$

$Z_{ij}X_i^{-1}$ 为国家 j 对国家 i 的直接消耗系数分块矩阵。

$$\begin{pmatrix} Z_{11}+Z_{12}+Z_{13}+\cdots+Z_{1n} \\ Z_{21}+Z_{22}+Z_{23}+\cdots+Z_{2n} \\ Z_{31}+Z_{32}+Z_{33}+\cdots+Z_{3n} \\ \vdots \\ Z_{n1}+Z_{n2}+Z_{n3}+\cdots+Z_{nn} \end{pmatrix} + \begin{pmatrix} Y_{11}+Y_{12}+Y_{13}+\cdots+Y_{1n} \\ Y_{21}+Y_{22}+Y_{23}+\cdots+Y_{2n} \\ Y_{31}+Y_{32}+Y_{33}+\cdots+Y_{3n} \\ \vdots \\ Y_{n1}+Y_{n2}+Y_{n3}+\cdots+Y_{nn} \end{pmatrix} = \begin{pmatrix} X_1 \\ X_2 \\ X_3 \\ \vdots \\ X_n \end{pmatrix} \quad (6.1.1)$$

由式(6.1.1)可得

$$\begin{pmatrix} A_{11} & A_{12} & A_{13} & \cdots & A_{1n} \\ A_{21} & A_{22} & A_{23} & \cdots & A_{2n} \\ A_{31} & A_{32} & A_{33} & \cdots & A_{3n} \\ \vdots & \vdots & \vdots & & \vdots \\ A_{n1} & A_{n2} & A_{n3} & \cdots & A_{nn} \end{pmatrix} \begin{pmatrix} X_1 \\ X_2 \\ X_3 \\ \vdots \\ X_n \end{pmatrix} + \begin{pmatrix} Y_{11}+Y_{12}+Y_{13}+\cdots+Y_{1n} \\ Y_{21}+Y_{22}+Y_{23}+\cdots+Y_{2n} \\ Y_{31}+Y_{32}+Y_{33}+\cdots+Y_{3n} \\ \vdots \\ Y_{n1}+Y_{n2}+Y_{n3}+\cdots+Y_{nn} \end{pmatrix} = \begin{pmatrix} X_1 \\ X_2 \\ X_3 \\ \vdots \\ X_n \end{pmatrix} \quad (6.1.2)$$

由式(6.1.2)可得

$$\begin{pmatrix} X_1 \\ X_2 \\ X_3 \\ \vdots \\ X_n \end{pmatrix} = \begin{pmatrix} I_1-A_{11} & -A_{12} & -A_{13} & \cdots & -A_{1n} \\ -A_{21} & I_2-A_{22} & -A_{23} & \cdots & -A_{2n} \\ -A_{31} & -A_{32} & I_3-A_{33} & \cdots & -A_{3n} \\ \vdots & \vdots & \vdots & & \vdots \\ -A_{n1} & -A_{n2} & -A_{n3} & \cdots & I_n-A_{nn} \end{pmatrix}^{-1} \begin{pmatrix} Y_{11}+Y_{12}+Y_{13}+\cdots+Y_{1n} \\ Y_{21}+Y_{22}+Y_{23}+\cdots+Y_{2n} \\ Y_{31}+Y_{32}+Y_{33}+\cdots+Y_{3n} \\ \vdots \\ Y_{n1}+Y_{n2}+Y_{n3}+\cdots+Y_{nn} \end{pmatrix}$$

$$= \begin{pmatrix} B_{11} & B_{12} & B_{13} & \cdots & B_{1n} \\ B_{21} & B_{22} & B_{23} & \cdots & B_{2n} \\ B_{31} & B_{32} & B_{33} & \cdots & B_{3n} \\ \vdots & \vdots & \vdots & & \vdots \\ B_{n1} & B_{n2} & B_{n3} & \cdots & B_{nn} \end{pmatrix} \begin{pmatrix} Y_{11}+Y_{12}+Y_{13}+\cdots+Y_{1n} \\ Y_{21}+Y_{22}+Y_{23}+\cdots+Y_{2n} \\ Y_{31}+Y_{32}+Y_{33}+\cdots+Y_{3n} \\ \vdots \\ Y_{n1}+Y_{n2}+Y_{n3}+\cdots+Y_{nn} \end{pmatrix} \quad (6.1.3)$$

其中分块矩阵 $(B_{ij})_{n\times n}$ 为里昂惕夫逆矩阵。

6.1.2　出口增加值核算方法

设 $V_i = VA_i(X_i)^{-1}$ 为国家 i 增加值系数对角矩阵,增加值完全需求矩阵可表示为

$$VB = \begin{pmatrix} V_1 & 0 & 0 & \cdots & 0 \\ 0 & V_2 & 0 & \cdots & 0 \\ 0 & 0 & V_3 & \cdots & 0 \\ \vdots & \vdots & \vdots & & \vdots \\ 0 & 0 & 0 & \cdots & V_n \end{pmatrix} \begin{pmatrix} B_{11} & B_{12} & B_{13} & & B_{1n} \\ B_{21} & B_{22} & B_{23} & \cdots & B_{2n} \\ B_{31} & B_{32} & B_{33} & \cdots & B_{3n} \\ \vdots & \vdots & \vdots & & \vdots \\ B_{n1} & B_{n2} & B_{n3} & \cdots & B_{nn} \end{pmatrix}$$

$$= \begin{pmatrix} V_1 B_{11} & V_1 B_{12} & V_1 B_{13} & \cdots & V_1 B_{1n} \\ V_2 B_{21} & V_2 B_{22} & V_2 B_{23} & \cdots & V_2 B_{2n} \\ V_3 B_{31} & V_3 B_{32} & V_3 B_{33} & \cdots & V_3 B_{3n} \\ \vdots & \vdots & \vdots & & \vdots \\ V_n B_{n1} & V_n B_{n2} & V_n B_{n3} & \cdots & V_n B_{nn} \end{pmatrix} \tag{6.1.4}$$

设 u_i 为国家 i 所对应的单位行向量,则有

$$(u_1 \quad u_2 \quad u_3 \quad \cdots \quad u_n) \begin{pmatrix} V_1 B_{11} & V_1 B_{12} & V_1 B_{13} & \cdots & V_1 B_{1n} \\ V_2 B_{21} & V_2 B_{22} & V_2 B_{23} & \cdots & V_2 B_{2n} \\ V_3 B_{31} & V_3 B_{32} & V_3 B_{33} & \cdots & V_3 B_{3n} \\ \vdots & \vdots & \vdots & & \vdots \\ V_n B_{n1} & V_n B_{n2} & V_n B_{n3} & \cdots & V_n B_{nn} \end{pmatrix} = (u_1 \quad u_2 \quad u_3 \quad \cdots \quad u_n)$$

$$\tag{6.1.5}$$

设 $E_{ij} = A_{ij} X_j + Y_{ij}$ 为国家 i 向国家 j 的出口额,即一个国家的出口额由中间产品出口额和最终产品出口额构成。以国家 1 为例,该国家的总出口额 E_1 可表示为

$$\begin{aligned} E_1 &= E_{12} + E_{13} + \cdots + E_{1n} \\ &= Z_{12} + Z_{13} + \cdots + Z_{1n} + Y_{12} + Y_{13} + \cdots + Y_{1n} \\ &= A_{12} X_2 + A_{13} X_3 + \cdots + A_{1n} X_n + Y_{12} + Y_{13} + \cdots + Y_{1n} \end{aligned} \tag{6.1.6}$$

由式(6.1.2)和式(6.1.6)可得

$$\begin{pmatrix} A_{11} & 0 & 0 & \cdots & 0 \\ 0 & A_{22} & 0 & \cdots & 0 \\ 0 & 0 & A_{33} & \cdots & 0 \\ \vdots & \vdots & \vdots & & \vdots \\ 0 & 0 & 0 & \cdots & A_{nn} \end{pmatrix} \begin{pmatrix} X_1 \\ X_2 \\ X_3 \\ \vdots \\ X_n \end{pmatrix} + \begin{pmatrix} Y_{11} + E_1 \\ Y_{22} + E_2 \\ Y_{33} + E_3 \\ \vdots \\ Y_{nn} + E_n \end{pmatrix} = \begin{pmatrix} X_1 \\ X_2 \\ X_3 \\ \vdots \\ X_n \end{pmatrix} \tag{6.1.7}$$

由式(6.1.7)可得

$$\begin{pmatrix} X_1 \\ X_2 \\ X_3 \\ \vdots \\ X_n \end{pmatrix} = \begin{pmatrix} (I_1 - A_{11})^{-1} & 0 & 0 & \cdots & 0 \\ 0 & (I_2 - A_{22})^{-1} & 0 & \cdots & 0 \\ 0 & 0 & (I_3 - A_{33})^{-1} & \cdots & 0 \\ \vdots & \vdots & \vdots & & \vdots \\ 0 & 0 & 0 & \cdots & (I_n - A_{nn})^{-1} \end{pmatrix} \left[\begin{pmatrix} Y_{11} \\ Y_{22} \\ Y_{33} \\ \vdots \\ Y_{nn} \end{pmatrix} + \begin{pmatrix} E_1 \\ E_2 \\ E_3 \\ \vdots \\ E_n \end{pmatrix} \right]$$

$$\tag{6.1.8}$$

设 $L_{ii} = (I_i - A_{ii})^{-1}$,则国家 i 向国家 j 的中间产品出口额可表示为

$$Z_{ij} = A_{ij} X_j = A_{ij} (L_{jj} Y_{jj} + L_{ii} E_j) \tag{6.1.9}$$

与式(6.1.6)的传统测算方法相比,国家 i 的总出口额可表示为

$$E_i = \sum_{j=1,j\neq i}^{N} (A_{ij}X_j + Y_{ij})$$

$$= \sum_{j=1,j\neq i}^{N} \left\{ (V_iB_{ii})'Y_{ij} + (V_jB_{ji})'Y_{ij} + \left[\sum_{m=1,m\neq j}^{N} (V_mB_{mi})'Y_{ij} \right] + \right.$$

$$\left. (V_iB_{ii})'(A_{ij}X_j) + (V_jB_{ji})'(A_{ij}X_j) + \left[\sum_{m=1,m\neq j}^{N} (V_mB_{mi})(A_{ij}X_j) \right] \right\}$$

$$= \underbrace{\sum_{j=1,j\neq i}^{N} (V_iB_{ii})'Y_{ij}}_{(1a)} + \underbrace{\sum_{j=1,j\neq i}^{N} (V_iL_{ii})'(A_{ij}B_{jj}Y_{jj})}_{(1b)} +$$

$$\underbrace{\left[\sum_{\substack{m=1,\\ m\neq i}}^{N} (V_iL_{ii})'(A_{ij}B_{jm}Y_{mm}) \right] + \left[\sum_{\substack{m=1,\\ m\neq i}}^{N} (V_iL_{ii})'(A_{ij}B_{jj}Y_{jm}) \right] + \left[\sum_{\substack{m=1,\\ m\neq i}}^{N} (V_iL_{ii})'(A_{ij}B_{jm}Y_{mj}) \right]}_{(1c)} +$$

$$\underbrace{\left[\sum_{\substack{m=1,\\ m\neq i}}^{N} (V_iL_{ii})'(A_{ij}B_{jj}Y_{ji}) \right] + \left[\sum_{\substack{m=1,\\ m\neq i}}^{N} (V_iL_{ii})'(A_{ij}B_{jm}Y_{mi}) \right] + \left[\sum_{\substack{m=1,\\ m\neq i}}^{N} (V_iL_{ii})'(A_{ij}B_{ji}Y_{ii}) \right]}_{(2)} +$$

$$\underbrace{\left[\sum_{\substack{m=1,\\ m\neq i}}^{N} (V_iL_{ii})'(A_{ij}B_{ji}(Y_{ij}+Y_{im})) \right] + \left[\sum_{\substack{m=1,\\ m\neq i}}^{N} (V_iB_{ii} - V_iL_{ii})'(A_{ij}X_j) \right]}_{(4a)} +$$

$$\underbrace{(V_jB_{ji})'Y_{ij} + (V_jB_{ji})'(A_{ij}L_{jj}Y_{ii})}_{(3a)} + \underbrace{(V_jB_{ji})'(A_{ij}L_{jj}E_j)}_{(4b)} +$$

$$\underbrace{\left[\sum_{\substack{m=1,\\ m\neq i}}^{N} (V_mB_{mi})'Y_{ij} \right]}_{(3b)} + \underbrace{\left[\sum_{\substack{m=1,\\ m\neq i}}^{N} (V_mB_{mi})'(A_{ij}L_{jj}Y_{ii}) \right] + \left[\sum_{\substack{m=1,\\ m\neq i}}^{N} (V_mB_{mi})'(A_{ij}L_{jj}E_j) \right]}_{(4c)}$$

$$(6.1.10)$$

显然,一个国家的产业出口增加值可以分解为 16 个组成部分,具体如图 6.1 所示。各组成部分所表示的意义如下:

式(6.1.10)(1a)部分为最终出口产品所隐含的国内增加值,记为 DVA_FIN;式(6.1.10)(1b)部分为直接进口国用于本国生产而吸收的中间产品所隐含的国内增加值,记为 DVA_INT;式(6.1.10)(1c)部分为被直接进口国二次加工后出口到第三国,而被第三国吸收的中间产品所隐含的国内增加值,记为 DVA_INTREX。三部分合计构成图 6.1 中被国外吸收的国内增加值,记为 DVA,简称国内增加值。

式(6.1.10)(2) 部分表示中间产品流通到不同国家进行加工后,又以不同的方式返回本国并被该国吸收的情况,即为返回并被本国吸收的中间产品所隐含的国内增加值,记为 RDV,简称返回本国的国内增加值。

式(6.1.10)(3a)部分为出口产品所隐含的进口国增加值,记为 MVA;式(6.1.10)(3b)部分为出口产品中包含的第三国增加值,记为 OVA。两部分合计构成图 6.1 中的国外增加值,记为 FVA。

式(6.1.10)(4a)、(4b)和(4c)部分是纯重复计算部分,记为PDC,是全球价值链分工导致中间产品多次跨国流通而被各国海关重复核算的部分。其中,(4a)部分表示国内账户的纯重复计算,记为DDC;(4b)部分表示包含直接进口国增加值的重复计算部分;(4c)部分表示隐含在第三国增加值的重复计算部分。

所以一个国家的出口产品增加值可分为出口产品的国内增加值部分(DVA+RDV)以及垂直专业化分工所形成的国外增加值部分(VS = DDC+MVA+OVA+FDC)。

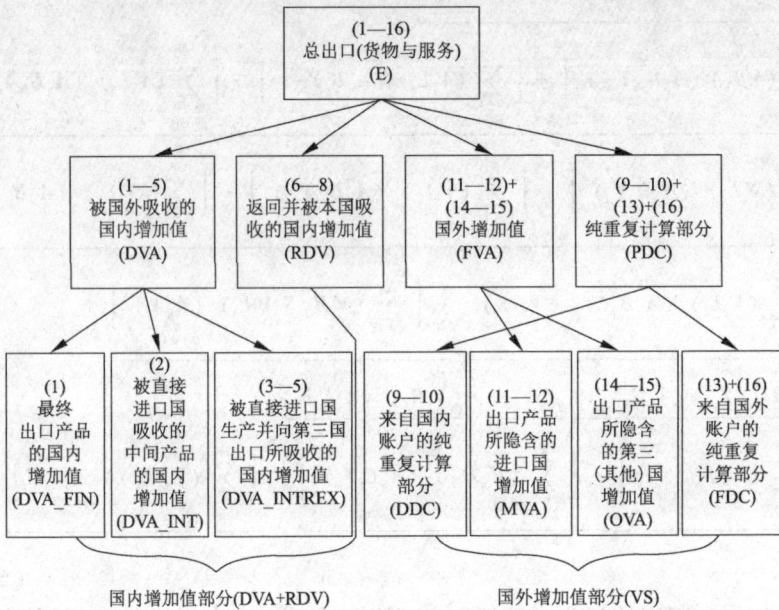

图6.1　产业出口增加值分解结果

6.2　出口增加值

6.2.1　数据来源及说明

本章选用WIOD数据库中2000—2014年的世界投入产出表进行实证分析。该表由43个经济体和56个行业所构成,数据库中所有经济体的GDP在全球GDP中的占比高达85%以上,因而该表可以有效反映全球主要经济体的贸易活动。在该投入产出表的43个经济体中,中国(CHN)、澳大利亚(AUS)、印度尼西亚(IDN)、日本(JPN)和韩国(KOR)为RCEP成员,德国(DEU)、法国(FRA)、英国(GBR)、意大利(ITA)为发达欧盟成员,保加利亚(BGR)、塞浦路斯(CYP)、捷克(CZE)、爱沙尼亚(EST)、希腊(GRC)、克罗地亚(HRV)、匈牙利(HUN)、印度

（IND）、立陶宛（LTU）、拉脱维亚（LVA）、波兰（POL）、罗马尼亚（ROU）、俄罗斯（RUS）、斯洛伐克（SVK）、斯洛文尼亚（SVN）、土耳其（TUR）等为"一带一路"沿线经济体，剩余部分中除中国台湾（TWN）、美国（USA）和加拿大（CAN）外的国家或地区归为其他经济体。该投入产出表中的经济体代码及名称如表 6.2 所示。

表 6.2　世界投入产出表中的经济体代码及其名称

代码	名称	代码	名称	代码	名称
AUS	澳大利亚	FRA	法国	MLT	马耳他
AUT	奥地利	GBR	英国	NLD	荷兰
BEL	比利时	GRC	希腊	NOR	挪威
BGR	保加利亚	HRV	克罗地亚	POL	波兰
BRA	巴西	HUN	匈牙利	PRT	葡萄牙
CAN	加拿大	IDN	印度尼西亚	ROU	罗马尼亚
CHE	瑞士	IND	印度	RUS	俄罗斯
CHN	中国	IRL	爱尔兰	SVK	斯洛伐克
CYP	塞浦路斯	ITA	意大利	SVN	斯洛文尼亚
CZE	捷克	JPN	日本	SWE	瑞典
DEU	德国	KOR	韩国	TUR	土耳其
DNK	丹麦	LTU	立陶宛	TWN	中国台湾
ESP	西班牙	LUX	卢森堡	USA	美国
EST	爱沙尼亚	LVA	拉脱维亚	ROW	其他地区
FIN	芬兰	MEX	墨西哥		

在该投入产出表中，制造业细分为 19 个行业部门。满婷煜（2017）把该表中的 7 个制造业部门归为低技术制造业，4 个制造业部门归为中低技术制造业，7 个制造业部门归为中高技术制造业，1 个制造业部门归为高技术制造业。此处采用满婷煜（2017）的划分标准，并将中高技术和高技术统称为中高技术制造业。

表 6.3　WIOD 中的制造业行业代码、名称及分类

ISIC 代码	行业名称	技术类别
C10-C12	食品、饮料和烟草制品制造业	低技术制造业
C13-C15	纺织品、服装和皮革制品制造业	低技术制造业
C16	木材、木材和软木制品、稻草制品、编织材料制造业（家具除外）	低技术制造业
C17	造纸和纸制品制造业	低技术制造业
C18	记录媒体的印刷和复制业	低技术制造业
C19	焦炭和精炼石油产品制造业	中低技术制造业
C20	化学品和化工产品制造业	中高技术制造业
C21	基本药物和制剂制造业	中高技术制造业
C22	橡塑制品制造业	中低技术制造业
C23	其他非金属矿产品制造业	中低技术制造业
C24	基本金属制造业	中低技术制造业
C25	金属制品制造业（机械和设备除外）	中高技术制造业
C26	计算机、电子和光学产品制造业	高技术制造业
C27	电气设备制造业	中高技术制造业
C28	机械设备制造业	中高技术制造业
C29	汽车、挂车及半挂车制造业	中高技术制造业
C30	其他运输设备制造业	中高技术制造业
C31-C32	家具制造业	低技术制造业

6.2.2　制造业总出口增加值分解

表 6.4 为按式(6.1.6)的传统方法与按式(6.1.10)的增加值方法测算的中国制造业出口额比较。从表中可发现,按传统方法测算的我国制造业出口总额在 2000—2014 年间增加了 186.56 百亿美元,从 2000 年的 19.91 百亿美元上升到 2014 年的 206.47 百亿美元。按增加值方法测算的我国制造业出口总额在 2000—2014 年间增加了 143.71 百亿美元,从 2000 年的 14.98 百亿美元上升到 2014 年的 158.69 百亿美元。用增加值方法测算的结果都不超过用传统方法测算结果的数值的 80%。可见,与增加值方法相比,传统方法对中间产品出口贸易的重复计算使得我国制造业出口贸易量被严重高估,我国制造业出口贸易并没有赚取高额利润。

表 6.4　传统方法与本书方法测算的中国制造业出口额比较　　　百亿美元

年份	传统方法	增加值法	占比/%	年份	传统方法	增加值法	占比/%
2000	19.91	14.98	75.24	2008	125.90	92.05	73.11
2001	21.72	17.40	80.11	2009	103.63	79.50	76.72
2002	25.93	20.27	78.17	2010	137.59	100.51	73.05
2003	36.62	27.22	74.33	2011	163.91	119.46	72.88
2004	51.80	36.17	69.83	2012	172.78	127.18	73.61
2005	67.14	46.71	69.57	2013	187.61	140.48	74.88
2006	86.27	60.50	70.13	2014	206.47	158.69	76.86
2007	108.78	77.21	70.98				

表 6.5 为 2000—2014 年中国制造业出口贸易增加值分解结果。从中国制造业出口贸易增加值增长态势看,中国制造业出口贸易增加值快速增长最主要来源于中国制造业出口贸易的国内增加值。2000—2014 年期间,中国制造业总出口贸易增加值(E)呈快速上升趋势,由 2000 年的 14.98 百亿美元上升到 2014 年的 158.69 百亿美元,年平均增长率为 17.04%。中国制造业出口贸易的国内增加值(DVA)则由 2000 年的 11.91 百亿美元上升到 2014 年的 120.35 百亿美元,年平均增长率为 16.67%。显然,中国制造业出口贸易增加值增长态势主要来源于制造业出口贸易的国内增加值增长状况。

(1)从全球价值链分工看,中国制造业出口贸易增加值快速增长主要得益于参与前向全球价值链分工,参与全球价值链垂直专业化分工程度依然偏低。在中国制造业出口贸易增加值的构成中,制造业出口贸易的国内增加值所占份额由 2000 年的 79.50% 缓慢下降到 2014 年的 75.84%。这表明中国制造业以参与前向全球价值链分工的方式所获得的出口贸易国内增加值有所下降,但依然是中国制造业出口贸易增加值的最主要来源;制造业出口贸易的国外增加值所占份额由 2000 年的 15.89% 缓慢上升到 2014 年的 16.49%。这表明中国制造业全球价值链垂直专业化分工程度在 2000—2014 年期间基本维持着低度平稳态势,中国制造业参与后向全球价值链分工程度仍有待提升。

(2)从国内增加值来源看,中国制造业出口贸易的国内增加值获取方式逐步由最终产品出口贸易转向中间产品出口贸易,以中间产品直接出口为主的出口贸易方式有所加强,但是制造业依然处于全球价值链低端状态。在中国制造业出口贸易的国内增加值构成中,最终产品出口贸易的国内增加值所占份额由 2000 年的 59.44% 逐步缩减到 2014 年的 53.04%,中间产品出口贸易的国内增加值所占份额则由 2000 年的 40.56% 逐步上升到 2014 年的 46.96%。这表明中国制造业出口贸易的国内增加值来源方式仍以最终产品出口贸易为主,但是出口贸易方式已经明显出现了由最终产品出口贸易为主导逐步向以中间产品出口贸易为主导转变的趋势;中间产品出口被进口国直接吸收的那部分国内增加值所占份额由 2000 年的 67.08% 上升到 2014 年的 71.93%。这表明中国制造业中间产品直接出口的出口贸易方式得到增强;出口到国外又折返回本国的那部分增加值(RDV)所占份额由 2000 年的 0.11% 上升到 2014 年的 3.55%,尽管该部分增加值远小于同时期 DVA 各组成部分的国内增加值,但是其增长速度较快。这表明中国制造业在全球价值链分工中已逐步向中高端攀升,但是处于全球价值链低端位置的状况仍没有明显改善,只有很少部分的中间产品通过进口返回我国并用于增强我国再生产出口产品能力。

（3）从全球出口贸易中间环节看,中国制造业参与全球价值链分工程度有所加深。在中国制造业出口增加值构成中,纯重复计算部分(PDC)的增加值由 2000 年的 0.58 百亿美元上升到 2014 年的 8.62 百亿美元,年平均增长速度为 19.71%,且其中 FDC 部分的增加值明显高于 DDC 部分的增加值。这表明中国制造业参与全球价值链分工程度有所加深,中间出口产品经由多国流转次数有所增加。

表 6.5　2000—2014 年中国制造业出口贸易增加值分解结果　　　百亿美元

年份	E	DVA	DVA-FIN	DVA-INT	DVA-INTREX	RDV/%
2000	14.98	11.91	7.08	3.24	1.59	0.11
2001	15.87	12.72	7.68	3.38	1.66	0.14
2002	18.05	14.11	8.6	3.71	1.79	0.18
2003	22.08	16.41	10.00	4.25	2.16	0.26
2004	26.42	18.45	10.46	5.26	2.72	0.33
2005	33.15	23.06	13.37	6.41	3.28	0.39
2006	43.53	30.53	17.35	8.69	4.49	0.57
2007	57.92	41.11	23.63	11.49	6	0.75
2008	74.73	54.64	30.64	15.62	8.38	1.07
2009	68.12	52.28	30.55	14.82	6.9	1.13
2010	94.61	69.11	38.39	20.84	9.88	1.73
2011	116.32	84.77	47.16	26.44	12.35	2.26
2012	131.44	96.75	53.93	30.73	12.09	2.71

年份	E	DVA	DVA-FIN	DVA-INT	DVA-INTREX	RDV/%
2013	149.96	112.29	59.86	37.88	14.55	3.28
2014	158.69	120.35	63.83	40.66	15.87	3.55

年份	FVA	MVA	OVA	PDC	DDC	FDC
2000	2.38	1.59	0.79	0.58	0.04	0.54
2001	2.43	1.65	0.77	0.59	0.05	0.54
2002	3.01	2.07	0.93	0.75	0.06	0.69
2003	4.27	2.95	1.32	1.15	0.11	1.04
2004	5.84	3.76	2.08	1.81	0.18	1.62
2005	7.44	4.85	2.59	2.26	0.26	2.00
2006	9.39	6.00	3.39	3.05	0.40	2.65
2007	12.11	7.77	4.34	3.94	0.55	3.39
2008	14.29	8.89	5.31	4.74	0.64	4.10
2009	11.4	7.3	4.1	3.32	0.49	2.83
2010	17.29	10.7	6.59	5.53	0.82	4.69
2011	21.74	13.12	8.74	7.55	0.99	5.98
2012	22.92	13.45	9.48	9.06	1.04	7.10
2013	25.48	15.39	10.09	8.91	1.11	7.80
2014	26.17	16.06	10.11	8.62	1.11	7.51

6.2.3　制造业出口增加值经济体来源

表 6.6 为中国制造业出口增加值经济体来源。从表中可发现：

（1）我国制造业出口贸易的国内增加值仍大部分来源于主要贸易伙伴。在中国制造业出口贸易国内增加值构成中，来源于主要贸易伙伴的国内增加值所占份额在 2000—2014 年期间平稳保持在 63%左右。其中，来源于日本（JPN）、韩国（KOR）、印度尼西亚（IDN）和澳大利亚（AUS）等 RCEP 成员的国内增加值占比合计由 2000 年的 34.05%缓降到 2014 年的 31.98%，来源于美国的国内增加值占比由 2000 年的 13.73%缓降到 2014 年的 11.02%，来源于德国（DEU）、英国（GBR）、法国（FRA）、意大利（ITA）等欧盟成员的国内增加值占比合计由 2000 年的 10.72%上升到 2014 年的 16.14%，来源于中国台湾的国内增加值占比在 2000—2014 年期间保持在 2.64%左右，来源于"一带一路"沿线经济体的国内增加值占比合计由 2000 年的 2.31% 缓升到 2014 年的 3.95%。显然,我国制造业出口贸易的国内增加值仍大部分来源于主要贸易伙伴,向"一带一路"沿线经济体及其他经济体拓展仍较为乏力。

(2)我国制造业出口贸易的国外增加值同样来源于主要贸易伙伴,但是具有向其他经济体转移的明显趋势。在中国制造业出口贸易的国外增加值构成中,来源于主要贸易伙伴的国外增加值所占份额由 2000 年的 70.59% 下降到 2014 年的 56.02%。其中,来源于日本(JPN)、韩国(KOR)、印度尼西亚(IDN)和澳大利亚(AUS)等 RCEP 成员的国外增加值占比合计由 2000 年的 28.57% 缓降到 2014 年的 23.05%,来源于美国的国外增加值占比由 2000 年的 17.89% 缓降到 2014 年的 10.31%,来源于德国(DEU)、英国(GBR)、法国(FRA)、意大利(ITA)等欧盟成员的国外增加值占比合计由 2000 年的 18.41% 缓降到 2014 年的 15.59%,来源于美国(USA)的国外增加值占比由 2000 年的 17.89% 下降至 2014 年的 10.31%,来源于"一带一路"沿线经济体的国外增加值占比由 2000 年的 3.95% 上升至 2014 年的 7.99%。显然,我国制造业出口贸易的国外增加值仍大部分来源于主要贸易对象,但是已有明显向"一带一路"沿线经济体及其他经济体转移的趋势。

表 6.6　中国制造业出口增加值经济体来源　　　　　百万美元

经济体	2000 年			2014 年		
	增加值	DVA 占比	FVA 占比	增加值	DVA 占比	FVA 占比
AUS	1557.59	1.00%	1.53%	17107.69	1.16%	1.13%
JPN	28939.42	20.53%	18.84%	222601.45	15.58%	10.67%
KOR	14697.51	11.00%	6.69%	197795.88	13.96%	9.79%
IDN	2165.27	1.52%	1.51%	19370.34	1.28%	1.46%
DEU	7347.45	4.79%	6.90%	145394.18	10.33%	7.45%
FRA	2925.62	1.78%	3.38%	26471.59	1.66%	2.44%
GBR	4641.37	2.80%	5.51%	40130.28	2.61%	3.26%
ITA	2226.95	1.35%	2.62%	25014.81	1.54%	2.44%
USA	20611.08	13.73%	17.89%	161089.54	11.02%	10.31%
TWN	3991.62	2.64%	3.56%	38456.02	2.46%	3.37%
BGR	3.55	0.00%	0.01%	429.96	0.02%	0.07%
CYP	1.17	0.00%	0.00%	34.81	0.00%	0.01%

经济体	2000 年			2014 年		
	增加值	*DVA* 占比	*FVA* 占比	增加值	*DVA* 占比	*FVA* 占比
CZE	97. 25	0. 03%	0. 24%	4045. 31	0. 16%	0. 79%
EST	5. 47	0. 00%	0. 02%	214. 63	0. 01%	0. 04%
GRC	30. 12	0. 01%	0. 09%	444. 28	0. 01%	0. 13%
HRV	14. 22	0. 00%	0. 05%	230. 55	0. 01%	0. 05%
HUN	69. 09	0. 02%	0. 17%	2877. 88	0. 14%	0. 44%
IND	545. 24	0. 31%	0. 76%	12454. 42	0. 69%	1. 52%
LTU	5. 66	0. 00%	0. 02%	350. 89	0. 01%	0. 08%
POL	139. 87	0. 05%	0. 35%	4392. 71	0. 17%	0. 89%
ROU	96. 48	0. 06%	0. 11%	1471. 32	0. 06%	0. 29%
RUS	2405. 77	1. 74%	1. 40%	18075. 14	1. 01%	2. 18%
SVK	17. 36	0. 00%	0. 06%	2656. 56	0. 16%	0. 29%
SVN	26. 56	0. 01%	0. 07%	547. 48	0. 02%	0. 13%
TUR	236. 5	0. 08%	0. 60%	4619. 38	0. 15%	1. 08%
AUT	539. 18	0. 31%	0. 70%	7915. 72	0. 44%	0. 98%
BEL	634. 34	0. 30%	1. 18%	6326. 09	0. 33%	0. 90%
BRA	591. 02	0. 33%	0. 84%	15030. 57	1. 01%	1. 05%
CAN	1405. 64	0. 88%	1. 49%	13749. 09	0. 84%	1. 33%
CHE	815. 64	0. 45%	1. 17%	15877	1. 03%	1. 32%
DNK	308. 42	0. 19%	0. 37%	5138. 8	0. 35%	0. 37%
ESP	578. 38	0. 27%	1. 08%	7782. 64	0. 38%	1. 21%
FIN	1215. 3	0. 89%	0. 63%	5164. 52	0. 33%	0. 44%
IRL	260. 72	0. 08%	0. 68%	4644. 76	0. 30%	0. 39%
LUX	47. 32	0. 02%	0. 08%	211. 35	0. 01%	0. 04%
LVA	3. 3	0. 00%	0. 01%	123. 18	0. 00%	0. 03%
MEX	393. 1	0. 18%	0. 75%	6986. 54	0. 40%	0. 84%
MLT	5. 82	0. 00%	0. 02%	98. 91	0. 01%	0. 01%
NLD	2555. 29	1. 70%	2. 23%	47717. 03	3. 44%	2. 39%

续表

经济体	2000 年			2014 年		
	增加值	*DVA* 占比	*FVA* 占比	增加值	*DVA* 占比	*FVA* 占比
NOR	261.6	0.14%	0.38%	4405.19	0.28%	0.39%
PRT	54.92	0.02%	0.14%	1335.23	0.06%	0.22%
SWE	1534.34	1.06%	1.16%	9040.86	0.55%	0.90%

6.2.4 制造业出口增加值行业来源

表 6.7 为中国制造业出口增加值行业来源。从表中可发现,在中国制造业出口增加值行业构成中,低技术制造业出口增加值的占比下降了 7.19%,从 2000 年的 33.29%下降到 2014 年的 26.10%;中高技术制造业出口增加值提升了 7.34%,从 2000 年的 44.55%上升到 2014 年的 51.89%;中低技术制造业出口增加值在 2000—2014 年间基本保持平稳状态。这表明低技术制造业出口贸易增加值占比持续下降,中高技术制造业出口贸易增加值占比持续攀升,中低技术制造业出口贸易增加值占比保持平稳,中国制造业出口贸易增加值行业来源已经明显从低技术制造业向中高技术制造业转变。

表 6.7　中国制造业出口增加值行业来源 %

年份	低技术占比	中低技术占比	中高技术占比	年份	低技术占比	中低技术占比	中高技术占比
2000	33.29	22.16	44.55	2008	26.49	24.24	49.27
2001	33.54	22.17	44.29	2009	27.33	22.37	50.31
2002	32.99	21.53	45.49	2010	24.98	21.89	53.13
2003	30.81	22.16	47.03	2011	24.92	22.57	52.51
2004	28.08	23.33	48.59	2012	25.75	22.45	51.80
2005	27.64	23.55	48.81	2013	26.11	22.08	51.82
2006	27.88	23.45	48.67	2014	26.10	22.01	51.89
2007	27.69	23.56	48.75				

表 6.8 为各类型制造业的出口增加值分解结果。从表中可发现:

(1)我国各类型制造业出口增加值主要来源于被外国直接吸收的那部分国内增加值(*DVA*),且由高到低分布于低技术制造业、中低技术制造业和中高技术制造业。从构成看,我国低技术制造业、中低技术制造业以及中高技术制造业的出口增加值中被外国直接吸收的那部分国内增加值占比在 2000—2014 年期间都保持在 70%以上,其中低技术制造业、中低技术制造业以及中高技术制造业的国内增加值占比在 2000—2014 年间均值依次为 84.61%、76.47% 和 73.43%。低技术制造业和中低技术制造业的国内增加值在 2000—2014 年间有先下降再上升的趋势,中高技术制造业的国内增加值总体上保持平稳状态。显然,我国各类型制造业仍主要依赖国内产品供需市场获得国内增加值。

(2)我国各类型制造业前向深度参与全球价值链分工的水平有所提升,但依然偏弱。在制造业出口增加值构成中,我国各类型制造业出口增加值中出口到国外又折返回本国的那部分国内增加值(RDV)占比依然严重偏低,其中低技术制造业、中低技术制造业和中高技术制造业产品出口到国外又折返回本国所创造的那部分国内增加值占比平均值仅分别为 0.445%、1.952% 和 1.472%。但是从发展态势看,我国各类型制造业产品出口到国外又折返回本国所创造的那部分国内增加值占比都呈快速上升趋势,其中低技术制造业的上升幅度比较小,中低技术制造业和中高技术制造业的上升幅度较大。显然,中国制造业参与前向全球价值链分工的程度有所加深,但是制造业整体仍处于全球价值链低端的状态并没有明显改变。

(3)我国各类型制造业参与全球价值链垂直专业化分工程度仍偏低。在制造业出口增加值构成中,我国各类制造业的国外增加值占比在 2000—2014 年间都没超过 30%,其中低技术制造业、中低技术制造业、中高技术制造业的国外增加值占比在 2000—2014 年间的平均值分别为 14.95%、21.58% 和 25.08%;从发展态势看,低技术制造业参与全球价值链垂直专业化分工程度有所下降,中低技术制造业参与全球价值链垂直专业化程度有所提升,中高技术制造业参与全球价值链垂直专业化分工程度保持平稳。这表明我国中高技术制造业与其他类型制造业相比参与全球价值链垂直专业化分工程度较高,但是制造业整体参与全球价值链垂直专业化分工程度依然偏低。

表 6.8　各类型制造业的出口增加值分解结果　　　　　　　　　　　%

制造业	年份	DVA	RDV	VS
低技术制造业	2000	83.24	0.36	16.40
	2005	81.68	0.32	17.99
	2010	85.51	0.49	14.01
	2014	88.02	0.61	11.37
中低技术制造业	2000	81.03	1.11	17.87
	2005	72.43	1.79	25.79
	2010	73.11	2.41	24.47
	2014	79.30	2.50	18.20

续表

制造业	年份	DVA	RDV	VS
中高技术制造业	2000	73.57	0.53	25.88
	2005	73.41	1.13	25.46
	2010	75.18	1.90	22.91
	2014	71.57	2.33	26.07

6.3 我国制造业全球价值链地位

6.3.1 全球价值链地位评价指标

令符号 ./ 表示向量点除,则 r 国 i 产业的前向全球价值链参与指数可表示为

$$FVC_{ir} = DVA_{ir}. /(E_{ir})^T \qquad (6.3.1)$$

其中,DVA 为国内增加值;E_{ir} 为总出口贸易增加值。

r 国 i 产业的后向全球价值链参与指数可表示为

$$BVS_{ir} = VS_{ir}. /(E_{ir})^T \qquad (6.3.2)$$

其中,VS 为垂直专业化分工程度;E_{ir} 为总出口贸易增加值。

Koopman(2010)把全球价值链参与指数定义为出口中间附加值和包含国外附加值二者之和所占的比重。按照该定义,r 国 i 产业的全球价值链参与指数可表示为

$$FBV_{ir} = (DVA_{ir} + RDV_{ir}). /(E_{ir})^T + VS_{ir}. /(E_{ir})^T \qquad (6.3.3)$$

其中,RDV 为返回本国的国内增加值。

Koopman(2010)还提出全球价值链地位指数,以评估一国(或地区)产业在全球价值链上所处的国际分工地位,r 国 i 产业的全球价值链地位指数可表示为

$$GVC_{ir} = \ln[1 + (DVA_{ir} + RDV_{ir}). /(E_{ir})^T] - \ln[1 + VS_{ir}. /(E_{ir})^T] \qquad (6.3.4)$$

6.3.2 全球价值链参与指数

图 6.2 为 2000—2014 年中国制造业整体全球价值链参与指数。从图中可发现,我国制造业更加注重国内价值链分工,对国外产品和服务的依赖程度较弱。我国制造业全球价值链参与指数介于 0.90 与 0.95 之间,这表明我国制造业全球价值链分工参与程度较高且保持平稳状态。其中,制造业前向全球价值链参与指数由 2000 年的 0.795 下降到 2014 年的 0.758,所占份额由 2000 年的 83.35% 缓降到 2014 年的 82.13%。后向全球价值链参与指数则由 2000 年的 0.159 上升到 2014 年的 0.165,所占份额由 2000 年的 16.65% 缓升到 2014 年的 17.86%。这表明我国制造业全球价值链参与程度变动趋势主要由前向全球价值链参与指数决

定,该时期中国制造业全球价值链参与指数保持平稳趋势,其主要原因是全球价值链参与指数下降幅度与后向全球价值链参与指数上升幅度基本持平。

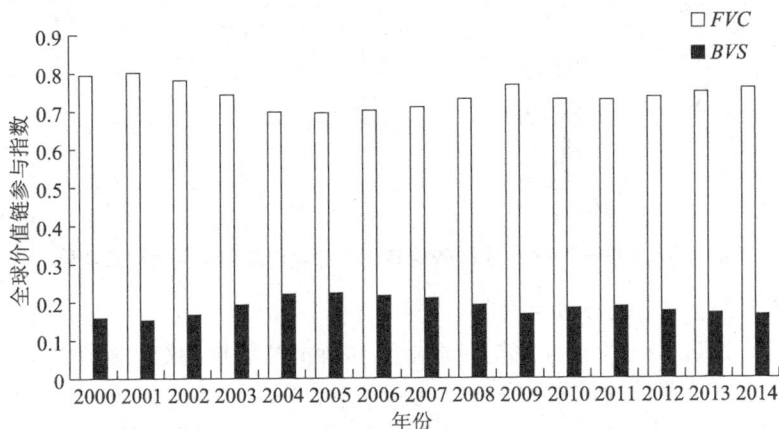

图 6.2　2000—2014 年中国制造业整体全球价值链参与指数

图 6.3 为 2000—2014 年中国各类制造业全球价值链参与指数变动量。从图中可发现,我国制造业全球价值链参与指数有所下降,其中,中高技术制造业和中低技术制造业的全球价值链参与指数分别下降了 1.81 个单位和 1.41 个单位,低技术制造业的全球价值链参与指数仅下降了 0.25 个单位。从前向和后向全球价值链参与指数比较看,低技术制造业的前向全球价值链参与指数上升了 4.78 个单位,而其后向全球价值链参与指数下降了 5.03 个单位,这表明低技术制造业全球价值链参与指数变动并不明显。究其原因,可能是以劳动密集型为主的低技术制造业更依赖劳动力成本优势;中低技术制造业和中高技术制造业的前向全球价值链参与指数分别下降 1.73 个单位和 2.00 个单位,而其后向全球价值链参与指数分别上升 0.33 个单位和 0.19 个单位,这表明我中低技术制造业和中高技术制造业仍侧重于国内价值链分工,但参与国内价值链分工程度有所提升,主要原因是以资源密集型为主的中低技术制造业更依赖自然资源禀赋优势参与全球价值链分工,以资本密集型和技术密集型为主的中高技术制造业则更大程度地承接国际高端产业转移。可见,我国制造业整体参与国际价值链分工程度有所提升,中高技术制造业参与国际价值链分工程度高于低技术制造业,表现为全球价值链参与指数由技术含量高的行业向技术含量低的行业递减。

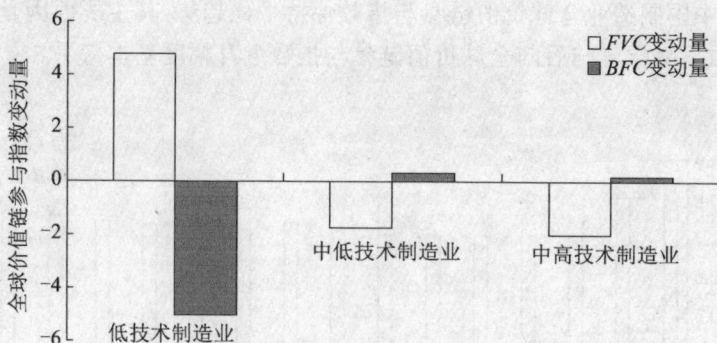

图6.3 2000—2014年中国各类制造业全球价值链参与指数变动量

6.3.3 全球价值链地位指数

图6.4为2000—2014年我国制造业全球价值链地位指数。从图中可发现,我国制造业全球价值链地位指数呈现出先降后升的"U"形曲线特征,先由2000年的0.19下降到2005年的0.141,再缓慢上升到2014年的0.174,这表明我国制造业对国外中间投入品的依赖程度有所上升,出口产品国内附加值率有所下降,导致我国制造业全球价值链地位明显下降;2005年之后,我国制造业全球价值链地位指数开始恢复平稳上升态势,尽管受2008年金融危机的影响,我国制造业在该时期的出口产品国内附加值率仍保持强劲的上升势头,对国外中间产品投入依赖程度逐步下降,我国制造业出现向全球价值链高端攀升的趋势。显然,随着我国制造业贸易结构进一步优化,出口产品国内附加值也将得到提升,制造业逐步向全球价值链高端攀升的动力更加强劲。

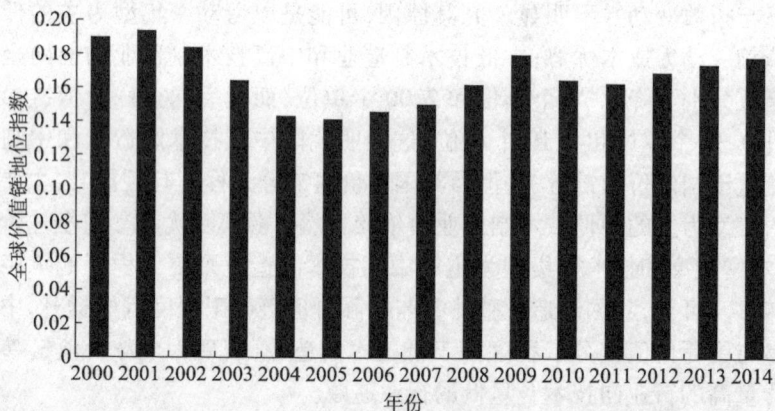

图6.4 2000—2014年中国各类制造业全球价值链地位指数

图6.5为2000—2014年中国各类制造业全球价值链地位指数。从图中可发现,我国制造业全球价值链地位指数呈现由低技术制造业向中低技术制造业、中高

技术制造业依次分布的趋势。低技术制造业、中低技术制造业以及中高技术制造业的全球价值链地位指数平均值依次分别为 0.735、0.540 和 0.456,可见低技术制造业全球价值链地位指数高于中低技术制造业和中高技术制造业的全球价值链地位指数,主要原因是低技术制造业出口产品为低附加值产品,更依赖国内自然资源和劳动力进行生产;而低技术制造业承接国外产业转移的程度与中低技术制造业和中高技术制造业相比较低。值得注意的是,2000—2014 年期间低技术制造业全球价值链地位指数具有明显上升趋势,中高技术制造业全球价值链地位指数则保持平稳状态。这表明我国劳动密集型低技术制造业出口产品生产国际化程度相对较低,可以凭借劳动力等低成本优势实现较大比例的国内价值增加值,能够进行工艺升级和产品升级从而实现国际分工地位的逐渐攀升;我国中高技术制造业则以加工贸易的方式融入发达国家跨国公司主导的全球价值链,并被锁定在组装加工等低端环节,研发创新能力和高新技术消化吸收能力不足,以至于加工组装环节规模扩张难以实现价值链地位的提升。

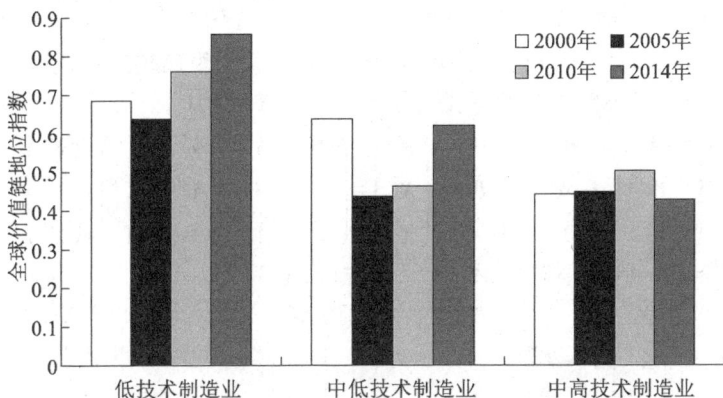

图 6.5　2000—2014 年中国各类制造业全球价值链地位指数

6.4　两岸中高技术制造业全球价值链地位比较

从两岸制造业全球价值链分工看,两岸制造业以低端要素嵌入全球价值链,虽然能够实现流程升级和产品升级,但仍难以实现链条升级和集群升级,破解全球价值链低端锁定和高端封锁依然乏力。当前两岸进出口产品主要集中在机电产品、光学钟表、医疗设备以及化工产品等中高技术制造业领域,推动两岸中高技术制造业深度合作,既是两岸加速提升制造业全球价值链地位的客观需要,也是贯彻落实习近平总书记"两岸一家亲"理念、促进两岸产业融合发展的重要抓手。因此,深入分析两岸中高技术制造业全球价值链分工地位,探寻两岸制造业优势互补、互利共赢的全球价值链合作路径具有现实意义。

6.4.1　理论模型

依据 WIOD 数据库的全球投入产出表,把全球经济体分为三个区域,以三区域投入产出模型为例构建产业生产阶段数分解模型。设 $\boldsymbol{Y}^i$ 为区域 i 的产业最终产品使用列向量,$\boldsymbol{X}^i$ 为区域 i 的产业总产出列向量,则全球投入产出模型可表示为

$$\begin{pmatrix} \boldsymbol{X}^1 \\ \boldsymbol{X}^2 \\ \boldsymbol{X}^3 \end{pmatrix} = \begin{pmatrix} \boldsymbol{A}^{11} & \boldsymbol{A}^{12} & \boldsymbol{A}^{13} \\ \boldsymbol{A}^{21} & \boldsymbol{A}^{22} & \boldsymbol{A}^{23} \\ \boldsymbol{A}^{31} & \boldsymbol{A}^{32} & \boldsymbol{A}^{33} \end{pmatrix} \begin{pmatrix} \boldsymbol{X}^1 \\ \boldsymbol{X}^2 \\ \boldsymbol{X}^3 \end{pmatrix} + \begin{pmatrix} \boldsymbol{Y}^1 \\ \boldsymbol{Y}^2 \\ \boldsymbol{Y}^3 \end{pmatrix} \tag{6.4.1}$$

其中,$\boldsymbol{A}^{ij}$ 为区域 j 产业单位产品中来自区域 i 的中间产品所形成的直接消耗系数矩阵。

由式(6.4.1)可得

$$\begin{pmatrix} \boldsymbol{X}^1 \\ \boldsymbol{X}^2 \\ \boldsymbol{X}^3 \end{pmatrix} = \begin{pmatrix} \boldsymbol{I}_1-\boldsymbol{A}^{11} & -\boldsymbol{A}^{12} & -\boldsymbol{A}^{13} \\ -\boldsymbol{A}^{21} & \boldsymbol{I}_2-\boldsymbol{A}^{22} & -\boldsymbol{A}^{23} \\ -\boldsymbol{A}^{31} & -\boldsymbol{A}^{32} & \boldsymbol{I}_3-\boldsymbol{A}^{33} \end{pmatrix}^{-1} \begin{pmatrix} \boldsymbol{Y}^1 \\ \boldsymbol{Y}^2 \\ \boldsymbol{Y}^3 \end{pmatrix} = \begin{pmatrix} \boldsymbol{L}^{11} & \boldsymbol{L}^{12} & \boldsymbol{L}^{13} \\ \boldsymbol{L}^{21} & \boldsymbol{L}^{22} & \boldsymbol{L}^{23} \\ \boldsymbol{L}^{31} & \boldsymbol{L}^{32} & \boldsymbol{L}^{33} \end{pmatrix} \begin{pmatrix} \boldsymbol{Y}^1 \\ \boldsymbol{Y}^2 \\ \boldsymbol{Y}^3 \end{pmatrix} \tag{6.4.2}$$

其中,分块矩阵 $\boldsymbol{I}_i$ 为区域 i 的单位矩阵,分块矩阵 $\boldsymbol{L}$ 为里昂惕夫逆矩阵。

按照 Round(1985)的研究思路,式(6.4.1)可改写为

$$\begin{pmatrix} \boldsymbol{I}-\boldsymbol{A}^{11} & 0 & 0 \\ 0 & \boldsymbol{I}-\boldsymbol{A}^{22} & 0 \\ 0 & 0 & \boldsymbol{I}-\boldsymbol{A}^{33} \end{pmatrix} \begin{pmatrix} \boldsymbol{X}^1 \\ \boldsymbol{X}^2 \\ \boldsymbol{X}^3 \end{pmatrix} = \begin{pmatrix} 0 & \boldsymbol{A}^{12} & \boldsymbol{A}^{13} \\ \boldsymbol{A}^{21} & 0 & \boldsymbol{A}^{23} \\ \boldsymbol{A}^{31} & \boldsymbol{A}^{32} & 0 \end{pmatrix} \begin{pmatrix} \boldsymbol{X}^1 \\ \boldsymbol{X}^2 \\ \boldsymbol{X}^3 \end{pmatrix} + \begin{pmatrix} \boldsymbol{Y}^1 \\ \boldsymbol{Y}^2 \\ \boldsymbol{Y}^3 \end{pmatrix} \tag{6.4.3}$$

设 $\boldsymbol{M}^{RR}=(\boldsymbol{I}-\boldsymbol{A}^{RR})^{-1}$,$\boldsymbol{T}^{RS}=\boldsymbol{M}^{RR}\boldsymbol{A}^{RS}$,由式(6.4.3)得

$$\begin{pmatrix} \boldsymbol{X}^1 \\ \boldsymbol{X}^2 \\ \boldsymbol{X}^3 \end{pmatrix} = \begin{pmatrix} \boldsymbol{I} & -\boldsymbol{T}^{12} & -\boldsymbol{T}^{13} \\ -\boldsymbol{T}^{21} & \boldsymbol{I} & -\boldsymbol{T}^{23} \\ -\boldsymbol{T}^{31} & -\boldsymbol{T}^{32} & \boldsymbol{I} \end{pmatrix}^{-1} \begin{pmatrix} \boldsymbol{M}^{11} & 0 & 0 \\ 0 & \boldsymbol{M}^{22} & 0 \\ 0 & 0 & \boldsymbol{M}^{33} \end{pmatrix} \begin{pmatrix} \boldsymbol{Y}^1 \\ \boldsymbol{Y}^2 \\ \boldsymbol{Y}^3 \end{pmatrix} \tag{6.4.4}$$

进一步,由式(6.4.4)可得

$$\begin{pmatrix} \boldsymbol{X}^1 \\ \boldsymbol{X}^2 \\ \boldsymbol{X}^3 \end{pmatrix} = \begin{pmatrix} \boldsymbol{F}^{11} & 0 & 0 \\ 0 & \boldsymbol{F}^{22} & 0 \\ 0 & 0 & \boldsymbol{F}^{33} \end{pmatrix} \begin{pmatrix} \boldsymbol{I} & \boldsymbol{S}^{12} & \boldsymbol{S}^{13} \\ \boldsymbol{S}^{21} & \boldsymbol{I} & \boldsymbol{S}^{23} \\ \boldsymbol{S}^{31} & \boldsymbol{S}^{32} & \boldsymbol{I} \end{pmatrix} \begin{pmatrix} \boldsymbol{M}^{11} & 0 & 0 \\ 0 & \boldsymbol{M}^{22} & 0 \\ 0 & 0 & \boldsymbol{M}^{33} \end{pmatrix} \begin{pmatrix} \boldsymbol{Y}^1 \\ \boldsymbol{Y}^2 \\ \boldsymbol{Y}^3 \end{pmatrix} \tag{6.4.5}$$

其中,$\boldsymbol{S}^{RP}=\boldsymbol{T}^{RP}(\boldsymbol{I}-\boldsymbol{T}^{PQ}\boldsymbol{T}^{QP})^{-1}+\boldsymbol{T}^{RQ}(\boldsymbol{I}-\boldsymbol{T}^{QP}\boldsymbol{T}^{PQ})^{-1}\boldsymbol{T}^{QP}$,

$\boldsymbol{F}^{RR}=[\boldsymbol{I}-\boldsymbol{T}^{RP}(\boldsymbol{I}-\boldsymbol{T}^{PQ}\boldsymbol{T}^{QP})^{-1}(\boldsymbol{T}^{PR}+\boldsymbol{T}^{PQ}\boldsymbol{T}^{QR})-\boldsymbol{T}^{RQ}(\boldsymbol{I}-\boldsymbol{T}^{QP}\boldsymbol{T}^{PQ})^{-1}(\boldsymbol{T}^{QP}\boldsymbol{T}^{PR}+\boldsymbol{T}^{QR})]^{-1}$。

比较式(6.4.2)和式(6.4.5),可得到三区域投入产出模型的里昂惕夫逆矩阵如下:

$$\boldsymbol{L} = \begin{pmatrix} \boldsymbol{M}^{11} & 0 & 0 \\ 0 & \boldsymbol{M}^{22} & 0 \\ 0 & 0 & \boldsymbol{M}^{33} \end{pmatrix} + \begin{pmatrix} 0 & \boldsymbol{S}^{12} & \boldsymbol{S}^{13} \\ \boldsymbol{S}^{21} & 0 & \boldsymbol{S}^{23} \\ \boldsymbol{S}^{31} & \boldsymbol{S}^{32} & 0 \end{pmatrix} \begin{pmatrix} \boldsymbol{M}^{11} & 0 & 0 \\ 0 & \boldsymbol{M}^{22} & 0 \\ 0 & 0 & \boldsymbol{M}^{33} \end{pmatrix} +$$

$$\begin{pmatrix} F^{11}-I & 0 & 0 \\ 0 & F^{22}-I & 0 \\ 0 & 0 & F^{33}-I \end{pmatrix}\begin{pmatrix} I & S^{12} & S^{13} \\ S^{21} & I & S^{23} \\ S^{31} & S^{32} & I \end{pmatrix}\begin{pmatrix} M^{11} & 0 & 0 \\ 0 & M^{22} & 0 \\ 0 & 0 & M^{33} \end{pmatrix} \quad (6.4.6)$$

设 u_i 为区域 i 元素都为 1 的行向量,则产业全球生产阶段数可表示为

$$\begin{aligned}(N_1 \quad N_2 \quad N_3) =& (u_1 \quad u_2 \quad u_3)\begin{pmatrix} M^{11} & 0 & 0 \\ 0 & M^{22} & 0 \\ 0 & 0 & M^{33} \end{pmatrix} + (u_1 \quad u_2 \quad u_3)\begin{pmatrix} 0 & S^{12}M^{22} & S^{13}M^{33} \\ S^{21}M^{11} & 0 & S^{23}M^{33} \\ S^{31}M^{11} & S^{32}M^{22} & 0 \end{pmatrix} + \\ & (u_1 \quad u_2 \quad u_3)\begin{pmatrix} (F^{11}-I)M^{11} & (F^{11}-I)S^{12}M^{22} & (F^{11}-I)S^{13}M^{33} \\ (F^{22}-I)S^{21}M^{11} & (F^{22}-I)M^{22} & (F^{22}-I)S^{23}M^{33} \\ (F^{33}-I)S^{31}M^{11} & (F^{33}-I)S^{32}M^{22} & (F^{33}-I)M^{33} \end{pmatrix}\end{aligned}$$
$$(6.4.7)$$

以区域 1 为例,该区域的生产阶段数行向量可分解为

$$\begin{aligned}N_1 =& u_1 M^{11}+(u_2 S^{21}M^{11}+u_3 S^{31}M^{11}) + \\ & [u_1(F^{11}-I)M^{11}+u_2(F^{22}-I)S^{21}M^{11}+u_3(F^{33}-I)S^{31}M^{11}] \\ =& MT^1+SO^{21}+SO^{31}+RE^1 \end{aligned} \quad (6.4.8)$$

其中,MT^1 为区域 1 内生产阶段数(国内生产工序长度);SO^{21} 为区域 2 中间产品参与区域 1 的生产阶段数,SO^{31} 为区域 3 中间产品参与区域 1 的生产阶段数,SO^{21} 与 SO^{31} 的总和即为区域外生产阶段数(国际生产工序长度);RE^1 为重复计算部分的总和。同理可得其他区域的生产阶段数行向量分解式,各区域生产阶段数构成如表 6.9 所示。

表 6.9　各区域生产阶段数分解结果

		区域 1 生产阶段数	区域 2 生产阶段数	区域 3 生产阶段数
区域 1		M^{11}	$S^{12}M^{22}$	$S^{13}M^{33}$
区域 2		$S^{21}M^{11}$	M^{22}	$S^{23}M^{33}$
区域 3		$S^{31}M^{11}$	$S^{32}M^{22}$	M^{33}
重复计算	区域 1	$(F^{11}-I)M^{11}$	$(F^{11}-I)S^{12}M^{22}$	$(F^{11}-I)S^{13}M^{33}$
	区域 2	$(F^{22}-I)S^{21}M^{11}$	$(F^{22}-I)M^{22}$	$(F^{22}-I)S^{23}M^{33}$
	区域 3	$(F^{33}-I)S^{31}M^{11}$	$(F^{33}-I)S^{32}M^{22}$	$(F^{33}-I)M^{33}$
合计		N_1	N_2	N_3

令符号 .$*$ 表示向量点乘,V^i 和 E_i 分别为区域 i 各产业直接增加值系数列向量和出口产品贸易量列向量,则区域 1 出口产品贸易总量可表示为

$$VAS_1 = (E_1)^T = V^1 M^{11}. * (E_1)^T + [V^2 S^{21} M^{11}. * E_1 + V^3 S^{31} M^{11}. * (E_1)^T] +$$
$$[V^1(F^{11}-I)M^{11} + V^2(F^{22}-I)S^{21}M^{11} + V^3(F^{33}-I)S^{31}M^{11}]. * (E_1)^T$$
$$= DV_1 + VS_1 + RI^1 \tag{6.4.9}$$

其中，$RI^1 = [V^1(F^{11}-I)M^{11} + V^2(F^{22}-I)S^{21}M^{11} + V^3(F^{33}-I)S^{31}M^{11}]. * (E_1)^T$ 为进口账户重复计算部分的增加值；$DV_1 = V^1 M^{11}. * (E_1)^T$ 为出口产品在区域内生产工序形成的国内增加值；$VS_1 = V^2 S^{21} M^{11}. * (E_1)^T + V^3 S^{31} M^{11}. * (E_1)^T = VS_{12} + VS_{13}$ 为出口产品在区域 2 和区域 3 的国际生产工序形成的国外增加值。

以区域 1 为例，该区域产业总产出列向量可再分解为

$$X^1 = M^{11} Y^1 + S^{12} M^{22} Y^2 + S^{13} M^{33} Y^3 + RE^1 \tag{6.4.10}$$

其中，$RE^1 = (F^{11}-I)(M^{11}Y^1 + S^{12}M^{22}Y^2 + S^{13}M^{33}Y^3)$ 为出口账户重复计算部分的增加值。

按照 Koopman(2012) 的研究思路，出口产品的国内增加值行向量可以分解为

$$DV_1 = V^1 M^{11}. * (E_1)^T$$
$$= V^1 M^{11}. * (A^{12} X^2 + Y^{12})^T + V^1 M^{11}. * (A^{13} X^3 + Y^{13})^T$$
$$= \underbrace{V^1 M^{11}. * (Y^{12} + Y^{13})^T}_{(DVAF_1)} + \underbrace{V^1 M^{11}. * (A^{12} M^{22} Y^2 + A^{13} M^{33} Y^3)^T}_{(DVAI_1)} +$$
$$\underbrace{V^1 M^{11}. * (A^{12} S^{23} M^{33} Y^3 + A^{13} S^{32} M^{22} Y^2)^T}_{(DVAT_1)} +$$
$$\underbrace{V^1 M^{11}. * (A^{12} S^{21} M^{11} Y^1 + A^{13} S^{31} M^{11} Y^1)^T}_{(RDVA_1)} +$$
$$\underbrace{V^1 M^{11}. * (A^{12} RE^2 + A^{13} RE^3)^T}_{(RE_1)} \tag{6.4.11}$$

其中，第(1)部分 $DVAF_1$ 表示出口最终产品的国内直接增加值，第(2)部分 $DVAI_1$ 表示出口中间产品被外国吸收的国内直接增加值，第(1)部分和第(2)部分的总和称为出口产品国内直接增加值；第(3)部分 $DVAT_1$ 表示出口中间产品被外国吸收后又出口到第三国的国内间接增加值；第(4)部分 $RDVA_1$ 表示出口中间产品被外部区域生产工序吸收后又以进口方式折回出口国的国内增加值；第(5)部分 RE_1 表示出口账户重复计算部分的增加值。

由式(6.4.11)，区域 1 向区域 2 出口产品并被对方吸收的国内增加值（DVC_{12}）可表示为

$$DVC_{12} = V^1 M^{11}. * (Y^{12})^T + V^1 M^{11}. * (A^{12} M^{22} Y^2)^T + V^1 M^{11}. * (A^{12} S^{23} M^{33} Y^3)^T$$
$$= DVCY_{12} + DVCIT_{12} + DVCIT_{12,3} \tag{6.4.12}$$

其中，$DVCY_{12}$ 为区域 1 向区域 2 出口最终产品形成的国内直接增加值，$DVCIT_{12}$ 为区域 1 向区域 2 出口的中间产品被区域 2 吸收所形成的国内直接增加值，$DVCIT_{12,3}$ 为区域 1 向区域 3 出口的中间产品被区域 3 吸收后出口到第三国所形成

的国内间接增加值。

同理,区域 2 向区域 1 出口产品被第 1 区域吸收的国内增加值(DVC_{21})可表示为

$$DVC_{21} = V^2 M^{22}. * (Y^{21})^\mathrm{T} + V^2 M^{22}. * (A^{21} M^{11} Y^1)^\mathrm{T} + V^2 M^{22}. * (A^{21} S^{13} M^{33} Y^3)^\mathrm{T}$$
$$= DVCY_{21} + DVCIT_{21} + DVCIT_{21,3} \quad (6.4.13)$$

贸易竞争力指数是指两国出口贸易差额占进出口总额的比重,常被用于评估一国(或地区)出口产品在双边贸易中的比较优势。马晶梅(2019)采用出口产品被一国吸收所形成的国内直接增加值和被该国吸收后出口到第三国所形成的国内间接增加值的总和替代出口贸易额,以此修正贸易竞争力指数,此处也依此修正贸易竞争力指数,令符号 ./ 表示向量点除,则区域 1 与区域 2 之间的贸易竞争力指数可表示为

$$TSI_{12} = (DVC_{12} - DVC_{21}). / (DVC_{12} + DVC_{21}) \quad (6.4.14)$$

马晶梅(2019)认为应该从出口中间产品的国内直接增加值和国内间接增加值的总和所占比重来测算产业全球价值链前向参与度。本书也依此测度产业全球价值链前向参与度。区域 1 的产业全球价值链参与度可表示为

$$GPI_1 = (DVAI_1 + DVAT_1). / (E_1)^\mathrm{T} + VS_1. / (E_1)^\mathrm{T}$$
$$= CDVA_1 + CVS_1 \quad (6.4.15)$$

其中,$CDVA_1$ 衡量区域 1 的产业全球价值链前向参与度,CVS_1 衡量区域 1 的产业全球价值链后向参与度。

产业全球价值链前向参与度还可按区域分解为

$$CDVA_1 = (DVAI_1 + DVAT_1). / (E_1)^\mathrm{T}$$
$$= \underbrace{V^1 M^{11}. * (A^{12} M^{22} Y^2)^\mathrm{T}. / (E_1)^\mathrm{T} + V^1 M^{11}. * (A^{12} S^{23} M^{33} Y^3)^\mathrm{T}. / (E_1)^\mathrm{T}}_{(CDVCT_{12})} +$$
$$\underbrace{V^1 M^{11}. * (A^{13} M^{33} Y^3)^\mathrm{T}. / (E_1)^\mathrm{T} + V^1 M^{11}. * (A^{13} S^{32} M^{22} Y^2)^\mathrm{T}. / (E_1)^\mathrm{T}}_{(CDVCIT_{13})}$$
$$= CDVCIT_{12} + CDVCIT_{13} \quad (6.4.16)$$

其中,$CDVCIT_{12}$ 表示区域 1 的产业通过区域 2 参与全球价值链前向分工的程度,$CDVCIT_{13}$ 表示区域 1 的产业通过区域 3 参与全球价值链前向分工的程度。

区域 1 的产业全球价值链后向参与度可分解为

$$CVS_1 = VS_1. / (E_1)^\mathrm{T} = V^2 S^{21} M^{11} + V^3 S^{31} M^{11} = CVS_{12} + CVS_{13} \quad (6.4.17)$$

区域 1 的产业全球价值链地位指数可表示为

$$GVC_1 = \ln[1 + (DVAI_1 + DVAT_1). / (E_1)^\mathrm{T}] - \ln[1 + VS_1. / (E_1)^\mathrm{T}] \quad (6.4.18)$$

6.4.2 两岸经贸现状

当前中国台湾对中国大陆的贸易顺差增速有所放缓,中国大陆依然是中国台湾最大的贸易伙伴和贸易顺差来源地,但中国台湾积极拓展其他出口市场的现象

值得关注。商务部统计数据显示,中国台湾对中国大陆的贸易顺差增速受国际贸易形势影响明显减缓。2019 年 1-6 月,中国台湾对中国大陆的出口额为 381.9 亿美元,同比下降 9.4%。中国大陆的进口额为 270 亿美元,同比上升 3.3%。中国台湾对中国大陆的贸易顺差为 111.9 亿美元,同比下降了 30.1%,但是中国大陆依然是中国台湾最主要的贸易顺差来源地。中国台湾对中国大陆的出口占其总出口的比重为 26.2%,对中国香港的出口比重为 11.7%,对美国、日本、新加坡和韩国等国家的出口比重分别为 14.5%、6.7%、5.6% 和 5.3%。尽管中国台湾向中国大陆出口产品的比重同比有所下降,但中国台湾对美国、新加坡和韩国等国家的出口产品的比重同比反而分别上升了 19.5%、5.2% 和 19.4%。显然,中国大陆仍是中国台湾的第一大出口市场,但是中国台湾也在积极开拓中国大陆以外的其他出口市场。

两岸进出口产品主要集中在中高技术制造业领域。以 2019 年 1-6 月的两岸进出口商品为例,中国台湾向中国大陆出口的中高技术制造业产品合计为 295.73 亿美元,占出口产品总额的 77.4%。其中,机电产品、光学钟表和医疗设备以及化工产品的出口额分别为 214.9 亿美元、42.11 亿美元和 38.72 亿美元,所占比重分别为 56.3%、11% 和 10.1%;中国台湾自中国大陆进口的中高技术制造业产品合计为 191.98 亿美元,占进口产品总额的 71.1%。其中,机电产品、化工产品、光学钟表和医疗设备进口额分别为 170.96 亿美元、20.20 亿美元、0.82 亿美元,所占比重依次为 63.3%、7.5% 和 3.0%。这表明两岸进出口产品贸易主要集中在中高技术制造业领域。

两岸经贸现状表明,两岸进出口产品主要集中在中高技术制造业领域,中国台湾中高技术制造业发展离不开中国大陆市场,中国台湾拓展其他市场可能对两岸中高技术制造业产生影响。

6.4.3 实证分析结果

表 6.10 为两岸中高技术制造业贸易竞争力指数。

表 6.10　两岸中高技术制造业贸易竞争力指数

区域	分解部分	C20	C21	C26	C27	C28	C29
中国大陆	$DVCY_{12}$/亿美元	84.830	46.057	1753.694	1844.785	1489.410	236.449
	$DVCIT_{12}$/亿美元	911.472	86.317	2130.698	624.007	516.832	189.573
	$DVCIT_{12,3}$/亿美元	1955.875	176.284	4609.885	914.092	614.339	229.096
	$DVCIT_{12}+DVCIT_{12,3}$/亿美元	2867.347	262.601	6740.583	1538.099	1131.171	418.669
	DVC_{12}/亿美元	2952.177	308.658	8494.277	3382.884	2620.581	655.118

区域	分解部分	C20	C21	C26	C27	C28	C29
中国台湾	$DVCY_{21}$/亿美元	26.143	156.918	7038.024	1897.199	2922.129	6.206
	$DVCIT_{21}$/亿美元	3547.340	4.211	21463.281	322.062	605.726	69.896
	$DVCIT_{21,3}$/亿美元	1618.439	3.555	9011.347	306.843	335.720	67.128
	$DVCIT_{21}+DVCIT_{21,3}$/亿美元	5165.779	7.766	30474.628	628.905	941.446	137.024
	DVC_{21}/亿美元	5191.922	164.684	37512.652	2526.104	3863.575	143.230
贸易差	$DVC_{12}-DVC_{21}$/亿美元	-2239.745	143.975	-29018.375	856.780	-1242.994	511.888
指标	TSI_{12}	-0.275	0.304	-0.631	0.145	-0.192	0.641

从表中可发现：

（1）两岸中高技术制造业互有出口贸易竞争优势,中国台湾中高技术制造业在两岸贸易中获得了可观的出口增加值顺差。从贸易竞争力指数看,中国大陆的药品制造业（C21）、电气设备制造业（C27）以及汽车制造业（C29）等行业的贸易竞争力指数分别为 0.304、0.145 和 0.641,这些行业与中国台湾同行业相比有出口竞争优势。中国大陆的化学工业（C20）,计算机、电子及光学产品制造业（C26）以及机械设备制造业（C28）等行业的贸易竞争力指数分别为 -0.275、-0.631 和 -0.192,这些行业与中国台湾同行业相比存在出口竞争劣势。从出口增加值看,中国大陆的药品制造业（C21）、电气设备制造业（C27）以及汽车制造业（C29）等行业形成的出口增加值顺差合计为 1512.643 亿美元,化学工业（C20）,计算机、电子及光学产品制造业（C26）以及机械设备制造业（C28）等行业形成的出口增加值逆差合计为 32501.1 亿美元。这表明中国台湾凭借化学工业,计算机、电子及光学产品制造业以及机械设备制造业等出口竞争优势行业,在双边贸易中获得了极为可观的出口增加值顺差。

（2）中国台湾优势中高技术制造业出口增加值顺差主要来源于化学工业中间产品出口贸易,计算机、电子及光学产品制造业中间产品及最终产品的出口贸易,以及机械设备制造业最终产品的出口贸易。从出口增加值构成看,中国台湾的化学工业中间产品和最终产品分别获得 2298.432 亿美元和 58.687 亿美元的出口增加值顺差,计算机、电子及光学产品制造业中间产品和最终产品分别获得 23734.045 亿美元和 5284.330 亿美元的出口贸易增加值顺差。机械设备制造业中间产品在双边贸易中出现 189.725 亿美元的出口增加值逆差,但最终产品却获得 1432.719 亿美元的出口增加值顺差。这表明中国台湾的优势中高技术制造业主要依赖中国大陆化学工业中间产品市场需求,计算机、电子及光学产品制造业中间产品市场需求和最终产品市场需求,以及机械设备制造业最终产品市场需求。

（3）中国台湾优势中高技术制造业向中国大陆出口的中间产品大部分被中国大陆直接吸收,中国大陆优势中高技术制造业向中国台湾出口的中间产品大部分被中国台湾吸收后又出口到其他经济体。从中间产品出口增加值构成看,中国台湾的化学工业,计算机、电子及光学产品制造业以及机械设备制造业等行业向中国大陆出口的中间产品,并被中国大陆直接吸收的那部分出口增加值分别为3547.340亿美元、21463.281亿美元和605.726亿美元,占出口中间产品的出口增加值的份额分别为68.67%、70.43%和64.34%。这表明中国台湾优势中高技术制造业向中国大陆出口的中间产品主要满足中国大陆市场需求,通过中国大陆市场间接出口到其他经济体的中间产品所占比重较低。中国大陆的药品制造业、电气设备制造业以及汽车制造业等行业向中国台湾出口的中间产品,并被中国台湾吸收后又出口到其他经济体的那部分出口增加值分别为176.284亿美元、914.092亿美元和229.096亿美元,占出口中间产品的出口增加值的份额分别为67.13%、59.43%和54.72%,这表明中国大陆优势中高技术制造业向中国台湾出口的中间产品大部分被吸收后又出口到其他经济体。

表6.11为两岸中高技术制造业全球价值链参与度和全球价值链地位指数。从表中可发现:

（1）中国台湾优势中高技术制造业与中国大陆同行业相比,全球价值链分工参与程度较高但不具有全球价值链位置优势。从全球价值链参与度看,中国台湾的化学工业,计算机、电子及光学产品制造业和机械设备制造业等行业的全球价值链参与度分别为0.897、0.828和0.583,与中国大陆同行业相比分别高出了0.052、0.339和0.124。可见,中国台湾的优势中高技术制造业相比中国大陆同行业更深入地参与了全球价值链分工。从全球价值链地位指数看,中国台湾的化学工业,计算机、电子及光学产品制造业和机械设备制造业等行业的全球价值链地位指数分别为-0.238、0.062和-0.207,中国大陆同行业的全球价值链地位指数则分别为0.357、0.005和0.123。显然,中国台湾优势中高技术制造业与中国大陆同行业相比在全球价值链上的位置相对较低。

（2）与中国台湾同行业相比,中国大陆优势中高技术制造业的全球价值链分工参与程度较低,但具有全球价值链位置优势。从全球价值链参与度看,中国大陆的药品制造业、电气设备制造业和汽车制造业等优势行业的全球价值链参与度分别为0.574、0.536和0.612,与中国台湾同行业的差距分别为0.004、-0.13和-0.24。这表明中国大陆优势中高技术制造业与中国台湾同行业相比,其全球价值链分工参与程度较低。从全球价值链地位指数看,中国大陆的药品制造业、电气设备制造业和汽车制造业等优势中高技术制造业的全球价值链地位指数分别为

0.314、0.149 和 0.261,中国台湾同行业的全球价值链地位指数则分别为 −0.101、
−0.141 和 0.061。显然,中国大陆优势中高技术制造业与中国台湾同行业相比,其
全球价值链位置较高。

（3）中国台湾优势中高技术制造业主要以后向关联方式参与全球价值链分
工,大陆地区优势中高技术制造业主要以前向关联方式参与全球价值链分工。从
全球价值链参与度构成看,中国台湾的化学工业,计算机、电子及光学产品制造业
和机械设备制造业等行业的全球价值链后向参与度分别为 0.620、0.370 和 0.424,
所占份额分别为 69.11%、44.73% 和 72.79%。这表明中国台湾除计算机、电子及
光学产品制造业以外的优势中高技术制造业主要以后向关联方式参与全球价值链
分工,出口增加值更多地隐含于国际生产工序。中国大陆的药品制造业、电气设备
制造业和汽车制造业等行业的全球价值链前向参与度分别为 0.487、0.362 和
0.475,所占份额分别为 84.84%、67.53% 和 77.61%。这表明中国大陆优势中高技
术制造业主要以前向关联方式参与全球价值链分工,出口增加值更多地隐含于国
内生产工序中。

表 6.11　两岸中高技术制造业全球价值链参与度和全球价值链地位指数

区域	分解部分	C20	C21	C26	C27	C28	C29
中国大陆	$CDVA_1$	0.674	0.487	0.248	0.362	0.305	0.475
	CVS_1	0.171	0.086	0.242	0.174	0.154	0.137
	GPI_1	0.845	0.574	0.489	0.536	0.459	0.612
	GVC_1	0.357	0.314	0.005	0.149	0.123	0.261
中国台湾	$CDVA_2$	0.277	0.220	0.458	0.239	0.159	0.469
	CVS_2	0.620	0.350	0.370	0.427	0.424	0.383
	GPI_2	0.897	0.570	0.828	0.666	0.583	0.852
	GVC_2	−0.238	−0.101	0.062	−0.141	−0.207	0.061

表 6.12 为两岸中高技术制造业全球价值链前向参与度和后向参与度。从表
中可发现:

（1）中国台湾优势中高技术制造业在参与全球价值链前向分工时更依赖中国
大陆中间产品市场需求,在参与全球价值链后向分工时受中国大陆生产工序影响
也较为明显。从全球价值链前向参与度构成看,中国台湾的化学工业,计算机、电
子及光学产品制造业和机械设备制造业等行业,通过中国大陆生产工序参与全球
价值链前向分工所形成的前向参与度分别为 0.142、0.220 和 0.050,所占份额分别
为 51.16%、48.09% 和 31.29%,这表明中国台湾优势中高技术制造业参与全球价

值链前向分工时,对中国大陆中间产品市场更为依赖。从全球价值链后向参与度构成看,中国台湾的化学工业,计算机、电子及光学产品制造业和机械设备制造业等行业,通过中国大陆生产工序参与全球价值链后向分工所形成的后向参与度分别为 0.073、0.087、和 0.077,所占份额分别为 11.78%、23.61%和 18.06%,这表明中国大陆生产工序对中国台湾中高技术制造业中间产品出口的影响不容忽视。

(2)中国大陆优势中高技术制造业在参与全球价值链前向分工时受中国台湾中间产品市场需求影响较弱,在参与全球价值链后向分工时受中国台湾生产工序影响也较弱。从全球价值链前向参与度看,中国大陆的药品制造业、电气设备制造业和汽车制造业等行业,通过中国台湾生产工序参与全球价值链前向分工形成的前向参与度分别为 0.013、0.007 和 0.007,所占份额分别为 7%、4.85%和 1.44%。这表明中国大陆优势中高技术制造业参与全球价值链前向分工时受中国台湾中间产品市场需求的影响甚为微弱。从全球价值链后向参与度看,中国大陆的药品制造业、电气设备制造业和汽车制造业等优势中高技术制造业,通过中国台湾生产工序参与全球价值链后向分工所形成的后向参与度分别为 0.002、0.008 和 0.005,所占份额分别为 2.63%、4.71%和 3.55%,这表明中国台湾生产工序对中国大陆中高技术制造业中间产品出口的影响也较微弱。

表 6.12　两岸中高技术制造业全球价值链前向参与度和后向参与度

区域	分解部分	C20	C21	C26	C27	C28	C29
中国大陆	$CDVCIT_{12}$	0.029	0.013	0.012	0.007	0.006	0.007
	$CDVCIT_{13}$	0.644	0.475	0.236	0.355	0.299	0.468
	$CDVA_1$	0.674	0.487	0.248	0.362	0.305	0.475
	CVS_{12}	0.005	0.002	0.028	0.008	0.007	0.005
	CVS_{13}	0.166	0.084	0.214	0.166	0.147	0.132
	CVS_1	0.171	0.086	0.242	0.174	0.154	0.137
中国台湾	$CDVCIT_{21}$	0.142	0.008	0.220	0.050	0.050	0.022
	$CDVCIT_{23}$	0.135	0.212	0.238	0.190	0.109	0.447
	$CDVA_2$	0.277	0.220	0.458	0.239	0.159	0.469
	CVS_{21}	0.073	0.047	0.087	0.093	0.077	0.062
	CVS_{23}	0.547	0.303	0.283	0.334	0.348	0.320
	CVS_2	0.620	0.350	0.370	0.427	0.424	0.383

6.5 本章小结

本章根据 WIOD 数据库中 2000—2014 年的世界投入产出表,按照出口增加值核算方法测算中国制造业出口增加值,以此为基础测度中国制造业全球价值链地位指数,并比较分析两岸中高技术制造业全球价值链的分工地位。

从出口增加值核算看,可得到如下结论:

(1) 中国制造业出口贸易总量虽大但获利程度被严重高估,并没有赚取高额利润。

(2) 中国制造业出口贸易增加值快速增长,最主要来源于国内增加值,国内增加值获取方式则逐步由最终产品出口贸易方式转向中间产品出口贸易方式,以中间产品直接出口为主的出口贸易方式得到强化。尽管中国制造业参与全球价值链分工程度有所加深,但是制造业依然处于全球价值链低端状态。

(4) 我国制造业出口贸易增加值大部分来源于我国主要贸易伙伴。值得注意的是,制造业国内增加值来源向其他经济体拓展仍较为乏力,国外增加值来源具有向"一带一路"沿线经济体转移的明显趋势。

(5) 中国制造业出口增加值获取来源已经由中低技术制造业逐步向中高技术制造业转变,各类型制造业主要依赖国内产品供需市场获得国内增加值,前向深度参与全球价值链分工的水平有所提升但依然偏弱,因此,我国中高技术制造业与其他类型制造业相比参与全球价值链垂直专业化分工程度较高,但制造业整体参与全球价值链垂直专业化分工程度依然偏低。

从全球价值链参与指数和地位指数看,可得到如下具体结论:

(1) 我国制造业全球价值链分工参与指数虽有所下降但仍处于较高水平,主要原因是我国制造业更注重国内价值链分工,对国外产品和服务的依赖程度相对较弱。其中,低技术制造业全球价值链参与指数变动并不明显,中低技术制造业和中高技术制造业的全球价值链参与指数下降幅度相对较大。究其原因,可能是以劳动密集型为主的低技术制造业更依赖劳动力成本优势,以资源密集型为主的中低技术制造业更依赖自然资源禀赋优势,而以资本密集型和技术密集型为主的中高技术制造业更大程度地承接了国际产业转移。

(2) 我国制造业全球价值链地位指数呈现出先降后升的"U"形曲线特征,并呈现由低技术制造业向中低技术制造业和中高技术制造业依次分布的趋势。其主要原因可能是,我国劳动密集型低技术制造业出口产品生产国际化程度相对较低,可以凭借劳动力等低成本优势实现较大比例的国内价值增值,能够通过工艺升级和产品升级而实现国际分工地位的逐渐攀升。我国中高技术制造业主要以加工贸易方式融入发达国家主导的全球价值链,并被锁定在组装加工等低端环节,研发创新能力和高新技术消化吸收能力不足,以至于加工组装环节规模扩张难以实现价值链地位的提升。但是,随着我国制造业贸易结构的进一步优化,出口产品国内附加值也将得到提升,制造业逐步向全球价值链高端攀升的动力将更加强劲。

从两岸中高技术制造业全球价值链分工地位比较看,可得到如下结论:

(1)两岸中高技术制造业互有出口贸易竞争优势。从出口增加值看,中国台湾中高技术制造业在两岸贸易中获得了可观的出口增加值顺差,且出口增加值顺差主要来源于化学工业中间产品出口贸易,计算机、电子及光学产品制造业中间产品及最终产品出口贸易,以及机械设备制造业最终产品出口贸易。从出口中间产品流向看,中国台湾优势中高技术制造业向中国大陆出口的中间产品主要用于满足中国大陆的市场需求,中国大陆优势中高技术制造业向中国台湾出口的中间产品大部分被对方吸收后又出口到其他经济体。

(2)中国台湾优势中高技术制造业参与全球价值链分工程度较高但不具有全球价值链位置优势,中国大陆优势中高技术制造业参与全球价值链分工程度较低但具有全球价值链位置优势。究其原因,主要是两岸中高技术制造业的全球价值链分工参与方式有所区别。中国台湾优势中高技术制造业主要以后向关联方式参与全球价值链分工,出口增加值更多隐含于国际生产工序中。大陆地区优势中高技术制造业主要以前向关联方式参与全球价值链分工,出口增加值更多隐含于国内生产工序中。

(3)中国台湾中高技术制造业参与全球价值链分工时得益于中国大陆市场,但中国大陆中高技术制造业参与全球价值链分工时受中国台湾市场的影响甚为微弱。从全球价值链前向分工看,中国台湾优势中高技术制造业参与全球价值链前向分工时更依赖中国大陆中间产品市场需求。中国大陆优势中高技术制造业参与全球价值链前向分工时受中国台湾中间产品市场需求影响甚为微弱。从全球价值链后向分工看,中国台湾优势中高技术制造业参与全球价值链后向分工时受中国大陆生产工序影响较明显,但大陆地区中高技术制造业参与全球价值链后向分工时受中国台湾生产工序影响则较微弱。

第 7 章　中国制造业 FDI 行业转移与质量升级

外商直接投资(FDI)是我国承接国际产业转移的主要形式,也是当前我国制造业融入全球价值链、吸收国际先进技术和管理,以促进产业转型升级的重要途径。在国内劳动力成本不断上升及发达国家实施"再工业化"战略的背景下,我国制造业亟待转型升级,要引导外资更多地投向优势制造业、战略性新兴制造业等重点领域,实现利用外资质与量的突破。基于此,探讨我国制造业外资行业转移及外商直接投资质量升级具有现实意义。

7.1　制造业 FDI 行业转移

外资行业结构的合理调整有助于提升外商直接投资的质量。聂名华(2013)认为我国外资行业结构不合理,外商直接投资偏向于中低档加工制造环节,投向高新技术产业和现代服务业的外资略显不足,因此,提升外商直接投资质量的关键在于优化外资行业结构。翁东玲(2008)认为约有 80%的外资投向获利较高的劳动密集型产业,投向基础设施、基础产业、科研教育等关键性产业的外资严重不足,应合理引导外资投向,重点发展石油化工、机械与信息电子产业和现代农业,着重发展金融、保险与电信等现代服务业。外商直接投资行业结构调整与外资行业选择偏好有关,且受诸多因素影响。邓明(2011)认为 FDI 行业集聚对吸收 FDI 有正向的行业内溢出和行业间后向溢出,因而,FDI 行业集聚影响了制造业外商直接投资流入。孙赫(2011)认为经济发展水平、市场容量、集聚效应、自然资源是制造业 FDI流入的主要动机,而经济发展水平、市场容量、制度因素和开放程度是服务业 FDI流入的主要动机,因行业 FDI 流入受不同因素影响而具有差异性。外资行业结构不合理调整不利于经济发展。戴宴清(2012)认为外资行业偏向选择导致外资投向主要限定于第二产业,对第三产业投资较少且整体技术层次较低,短期内有利于产业结构升级,长期将使产业结构升级受限。刘梦琴(2011)则证实外商在制造业和服务业的投资有益于 GDP 增长,在房地产业及教育领域的投资效果则相反。显然,外资行业结构调整是否有益于经济发展在某种程度上可以定量评估外商直接投资质量,而且这种间接的评估方法也论证了外资行业结构调整并不一定有益于外商直接投资质量。

外商直接投资质量评估并没有统一的度量标准。Buckley(2004)认为可采用项目平均规模、FDI企业与本地企业前后向关联强度来表征外商直接投资质量。傅元海(2014)则采用项目平均规模、外资企业资本密集度等指标评价外商直接投资质量。仲鑫(2012)认为外资投资项目越大,技术含量就越高,对当地经济发展、就业水平、上下游产业的带动作用就越明显,因而以外资项目平均规模衡量FDI质量具有现实意义。林海明(2014)认为多属性综合指标比单一指标更能正确评估外商直接投资质量。显然,项目平均规模虽无法全面评估外商直接投资质量,但作为适宜的评价指标已被众多学者所采纳。

上述分析表明,项目平均规模是评估外商直接投资质量较为适宜的指标之一,外商直接投资行业结构合理调整是提升外商直接投资质量的一个有效途径,而外商直接投资行业结构调整与外资行业选择偏好有关。因此,可以从行业视角总结归纳外商直接投资的行业偏好变化特征,进而探讨外商直接投资的行业偏好变化是否有利于我国制造业外商直接投资质量的提升,并依此最终提炼出我国制造业出口外商直接投资质量提升的可行途径。

7.1.1 动态偏离—份额分析模型

偏离—份额分析模型最初由Fabricant(1942)提出并用于分析劳动生产率增长效应,他认为总体劳动生产率增长由各部门平均劳动生产率增长和劳动力部门间的流动所引起。Peneder(2003)把要素由低效率部门向高效率部门流动而产生的行业结构变化对生产率的增长的影响归结为"结构奖赏",并利用偏离—份额分析模型验证生产要素流动引起生产率增长的"结构奖赏"假说(也常被称为"结构红利"假说)。事实上,要素的部门间动态流动对生产率的增长还可能产生"结构负担"效应。Baumol(1985)认为在服务业内部存在生产率差异显著的技术进步部门和技术停滞部门的背景下,如果技术进步部门和技术停滞部门的产出结构保持不变,那么劳动力必将转移到技术停滞部门。干春晖等(2009)证实劳动力由劳动生产率较低部门向劳动生产率较高部门流动确实产生了"结构红利"效应。李小平(2007)认为资本由资本生产率较高部门向资本生产率较低部门流动产生"结构负利"效应。苏振东(2012)认为劳动力和资本在部门间的流动具有明显的阶段性特征,因而劳动力和资本在部门间的流动可能产生的"结构红利"效应或"结构负利"效应,与要素特质有关。因此,要实现服务业的均衡增长,总体服务业经济增长率应相对小于劳动力增长速度,且有逐步下降趋势。顾乃华(2010)利用动态偏离—份额模型分析法证实,1992—2007年期间我国服务业劳动力重新配置的"结构奖赏"假说和"结构负担"假说都成立,它们对整体服务业劳动生产率的提升提供了约10%的贡献,但整体服务业劳动生产率的提升主要由各服务业自身劳动生产力提高引起。马风华(2014)针对上海服务业劳动生产率增长的研究成果,支持服务业劳动力重新配置确实存在"结构奖赏"效应和"结构负担"效应。

外商直接投资是资本要素的一种重要形式,其在行业间的流动对于外商直接投资质量提升是否存在"结构奖赏"假说和"结构负担"假说仍有待进一步验证。本章利用动态偏离-份额模型分析法验证外商直接投资行业偏好转移对总体外商直接投资质量提升是否产生"结构奖赏"效应(或"结构负利"效应)和"结构负担"效应。

假设 Y 和 C 分别为某区域新增外商直接投资额和合同数,Y_j 和 C_j 分别为行业 j 新增外商直接投资额和合同数,则 $CX = Y/C$ 和 $CX_j = Y_j/C_j$ 分别为区域和行业 j 的外商直接投资项目的平均规模,用于测度外商直接投资质量;$S_j = C_j/C$ 为按外资合同数计算的行业 j 的份额,刻画了外商直接投资的行业偏好。区域外商直接投资质量在基期 0 和末期 T 之间的变动可表示为

$$\Delta CX = \sum_{j=1}^{s} CX_j^T \cdot S_j^T - \sum_{j=1}^{s} CX_j^0 \cdot S_j^0$$

$$= \sum_{j=1}^{s} (CX_j^T - CX_j^0) S_j^0 + \sum_{j=1}^{s} (S_j^T - S_j^0) CX_j^0 +$$

$$\sum_{j=1}^{s} (S_j^T - S_j^0)(CX_j^T - CX_j^0) \tag{7.1.1}$$

式(7.1.1)的右边第一项为行业外商直接投资质量变动,是以基期外商直接投资行业偏好为权重计算的行业外商直接投资质量平均变动水平,用于测度不存在行业偏好变动的情况下,行业自身外商直接投资质量变动对总体外商直接投资质量的影响,称为内部增长效应。第二项为静态外商直接投资行业转移,是以基期外商直接投资质量的行业分布为权重计算的外商直接投资行业偏好"平均"变动程度,用于衡量在各行业外商直接投资质量不变的情况下,外商直接投资向最初时期具有较高(或较低)投资质量的行业转移对总体外商直接投资质量增长的影响。如果最初时期具有较高投资质量的行业吸收了更多的外商直接投资转移并提高了份额,那么意味着外商直接投资转移存在"结构奖赏"效应,此时该项的符号为正。反之,如果最初时期具有较低投资质量的行业吸收了更多的外商直接投资转移并因此提高了所占份额,那么意味着静态外商直接投资转移存在"结构负利"效应,该项的符号为负。第三项为动态外商直接投资行业转移,用于衡量外商直接投资向具有更高投资质量增速的行业转移时对总体外商直接投资质量产生的影响。如果某个行业外商直接投资质量及其所占份额同时增长(或同时减少),那么该项为正。如果具有较高投资质量增速的行业所占份额减少,或具有较低投资质量增速的行业所占份额增加,那么该项为负,动态外商直接投资行业转移存在"结构负担"效应。显然,外商直接投资行业转移效应是由静态行业偏好转移引起的"结构

红利"效应和由动态行业偏好转移引起的"结构负担"效应构成。

7.1.2 实证分析

参照 OECD 分类标准,将《中国统计年鉴》中的 26 个制造业行业划分为高技术制造业与低技术制造业,其中低技术制造业按照生产要素可再划分为劳动密集型制造业和资本密集型制造业,制造业行业名称及其类别如表 7.1 所示。本章借鉴林玲(2012)的做法,采用《中国统计年鉴》中"按行业分外商投资和澳台投资工业企业主要指标"的制造业分行业资产总值作为制造业分行业 FDI 的替代指标,考查 2010—2018 年间我国制造业 FDI 行业转移效应,所有数据来源于《中国统计年鉴》,资产总值的单位为亿元,企业数的单位为个。

表 7.1 制造业行业名称及其类别

行业名称	类别	行业名称	类别
化学原料及其制品	高技术	印刷记录媒介的复印	低技术劳动密集型
化学纤维制造	高技术	文教体育用品制造	低技术劳动密集型
医药制造	高技术	烟草加工业	低技术劳动密集型
交通运输设备制造	高技术	石油加工及炼焦	低技术资本密集型
电气机械及器材制造	高技术	橡胶与塑料制品	低技术资本密集型
电子及通信设备制造	高技术	非金属矿物制品	低技术资本密集型
食品、饮料加工制造	低技术劳动密集型	黑色金属	低技术资本密集型
纺织	低技术劳动密集型	有色金属	低技术资本密集型
服装及其他纤维制品	低技术劳动密集型	金属制品	低技术资本密集型
皮革毛羽绒及其制品	低技术劳动密集型	通用设备制造	低技术资本密集型
木材加工及竹藤制品	低技术劳动密集型	专用设备制造	低技术资本密集型
家具制造业	低技术劳动密集型	仪器仪表制造	低技术资本密集型
造纸及纸制品	低技术劳动密集型	其他制造	低技术资本密集型

表 7.2 为 2010—2018 年间我国制造业细分行业外商投资企业数份额变化状况。我国外资企业引进仍高度集中在低技术制造业领域,但是具有由低技术制造业向高技术制造业转移的明显态势。从各类型制造业企业数所占份额看,低技术制造业企业数所占份额由 2010 年的 70.45% 下降到 2018 年的 65.16%,其中低技术劳动密集型制造业企业数所占份额由 2010 年的 34.89% 下降到 2018 年的 31.45%,低技术资本密集型制造业企业数所占份额由 2010 年的 35.56% 下降到 2018 年的 33.71%。显然,我国外资企业引进由低技术制造业向高技术制造业转

移了 5.28 个百分点,明显从低技术劳动密集型制造业向高技术制造业转移。

表 7.2　2010—2018 年间我国制造业细分行业外商投资企业数份额变化状况　　　　%

行业	2010 年企业数份额	2018 年企业数份额	份额变动
低技术劳动密集型制造业	34.89	31.45	-3.44
低技术资本密集型制造业	35.56	33.71	-1.85
高技术制造业	29.56	34.84	5.28

　　表 7.3 为 2010—2018 年间我国制造业 FDI 质量变化状况。从制造业总体 FDI 质量看,我国制造业 FDI 质量发展势头良好,平均项目规模从 2010 年的 1.859 亿元快速提升到 2018 年的 4.504 亿元,以平均每年 0.331 亿元的增速快速提升;从分行业 FDI 质量看,高技术制造业 FDI 质量涨幅明显高于低制造业 FDI 质量涨幅。高技术制造业平均项目规模由 2010 年的 3.203 亿元大幅递增至 2018 年的 7.386 亿元,增幅高达 4.183 亿元,约为制造业出口总体 FDI 质量增幅的 1.58 倍;低技术劳动密集型制造业和低技术资本密集型制造业的平均项目规模分别由 2010 年的 1.110 亿元和 1.579 亿元递增至 2018 年的 2.455 亿元和 3.436 亿元,增幅分别为 1.345 亿元和 1.857 亿元,与制造业总体平均项目规模增幅相比差距较大。可见,我国制造业总体 FDI 质量得到大幅提升,主要原因是高技术制造业 FDI 质量快速增长和低技术制造业 FDI 质量稳步增长的共同作用,拉升了我国制造业总体 FDI 质量。

表 7.3　2010—2018 年间我国制造业 FDI 质量变化状况　　　　亿元

		低技术劳动密集型制造业	低技术资本密集型制造业	高技术制造业	制造业总体
	投资额	28137.96	40787.65	68813.66	137739.27
2010 年	企业数	25352	25839	21482	72673
	FDI 质量	1.110	1.579	3.203	1.859
	投资额	35629.2	53455.7	118715.3	207800.2
2018 年	企业数	14511	15556	16073	46140
	FDI 质量	2.455	3.436	7.386	4.504

　　上述分析表明,2010—2018 年间我国外资企业引进虽然仍较高程度地集中在低技术制造业领域,但是制造业外资企业行业选择发生了显著变化,已明显由低技术制造业向高技术制造业转移。同时,制造业外资企业行业转移似乎扩大了制造业各行业 FDI 质量增长的差异,导致出现制造业行业 FDI 质量不均衡、增长幅度超

过制造业总体 FDI 质量增长的现象。因此,制造业外资企业行业转移将产生"结构红利"还是"结构负担"还需进一步论证。

表 7.4 为 2010—2018 年间我国制造业 FDI 质量变动分解结果。2010—2018年间,我国制造业总体 FDI 质量实现了较大幅度的提升,共计变动 2.645 个单位。其中,由制造业分行业 FDI 质量非均衡增长引起的行业变动量为 2.366 个单位,产生了 89.452% 的正向内部增长效应;由外资企业行业选择变化引起的变动量合计为 0.279 个单位,产生约 10.548% 的正向行业转移效应。这表明制造业分行业 FDI 质量非均衡增长所形成的内部增长效应确实极大地促进了制造业总体 FDI 质量的提升,外资企业由低技术制造业部门向高技术制造业部门转移也有利于制造业总体 FDI 质量的提升,因而外资企业行业转移的正向效应不容忽视。

表 7.4 2010—2018 年间我国制造业 FDI 质量变动分解结果

	行业 FDI 质量变动	静态行业转移	动态行业转移
低技术劳动密集型	0.469	−0.038	−0.046
低技术资本密集型	0.661	−0.029	−0.034
高技术制造业	1.236	0.206	0.221
合计	2.366	0.139	0.141

从制造分行业 FDI 质量变动看,高技术制造业质量提升幅度远远高于低技术劳动密集型制造业及低技术资本密集型制造业等其他部门的质量提升幅度,从而导致制造业总体 FDI 质量出现非均衡增长现象。由制造业分行业 FDI 质量非均衡增长引起的 2.366 个单位的变动量中,高技术制造业的 FDI 质量提升了 1.236 个单位,所占份额为 52.24%,低技术劳动密集型制造业和低技术资本密集型制造业的 FDI 质量则分别提升 0.469 和 0.661 个单位,所占份额分别为 19.82% 和27.94%。进一步还可发现,低技术制造业与高技术制造业推动制造业总体 FDI 质量提升的方式有所差异。其中,低技术制造业投资外移合计推动本部门 FDI 质量提升了 1.13 个单位,同时使得本部门外资企业数所占份额下降而导致制造业总体 FDI 质量损失了 0.147 个单位,前者的正向作用明显大于后者的负向作用。可见,低技术制造业外资企业快速外移,是以相对较小的代价获得 FDI 质量快速增长的方式推动制造业总体 FDI 质量的提升。高技术制造业承接具有较高 FDI 质量的外资企业转移,不仅使本部门外资企业数所占份额提升了 5.4 个百分点,还使得本部门 FDI 质量因较高 FDI 质量的外资企业流入而提升了 4.183 个单位。这表明,高技术制造业是通过承接较高 FDI 质量的外资企业转移获得正向转移效应和正向内部增长效应,以该方式促进了制造业总体 FDI 质量的提升。

从静态行业转移看,外商直接投资作为资本要素的一种重要形式,由 FDI 质量较低行业部门向 FDI 质量相对较高行业部门流动有利于制造业总体 FDI 质量提升。由制造业外资企业静态行业转移所引起的变动量为 0.139 个单位,对制造业总体 FDI 质量提升产生了 5.26% 的结构红利效应。这表明在初期各行业 FDI 质量不变的情况下,外资企业由 FDI 质量较低的低技术制造业快速向 FDI 质量相对较高的高技术制造业转移,使得高技术制造业吸收了更多外商直接投资转移,而提高了其所占份额,由此获得合计 0.206 个单位的正向变动量,且这些行业部门所获得的正向作用抵消了低技术制造业因静态行业转移而损失的 0.067 个单位变动量,从而使得静态行业转移最终产生结构红利效应。

从动态行业转移看,外资企业由较低 FDI 质量增速的行业向较高 FDI 质量增速的行业转移有利于制造业总体 FDI 质量的提升。由制造业外资企业动态行业转移引起的变动量为 0.141 个单位,对制造业总体 FDI 质量提升产生了 5.917% 的结构红利效应。这表明在初期各行业投资质量非均衡增长的情况下,外资企业由 FDI 质量增速较低的低技术制造业快速向 FDI 质量增速相对较高的高技术制造业转移,使得 FDI 质量增速较高的技术制造业吸收了更多外资企业转移而提高了其所占份额,由此获得合计 0.221 个单位的正向变动量,且高技术制造业所获得的正向作用远远抵消了低技术制造业因动态行业转移而损失的 0.08 个单位变动量,从而使得动态行业转移最终产生结构红利效应。

7.1.3　主要结论

本节采用动态偏离-份额分析模型探讨了我国制造业 FDI 行业转移效应及其对 FDI 质量的影响方式,得到如下结论:

(1)我国制造业外资引进仍高度集中在低技术制造业领域,但已明显地由低技术制造业向高技术制造业转移。

(2)我国制造业总体 FDI 质量大幅提升,这主要得益于高技术制造业 FDI 质量的快速增长和低技术制造业 FDI 质量稳步增长的共同拉升作用。其中,制造业分行业 FDI 质量非均衡增长所形成的内部增长效应极大地促进了制造业总体 FDI 质量的提升,外资企业由低技术制造业部门向高技术制造业部门转移的正向效应也不容忽视。

(3)低技术制造业与高技术制造业推动制造业总体 FDI 质量提升的方式有所差异。其中,低技术制造业外资企业快速外移是以相对较小的代价获得 FDI 质量快速增长的方式,推动制造业总体 FDI 质量的提升;高技术制造业是通过承接较高 FDI 质量的外资企业转移获得正向转移效应和正向内部增长效应的方式,促进了制造业总体 FDI 质量的提升。

(4)外商直接投资作为资本要素的一种重要形式,由 FDI 质量较低的行业部门向 FDI 质量相对较高的行业部门流动有利于制造业总体 FDI 质量的提升。从静态行业转移看,在初期各行业 FDI 质量不变的情况下,外资企业由 FDI 质量较低的低技术制造业快速向 FDI 质量相对较高的高技术制造业转移,使得高技术制造业吸收更多外商直接投资转移而提高了其所占份额,且高技术制造业所获得的正向作用抵消了低技术制造业因静态行业转移而损失的负向作用,从而使得静态行业转移最终产生结构红利效应;从动态行业转移看,在初期各分行业 FDI 质量非均衡增长的情况下,外资企业由 FDI 质量增速较低的低技术制造业快速向 FDI 质量增速相对较高的高技术制造业转移,使得 FDI 质量增速相对较高的高技术制造业吸收了更多外资企业转移而提高了其所占份额,且高技术制造业所获得的正向作用远远抵消了低技术制造业因动态行业转移而损失的负向作用,从而使得动态行业转移最终产生结构红利效应。

显然,我国制造业 FDI 质量提升的关键在于提高制造业各行业外资企业引进标准,引导外资企业行业合理转移,适当控制制造业分行业 FDI 质量非均衡增长速度。

7.2 制造业 FDI 质量升级

近几年来,随着外资超国民待遇政策逐步取消和地区间外资引进优惠政策差异性的逐渐弱化,我国制造业外资企业在规模快速扩张的过程中持续向沿海地区集聚。早期,制造业外资企业进驻的甄选主要源于传统区位因素。随着国内环保标准的不断升级和地方各级政府对环保的日益重视,环境管制已成为外资企业进驻必须审慎考虑的重要因素。因此,我国制造业外资企业规模扩张行为是否受环境管制政策的影响值得探讨。

理论上,环境管制政策影响外资企业区位选择行为的研究主要以"污染避难所假说"和"波特假说"为基础进行诠释。生产折中理论认为,外资区位分布主要受市场规模、地理区位、投资政策、基础设施、劳动力市场条件以及集聚效应等因素影响,环境管制的影响可以忽略不计。曾贤刚(2010)对我国外商直接投资与环境规制之间关系的研究表明,环境规制对中国各地区 FDI 流入的影响不显著。有部分学者支持"污染避难所假说"的观点,认为环境规制的加强会减少外资流入,环境规制较弱的国家比环境规制较强的国家更具有吸引外资的成本优势。Brunnermeier(2004)认为,相对宽松的环境管制是一种潜在的成本优势,企业基于成本考虑会选择进驻环境管制相对宽松的地区。List(2000)的研究表明中国环境规制强度对 FDI 区位选择有着重要影响。侯伟丽(2013)也支持环境管制较宽松的地区更能吸引国外污染型企业对华转移的观点。朱平芳(2011)认为,环境规制与外商直接投资的作用方向及流入水平相关,即环境规制对 FDI 低水平的地区起显著抑制作用而对 FDI 高水平地区的抑制作用明显弱化。也有研究支持"波特假说"的观点,认为恰当趋严的环境管制能激发企业创新,如果创新收益可弥补甚至超过环境管制成本,那么企业将因获得竞争优势而选择环境管制趋严的地区。Simpson(1996)和 Wilcoxen(1990)等的研究表明,创新技术能减少环境规制成本,即环境规制背景下通过创新技术可以增加企业利润。刘志忠(2014)认为,环境管制趋严的地区外资流入越多,而且外资流入越多的地区越有动力加强环境管制。尽管专家学者们关于环境管制对 FDI 的影响效果存在不同的观点,但是环境管制可以影响外资企业选择行为已成为共识。

　　FDI 质量相关的研究仍较为鲜见。已有研究主要侧重于探讨 FDI 质量对经济增长的影响效应。比如,胡雪萍(2020)从盈利能力、管理水平、技术水平、出口能力和规模 5 个方面刻画了 FDI 的质量特征,并探讨 FDI 质量对经济高质量发展的影响。刘戈非(2020)从 FDI 数量和质量的双重视角探究 FDI 对经济增长质量的影响及其约束机制,认为 FDI 数量与质量对经济增长质量产生了显著影响且存在门槛效应,为促使 FDI 对城市经济增长质量产生改善作用,就要在合理控制外资数量的同时提升外资质量。从影响因素出发探讨 FDI 质量升级的研究相对少见。雷淑珍(2021)认为,环境规制异质性对 FDI 质量升级的影响存在着显著差异,环境规制影响效果按地理位置由东至西依次减弱。叶修群(2020)采用双重差分法实证检验了保税区和出口加工区对 FDI 质量的影响,认为保税区和出口加工区对 FDI 质量的提升作用显著,且该提升作用在内陆地区更为显著。何剑(2020)实证分析了制度环境改善对 FDI 质量影响的双重效应,认为制度环境改善对 FDI 效率和 FDI 绩效提升具有显著的促进作用,且制度环境改善对东部地区 FDI 绩效的正向影响高于全国平均水平,对中西部地区的正向影响则相对较低,即制度环境对 FDI 绩效的促进作用存在门限效应。可见,已有研究主要从政策制度视角探讨 FDI 质量升级问题。

　　上述研究表明,环境管制可以影响外资企业的选择行为,不同的环境管制程度对外资规模扩张行为可能产生差异作用,环境管制差异已成为地方政府吸引外资的一种策略。因此,环境管制如何影响制造业 FDI 质量值得深入探讨。

7.2.1　理论模型

　　从成本的角度看,环境管制强度对 FDI 流入存在直接影响和间接影响。本节试图在一个不完全竞争市场的理论框架下探讨外商企业区位选择行为,以此分析环境管制强度对 FDI 区位选择的影响。

　　假设某国家有 N 家企业,企业 i 记为 $i(i \in [1, n])$,且每家企业都生产 1 种产品,每种产品记为 $t(t \in [1, n_i])$,此外,每种产品都具有差异性和不可替代性。假设消费者对于不同产品都有相同的替代弹性,其他国家对第 i 家企业的消费效用函数可以用一个两层的 *CES* 函数刻画。效用函数分为两个层次：第一层面的效用函数指消费者同时消费农产品和工业品的效用函数，为柯布-道格拉斯效用函数；第二层面的效用函数为消费者消费异性工业品组合的效用函数，为 CES 效用函数。消费效用函数可表示为

$$U = \left(\sum_{i=1}^{N} \int_{n_i} q_{ij}(t)^{1-(1/\eta)} \, dt \right)^{\frac{1}{1-(1/\eta)}} \tag{7.2.1}$$

其中，$q_{ij}(t)$ 表示 j 国对 i 企业 t 产品的需求量，η 表示替代弹性，$\eta > 1$。

注意到，j 国的消费预算函数为

$$\sum_{i=1}^{N} \int_{n_i} p_{ij}(t) \, q_{ij}(t) \, dt = E_j \tag{7.2.2}$$

其中，p_{ij} 表示 j 国对 i 企业 t 产品的购买价格，E_j 表示 j 国的收入水平。

利用拉格朗日函数对式（7.2.1）与式（7.2.2）求极值，使消费者效用最大化，可得出 j 国消费者对 i 企业生产 h 产品的需求函数为

$$q_{ij}(h) = \frac{[p_{ij}(h)]^{-\eta}}{\sum_{i=1}^{N} \int_{n_i} p_{ij}(t)^{1-\eta} dt} E_j \tag{7.2.3}$$

假设外商直接投资以获得最大利润为主要目的进行区位选择，则外资企业就要考虑潜在投资所产生的成本，包括生产产品的固定成本和可变成本，记为

$$c_i = c_i q_i + F_i \tag{7.2.4}$$

其中，c_i 为边际成本；q_i 为 i 企业的产品需求量；F_i 为固定成本，包括企业对东道国环境保护所支付的固定成本 F_i^p 以及其他固定成本 F_i^o。

因此，固定成本可表示为

$$F_i = F_{ip}^{\xi} + F_{io}^{\zeta} \tag{7.2.5}$$

其中，$\xi + \zeta = 1$。

不完全竞争市场的产品定价为成本和市场加成率的乘积，即价格 p_i 可以表示为

$$p_i = c \cdot \frac{\eta}{\eta - 1} \tag{7.2.6}$$

其中，c 为成本；η 为替代弹性，$\frac{\eta}{\eta - 1}$ 为市场加成率。

将式（7.2.6）带入式（7.2.3），则企业生产 h 产品的产出量可表示为

$$q_{ij}(h) = \frac{\eta - 1}{\eta} \cdot \frac{[c_i(h)]^{-\eta}}{\sum_{i=1}^{N} \int_{n_i} [c_i(t)]^{1-\eta} dt} E_j \tag{7.2.7}$$

则在该国进行对外直接投资的企业生产 h 产品所获得的利润可表示为

$$\pi_i(h) = \frac{c_i(h)^{1-\eta}}{\eta} \sum_t \frac{E_j}{\sum_{i=1}^{N} \int_{n_i} [c_i(t)]^{1-\eta} dt} - F_i(h) = \frac{c_i(h)^{1-\eta}}{\eta} \Phi - F_i(h)$$

$$(7.2.8)$$

其中, $\Phi = \sum_t \dfrac{E_j}{\sum_{i=1}^{N} \int_{n_i} [c_i(t)]^{1-\eta} dt}$ 表示 j 国对投资市场的需求。企业在该国选择投

资生产 h 产品的利润还可以表示为

$$R_i \equiv \ln \pi_i(h) = \ln[\Psi_i - F_i(h)] = \ln \Psi_i + \ln[1 - e^{\ln F_i(h) - \ln \Psi_i}] \qquad (7.2.9)$$

其中, $\Psi_i = \dfrac{c_i(h)^{1-\eta}}{\eta} \Phi$ 表示市场潜力,记为 MP。

从而可得

$$R_i \equiv \ln \Psi_i - (\eta - 1) \ln c_i(h) - \ln \eta + \ln[1 - e^{\ln F_i(h) - \ln \Psi_i}] \qquad (7.2.10)$$

由此,可以得到如下假说:

假说 1　在研发经费(R&D)投入既定条件下,严格的环境管制会增加企业的固定成本和可变成本而不利于 FDI 的流入;反之,宽松的环境规制容易吸引外资投入而使得 FDI 规模扩张。

证明:设 t_i 为企业每生产一个单位产品所带来的环境可变成本, $F_{ip}(h)$ 表示外商直接投资的环境固定成本,则将 R_i 分别对 t_i 和 $F_{ip}(h)$ 求导可得

$$\frac{\partial R_i}{\partial t_i} = \frac{\gamma(\eta - 1)}{t} < 0 \qquad (7.2.11)$$

$$\frac{\partial R_i}{\partial F_{ip}(h)} = -\frac{e^{\xi \ln F_{ip}(h) + \zeta \ln F_{io}(h) - \ln \Psi_i} \cdot \xi \cdot (1/F_{ip})}{\ln[1 - e^{\xi \ln F_{ip}(h) + \zeta \ln F_{io}(h) - \ln \Psi_i}]} < 0 \qquad (7.2.12)$$

显然,较低的 t_i 和 $F_{ip}(h)$ 会增加企业利润,而有利于吸引更多 FDI 流入;反之则不利于 FDI 的流入,即符合"污染避难者假说"。

假说 2　研发经费(R&D)投入增加可以提高资源利用效率并减少污染,也可以提高企业污染治理能力而减少企业污染治理费用,即 t_i 下降将使得 R_i 增大而有利于吸引 FDI 流入。(该假说证明省略)

7.2.2　面板门限回归模型

Hansen(1999)提出面板门限回归模型。单门限回归模型可以表示为

$$y_{it} = \mu_i + \beta_1 X_{it}(q_{it} \leqslant \gamma) + \beta_2 X_{it}(q_{it} > \gamma) + \varepsilon_{it} \qquad (7.2.13)$$

其中, i 和 t 分别表示个体和时间; y_{it} 、 X_{it} 和 q_{it} 分别为被解释变量、解释变量和门限变量; γ 是待估计的门限值; $I(\cdot)$ 为示性函数; μ_i 反映个体未观测特征; ε_{it} 为扰

动项。

面板门限回归模型估计和检验思路如下：

采用两步法估计门限值 γ 和参数 β。首先，给定门限值 γ，令 $z_{it1}=X_{it}(q_{it}\leqslant\gamma)$，$z_{it2}=X_{it}(q_{it}>\gamma)$，则式(7.2.13)可化为

$$y_{it}=\mu_i+\beta_1 z_{it1}+\beta_2 z_{it2}+\varepsilon_{it} \tag{7.2.14}$$

根据式(7.2.14)，利用最小二乘法(OLS)进行一致估计，得到参数 $\beta_1(\gamma)$、$\beta_2(\gamma)$ 和相应的残差平方和 $SSR(\gamma)$。

其次，选择 $\hat{\gamma}$ 使得 $SSR(\hat{\gamma})$ 最小，即可得到参数估计量 $\beta_1(\hat{\gamma})$ 和 $\beta_2(\hat{\gamma})$。检验门限效应是否显著，可以检验原假设：$H_0:\beta_1=\beta_2$。

如果原假设成立，则不存在门限效应，此时模型转化为

$$y_{it}=\mu_i+\beta_1^* z_{it}+\varepsilon_{it} \tag{7.2.15}$$

根据式(7.2.15)，利用 OLS 进行估计，并得到残差平方和 SSR_0，而无约束的残差平方和为 $SSR(\hat{\gamma})$，且有 $SSR_0\geqslant SSR(\hat{\gamma})$。$[SSR_0-SSR(\hat{\gamma})]$ 的值越大，越倾向于拒绝原假设。因此，如果拒绝原假设，则认为存在门限效应；反之，则不存在门限效应。如果存在门限效应，则需进一步对门限值的真实性进行检验，检验原假设：$H_0:\gamma=\gamma_0$。

Hansen(1999)采用似然比检验(LR)统计量进行检验，其表达式为

$$LR=[SSR_0-SSR(\hat{\gamma})]/\hat{\sigma}^2 \tag{7.2.16}$$

其中，$\hat{\sigma}^2=SSR(\hat{\gamma})/[n(T-1)]$。

如果存在双重门限值 γ_1 和 γ_2，且 $\gamma_1<\gamma_2$，则门限回归模型可表示为

$$y_{it}=\mu_i+\beta_1 X_{it}(q_{it}\leqslant\gamma_1)+\beta_2 X_{it}(\gamma_1<q_{it}\leqslant\gamma_2)+\beta_3 X_{it}(q_{it}>\gamma_2)+\varepsilon_{it} \tag{7.2.17}$$

双重门限回归模型的参数估计和假设检验与单门限回归模型相同。基本思路如下：首先，假设第一个门限值 γ_1 已知，搜索第二个门限值 γ_2，使其残差平方和 $SSR(\gamma_2)$ 最小。随后进行门限效应显著性检验，如果原假设"$H_0:\beta_2=\beta_3$"成立，则不存在双门限效应；反之，则存在双重门限效应。其次，固定第二个门限值之后，重新对第一个门限值 γ_1 进行搜索，使其残差平方和 $SSR(\gamma_1)$ 最小。最后，对搜索后获得的双门限值 $\hat{\gamma}_1$ 和 $\hat{\gamma}_2$ 的真实性进行检验，仍然采用似然比检验(LR)统计量检验并计算双门限值的置信区间。

7.2.3 实证分析

借鉴 Hansen(1999)的面板门限回归模型，本节设定的单门限回归模型和双门限回归模型的表达式如下：

模型(1)：$\ln AFDI_{it}=\mu_{it}+\beta_1\ln RD_{it}\times I(\ln ER_{it}\leqslant\gamma)+\beta_2\ln RD_{it}\times I(\ln ER_{it}>\gamma)+\sum_j\alpha_j X_{it}^j+\varepsilon_{it}$

$$\tag{7.2.18}$$

模型(2)：$\ln AFDI_{it} = \mu_{it} + \beta_1 \ln RD_{it} \times I(\ln ER_{it} \leqslant \gamma_1) + \beta_2 \ln RD_{it} \times I(\gamma_1 < \ln ER_{it} \leqslant \gamma_2) + \sum \alpha_j X_{it}^j + \varepsilon_{it}$　　　　(7.2.19)

其中，$AFDI$ 为制造业 FDI 质量，RD 为研发经费投入强度，ER 为环境管制强度，X 为控制变量。

制造业 FDI 质量($AFDI$)：制造业 FDI 是被解释变量，此处采用制造业外商直接投资平均项目规模来评估制造业 FDI 质量，制造业平均项目规模采用当年新增实际利用外商直接投资金额与新增外商直接投资合同数的比值来衡量，单位为万美元/项。

环境管制程度(ER)：环境管制程度是主要解释变量，环境管制程度的度量指标并没有形成统一标准，官方权威统计年鉴也没有列出相应的统计栏目。从已有文献看，环境管制的度量指标大多由研究者根据实际研究需要确定，比如，Levinson (1996)采用制造商缴纳的排污费，Xing Y(2002)采用污染物排放强度，吴磊 (2012)则采用污染治理项目完成投资额。此处治理工业污染完成额作为排污成本的代理变量，单位为万元。

研发经费投入强度(RD)：研发经费投入强度是另一个主要解释变量，研发经费投入强度采用规模以上工业企业研发经费与研发项目数的比值来测度，单位为万元/项。

经济收入水平(Y)：经济收入水平是主要控制变量，采用规模以上制造业生产总值来衡量，单位为亿元。

集聚程度(AI)：制造业集聚程度也是主要控制变量，集聚程度常用的产业集聚水平测度指标主要有 E-G 指数、Gini 系数和区位熵等。Donoghue(2004)认为区位熵可以更好地衡量产业集聚水平，此处采用区位熵衡量地区的工业集聚水平。i 地区 r 行业的区位熵可表示为

$$AI_{ir} = \frac{l_{ir} / \sum_i l_{ir}}{\sum_r l_{ir} / \sum_i \sum_r l_{ir}}$$　　　　(7.2.20)

其中，l_{ir} 表示 i 省 r 行业的年末行业从业人员数，单位为万人。

本书选择中国除港澳台和西藏自治区之外的 30 个省、直辖市和自治区的省域制造业面板数据为样本进行实证分析，时间跨度为 2010 年至 2018 年。所有数据来源于《中国统计年鉴》《中国城市统计年鉴》和《中国科技统计年鉴》。

表 7.5 为单门限效应检验结果。从单一门限的检验结果看，单一门限的估计值为 9.5729，F 统计值为 67.43，相应的概率为 0.0100，这表明模型在 5%的显著水平下确实存在单一门限效应；从双重门限的检验结果看，门限的估计值分别为 9.5327 和 10.2507，F 统计值为 33.32，相应的概率为 0.0233，这表明模型在 5%的

显著水平下存在双重门限效应。因此,环境污染与 FDI 质量之间确实存在非线性相关,且应该采用双重门限回归模型进行计量分析。

表 7.5 门限效应检验结果

		单一门限	双重门限
门限值		9.5729[9.5399,9.5735]	9.5327[9.5167,9.5549] 10.2507[10.1973,10.2589]
F 统计值		67.43	33.32
P 值		0.0100	0.0233
BS 次数		300	300
临界值	1%临界值	60.4028	39.5225
	5%临界值	39.6030	26.3395
	10%临界值	34.0481	21.1055

注:表中[ ]内的值为门限估计值95%置信区间。

表7.6为双重门限回归模型的参数估计结果。从表中可发现:

(1)从经济发展水平的参数估计结果看,制造业 FDI 质量对国内生产总值的边际弹性系数估计值为 0.1926,且在 1%显著性水平下通过 t 检验。这表明国内生产总值每增长 1 个单位将提升 0.1926 个单位的制造业 FDI 质量。经济发展水平促进我国制造业 FDI 质量提升。

(2)从集聚程度的参数估计结果看,制造业 FDI 质量对工业集聚程度的边际弹性系数估计值为 0.1322,且在 5%显著性水平下通过 t 检验。这表明集聚程度每提高 1 个单位将提升 0.1322 个单位的制造业 FDI 质量。显然,工业集聚程度有助于提升我国制造业 FDI 质量。

(3)从研发经费投入强度的参数估计结果看,研发经费投入强度的参数估计值为 0.1772,且通过 1%显著性水平下的 t 检验。这表明在没有环境管制的状态下,研发经费投入强度每增长 1 个单位将促进制造业 FDI 质量提升 0.1772 个单位,提高研发经费投入强度是推动制造业 FDI 质量大幅提升的主要手段;如果考虑环境管制的影响,当环境管制程度小于 9.5327 时,研发经费投入强度的参数估计值为 0.0688,且通过 5%显著性水平下的 t 检验。这意味着在较为宽松的环境管制状态下,研发经费投入每增长 1 个单位将促进制造业 FDI 质量增速提升 0.0688 个单位。可见,在环境管制较为宽松的地区,研发经费投入将加速提升制造业 FDI 质量;当环境管制程度逐步增强并进入区间[9.5327,10.2507]时,研发经费投入强度的参数估计值为-0.0764,且通过 5%显著性水平下的 t 检验,这意味着在环境管制相对严格的状态下,研发经费投入每增长 1 个单位将导致制造业 FDI 质量增速下降 0.0764 个单位。可见,在环境管制相对较为严格的地区,研发经费投入将导致制造业 FDI 质量增速有所减缓,主要原因是研发经费投入提升制造业 FDI 质量的成效部分被环境管制程度提升所形成的负向作用抵消;当环境管制程度越过 10.2507 时,研发经费投入强度的参数估计值为 0.0145,且通过 10% 显著性水平下的 t 检验。可见,在更为严格的环境管制状态下,研发经费投入强度每增长 1 个单位将促进制造业 FDI 质量增速提升 0.0145 个单位,此时环境管制间接促进了研发经费投入提升制造业 FDI 质量的成效。显然,随着环境管制逐渐增强,我国制造业 FDI 质量与研发经费投入强度之间确实存在着先升后降再升的"N"形非线性特征。

表 7.6 双重门限回归模型的参数估计结果

变量	参数估计值	t 统计量	P 值
Cons	13.0408***	22.88(0.57)	0.000
ln RD	0.1772***	14.77(0.012)	0.000
ln Y	0.1926***	12.84(0.015)	0.010
AI	0.1322**	4.90(0.027)	0.024
ln $RD{\times}I$(ln $ER{\leqslant}9.5327$)	0.0688**	2.14(0.032)	0.033
ln $RD{\times}I$(9.5327<ln $ER{\leqslant}10.2507$)	−0.0764**	−1.91(0.040)	0.055
ln $RD{\times}I$(ln $ER>10.2507$)	0.0145*	1.81(0.008)	0.055

注:( )中的值为标准差,***、**、* 分别表示在 1%、5%、10% 的显著性水平下显著。

表 7.7 为 2018 年我国各省、自治区、直辖市的环境管制程度分布情况。从表中可发现:山西、内蒙古、吉林、黑龙江、辽宁、海南、贵州、云南、甘肃、青海、宁夏、新疆、重庆和四川等省、自治区、直辖市处于环境管制程度小于 9.5327 的区间内;天津、河北、安徽、河南、江西、湖北、湖南、广西、陕西、山东和福建等省、自治区、直辖市则分布在环境管制程度大于 9.5327 且小于 10.2507 的区间内;北京、上海、江苏、浙江和广东等省、市则在环境管制程度大于 10.2507 的区间内。显然,我国各地区的环境管制程度基本呈现出从西部地区到中部地区再到东部地区阶梯式趋向严格的特征。值得注意的是,在研发经费投入强度相同的情况下,环境管制较为宽松的地区因更能吸引外资企业进驻而加速提升了制造业 FDI 质量;环境管制相对较严格的地区因外资企业外移且难于吸收高质量外资企业进驻而导致制造业 FDI 质量增速下降,主要原因是该地区外资企业研发经费投入所形成的创新收益无法抵消环境管制程度趋严所产生的成本;环境管制更严格的地区普遍属于较为发达的沿海地区,能够吸收高质量外资企业进驻而加速提升制造业 FDI 质量,主要原因

是该地区外资企业研发经费投入所形成的创新收益足够抵消环境管制程度趋严所产生的成本。

表 7.7　2018 年我国各省、自治区、直辖市环境管制程度的分布情况

环境管制程度	省、自治区、直辖市
$\ln ER \leqslant 9.5327$	山西、内蒙古、吉林、黑龙江、辽宁、海南、贵州、云南、甘肃、青海、宁夏、新疆、重庆、四川
$9.5327 < \ln ER \leqslant 10.2507$	天津、河北、安徽、河南、江西、湖北、湖南、广西、陕西、山东、福建
$\ln ER > 10.2507$	北京、上海、江苏、浙江、广东

7.2.4　主要结论

本节采用面板门限回归模型探讨环境管制措施对我国制造业 FDI 质量的调节影响,得到如下结论:

(1) 经济发展水平和工业集聚程度都有助于提升我国制造业 FDI 质量。

(2) 提高研发经费投入强度是推动制造业 FDI 质量大幅提升的主要手段,但是研发经费投入对制造业 FDI 质量的促进作用与环境管制的调节效应有关,即随着环境管制程度逐步趋严,研发经费投入对制造业 FDI 质量升级的促进作用存在显著的双重门限特征。具体而言,FDI 区位选择因素在环境管制程度相对较弱的中西部地区具有避难所效应,在环境管制程度严格的东部地区则存在明显的波特效应,即环境管制程度趋严有利于西部地区吸收外资企业转移而提升本地区制造业 FDI 质量,环境管制逐步趋严使得中部地区外资企业外移且难以吸收高质量外资企业进驻而导致本地区制造业 FDI 质量增速有所下降,环境管制更加严格反而使得较为发达的东部地区能够吸收高质量外资企业进驻而加速提升本地区制造业 FDI 质量。

因此,政府既要以趋严而有差异为原则实施环境管制政策,又要以产业转型升级为导向推行政府研发补贴政策。具体建议如下:首先,政府可以因地制宜颁布环境管制标准,并采用政府研发补贴、价格和税费等诱导性手段激励企业在地进行转型升级;其次,政府可以实行生态补偿机制和自愿减排激励制度,通过鼓励企业在排污权交易平台上互换排放权或自愿减排激励的方式引导东部地区制造业向中西部地区梯度转移;最后,接受东部地区制造业转移的中西部地区各级政府可以把环境管制政策融进制造业集聚区企业准入指导意见,引导和监督集聚区接受东部地区制造业转移,形成集约、节能和低碳的发展格局。

7.3　本章小结

本章采用制造业外资平均规模评估制造业 FDI 质量,以此探讨制造业 FDI 行业转移和质量升级问题,提出我国制造业 FDI 质量提升的对策和建议。

首先,从行业转移视角采用动态偏离-份额分析模型分析制造业 FDI 质量,并得到以下主要结论:

(1) 我国制造业外资引进仍高度集中在低技术制造业领域,但是具有由低技术制造业向高技术制造业转移的明显态势,制造业总体 FDI 质量大幅提升主要得益于高技术制造业 FDI 质量快速增长和低技术制造业 FDI 质量稳步增长的共同提升作用。

(2) 行业外商直接投资质量非均衡增长所形成的内部增长效应确实极大地促进了总体外商直接投资质量的大幅提升,但是低技术制造业与高技术制造业推动制造业总体 FDI 质量提升的方式有所差异。其中,低技术制造业外资企业快速外移是以相对较小的代价获得 FDI 质量快速增长的方式,推动制造业总体 FDI 质量提升;高技术制造业是通过承接较高 FDI 质量的外资企业转移获得正向转移效应和正向内部增长效应的方式,促进制造业总体 FDI 质量的提升。

(3) 外商直接投资作为资本要素的一种重要形式,由 FDI 质量较低的行业部门向 FDI 质量相对较高的行业部门流动有利于制造业总体 FDI 质量提升。其主要原因是,外资企业由 FDI 质量较低的低技术制造业快速向 FDI 质量相对较高的高技术制造业转移,使得高技术制造业吸收更多外商直接投资转移而提高了其所占份额,且高技术制造业获得的正向作用抵消了低技术制造业因行业转移而损失的负向作用,从而使行业转移最终产生结构红利效应。

显然,我国制造业 FDI 质量提升的关键在于提高制造业各行业外资企业引进标准,引导外资企业行业合理转移,适当控制行业 FDI 质量非均衡增长速度。

其次,从环境管制影响外资企业选择行为的视角出发,采用面板门限回归模型探讨环境管制对制造业 FDI 质量的影响,认为提高研发经费投入强度是推动制造业 FDI 质量大幅提升的主要手段,但研发经费投入对制造业 FDI 质量的促进作用与环境管制程度有关,即随着环境管制程度逐步趋严,研发经费投入对制造业 FDI 质量的促进作用存在显著的双重门限特征。具体而言,环境管制程度相对较弱的中西部地区具有避难所效应,在环境管制程度严格的东部地区则存在明显的波特效应,即环境管制程度趋严有利于西部地区吸收外资企业转移而提升本地区制造业 FDI 质量,环境管制趋严使得中部地区外资企业外移且难以吸收高质量外资企业进驻而导致本地区制造业 FDI 质量增速有所下降,环境管制更严格使得较为发达的东部地区能够吸收高质量外资企业进驻而加速提升本地区制造业 FDI 质量。

根据上述研究结论,我国制造业 FDI 质量提升的关键在于提高制造业各行业外资企业引进标准,引导外资企业行业合理转移,适当控制制造业分行业 FDI 质量非均衡增长速度。从环境管制政策的角度看,政府既要以趋严而有差异为原则实施环境管制政策,又要以产业转型升级为导向推行政府研发补贴政策。

第8章　FDI技术溢出、政府补贴与中国制造业出口技术复杂度

提升制造业出口产品质量是我国扩大制造业出口规模和提升制造业国际竞争力的主要抓手。出口技术复杂度的测度可以从产业层面或国家层面测度出口产品质量,能够反映一国(或地区)的出口产品结构、技术含量以及在国际分工中的地位。我国作为制造业大国,要在制造业发展过程中实现对外贸易转型升级,就得在扩大制造业出口贸易规模的基础上进一步提升制造业出口技术复杂度。因此,本章试图测度我国制造业出口技术复杂度,探讨FDI技术溢出和政府补贴对制造业出口技术复杂度的影响程度。

8.1　FDI技术溢出效应

外商投资理论认为,FDI溢出对发展中国家的产业发展起到显著促进作用,其中垂直溢出效应和水平溢出效应是FDI推动东道国经济增长的两个主要途径。Rodríguez(1996)认为外资企业和内资企业之间存在纵向关联,这使得内资企业可以获取外资企业产出作为中间生产要素组织生产,由此形成垂直溢出效应。Park(2011)认为外资企业与内资企业之间存在较大的技术差距,这使得FDI在转移过程中提升了东道国同行业内资企业的劳动生产率,并由此形成水平溢出效应。Lin(2009)认为已有文献虽然证实在华外资企业存在正向垂直溢出效应,但是对其是否存在正向水平溢出效应并没有形成较为一致的结论。段会娟(2011)证实江苏省制造业FDI存在正向水平溢出效应,但是较高外资比重行业的FDI对内资企业产生竞争性"挤出效应",而低外资比重行业的FDI对内资企业产生正向示范效应。黄凌云(2013)也认为我国不同所有制类型的工业企业技术水平普遍较低且差异较大,工业FDI确实存在正向水平溢出效应,但是这种效应将随着大多数企业技术水平的提高而逐渐递减。显然,FDI水平溢出效应有可能较为微弱且不稳定。Abraham F(2007)认为FDI水平溢出效应的不确定性与企业异质性有关,因为企业异质性使内资企业对FDI水平溢出的吸收能力存在差异。王争(2008)则认为企业吸收能力差异导致FDI水平溢出呈现非线性特征。Buckley(2010)证实FDI水平溢出效应确实具有曲线特征,即FDI初期提升内资企业生产效率,当内资企业生产

效率达到一定阈值时,FDI继续流入反而导致内资企业生产效率下降。FDI水平溢出效应的非线性特征已经引起学者们的广泛关注。Hansen(2000)认为对整体样本不加区分地进行线性化处理可能得到错误结论,采用带平方项的回归方程证实FDI水平溢出效应存在曲线特征的方法也难以准确捕获水平溢出效应的门限值,采用门限回归模型是可行的解决办法。Lai(2009)引入技术吸收能力作为门限划分依据,证实FDI水平溢出效应存在门限现象,即短期技术溢出效应边际递增而长期技术溢出效应则边际递减。Jože(2008)从微观企业层面出发探讨企业异质性对FDI水平溢出效应的影响效果,认为正向FDI水平溢出效应主要在大中型企业依企业规模分布,而负向水平溢出效应则出现于小型企业,究其原因,主要是大中型企业具有更强的技术吸收能力,小型企业的技术吸收能力较弱。

上述研究表明,FDI溢出效应包含垂直溢出效应和水平溢出效应,学者们对在华外资企业存在正向垂直溢出效应有共识,但对其是否存在正向水平溢出效应则具有分歧,主要原因是FDI水平溢出因企业异质性而可能具有更为复杂的非线性特征。因此,探究中国工业FDI水平溢出效应应考虑区域之间所有制结构异质性的影响。

8.1.1　理论模型

根据FEDER模型的研究思路,我们把工业部门划分为外资企业和内资企业,构建工业外资企业技术溢出效应的测算模型。假设 Y 为工业总产出、N 为工业内资企业总产出、X 为工业外资企业总产出,则

$$Y = N + X \tag{8.1.1}$$

假设 K_N 和 K_X 分别表示工业内资企业和外资企业的资本存量,K 和 L 分别为工业总资本存量和劳动力,则

$$K = K_N + K_X \tag{8.1.2}$$

$$L = L_N + L_X \tag{8.1.3}$$

$$N = F(K_N, L_N, X) \tag{8.1.4}$$

$$X = G(K_X, L_X) \tag{8.1.5}$$

外资企业与内资企业之间存在技术差距,外资部门的边际产出高于内资部门的边际产出。假设外资企业和内资企业的生产要素边际生产率差异为 δ,则

$$G_{K_X}/F_{K_N} = G_{L_X}/F_{L_N} = 1 + \delta \tag{8.1.6}$$

其中,G_K 和 G_L 分别为外资企业的资本和劳动力边际产出,F_K 和 F_L 分别为内资企业的资本和劳动力边际产出。

由式(8.1.1)至式(8.1.6)可得

$$\frac{\mathrm{d}Y}{\mathrm{d}t} = \frac{\mathrm{d}X}{\mathrm{d}t} + \frac{\mathrm{d}N}{\mathrm{d}t} = F_{K_N}\frac{\mathrm{d}K}{\mathrm{d}t} + F_{L_N}\frac{\mathrm{d}L}{\mathrm{d}t} + \left(\frac{\delta}{1+\delta} + F_X\right)\frac{\mathrm{d}X}{\mathrm{d}t} \tag{8.1.7}$$

内资企业获取外资企业总产出作为中间生产要素进行生产。假设内资企业对外资企业总产出的弹性系数为 θ，则内资企业的生产函数可以表示为

$$N = F(K_N, L_N, X) = X^\theta \psi(K_N, L_N) \tag{8.1.8}$$

由式(8.1.8)进一步可得

$$\frac{\partial N}{\partial X} = F_X = \theta \frac{N}{X} \tag{8.1.9}$$

Feder(1986)假设内资企业的劳动力边际产出与工业劳动力效率成正比，依此假设内资企业的资本边际产出与工业部门资本效率成正比，则

$$F_{L_N} = \beta \frac{Y}{L}, \quad F_{K_N} = \alpha \frac{Y}{K} \tag{8.1.10}$$

其中，α 和 β 分别是工业内资企业资本弹性和劳动力弹性。

把式(8.1.9)和式(8.1.10)代入式(8.1.7)可以得到：

$$\frac{dY}{Ydt} = \alpha \frac{dK}{Kdt} + \beta \frac{dL}{Ldt} + \left(\frac{\delta}{1+\delta} - \theta \right) S_X \frac{dX}{Xdt} + \theta \frac{dX}{Xdt} \tag{8.1.11}$$

其中，$S_X = X/Y$ 为外资企业的产出份额，用于表征所有制结构；θ 为垂直溢出效应系数，用于评估内资企业使用外资企业总产出进行生产所产生的垂直技术溢出效应；$(\delta/(1+\delta) - \theta)$ 为水平技术溢出效应系数，用于评估外资企业与内资企业的生产要素生产率差异导致资源优化配置而产生的水平技术溢出效应。

从式(8.1.11)进一步可得

$$\partial \left(\frac{dY}{Ydt} \right) \Big/ \partial \left(\frac{dX}{Xdt} \right) = \left(\frac{\delta}{1+\delta} - \theta \right) S_X + \theta \tag{8.1.12}$$

如果工业 FDI 存在正向垂直技术溢出效应，即 $\theta \geqslant 0$，则从式(8.1.12)可知

(1) 当 $\delta > \dfrac{\theta}{1-\theta}$ 时，$\partial \left(\dfrac{dY}{Ydt} \right) \Big/ \partial \left(\dfrac{dX}{Xdt} \right) = \left(\dfrac{\delta}{1+\delta} - \theta \right) S_X + \theta > 0$，且

$$\partial^2 \left(\frac{dY}{Ydt} \right) \Big/ \partial \left(\frac{dX}{Xdt} \right) \partial \theta = 1 - S_X = S_N > 0$$

(2) 当 $\delta = \dfrac{\theta}{1-\theta}$ 时，

$$\partial \left(\frac{dY}{Ydt} \right) \Big/ \partial \left(\frac{dX}{Xdt} \right) = \theta > 0$$

(3) 当 $\delta < \dfrac{\theta}{1-\theta}$ 时，

$$\begin{cases} \partial\left(\dfrac{\mathrm{d}Y}{Y\mathrm{d}t}\right)\Big/\partial\left(\dfrac{\mathrm{d}X}{X\mathrm{d}t}\right)=\left(\dfrac{\delta}{1+\delta}-\theta\right)S_X+\theta\geqslant 0,\quad S_X\leqslant\dfrac{\theta}{\theta-\delta/(1+\delta)};\\[3mm] \partial\left(\dfrac{\mathrm{d}Y}{Y\mathrm{d}t}\right)\Big/\partial\left(\dfrac{\mathrm{d}X}{X\mathrm{d}t}\right)=\left(\dfrac{\delta}{1+\delta}-\theta\right)\times S_X+\theta\leqslant 0,\quad S_X\geqslant\dfrac{\theta}{\theta-\delta/(1+\delta)} \end{cases}$$

这表明,工业外资企业和内资企业的生产要素边际生产率差距存在临界值。外资企业水平技术溢出效应与所有制结构有关:如果外资企业与内资企业之间的生产要素边际生产率差距大于临界值,则外资产出份额提高将加速推动工业经济增长;如果外资企业与内资企业之间的生产要素边际生产率差距小于临界值,则外资产出份额到达某一门限值前将继续提高并加速推动工业经济的增长,但是越过该门限值后,外资产出份额继续提高反而会阻碍工业经济的增长。因此,外资企业水平技术溢出效应可能存在非线性特征。

8.1.2　实证分析

为了捕获 FDI 水平技术溢出效应可能存在的非线性特征,采用 Hansen B E(2000)所提出的面板门限回归模型,以外资所占份额为门限变量构造如下计量模型:

$$g_{it}^{Y}=\beta_0+\beta_1\times g_{it}^{K}+\beta_2\times g_{it}^{L}+\beta_3\times(S_{it}\times g_{it}^{X})\times I(S_{it}\leqslant\lambda_1)+$$

$$\beta_4\times(S_{it}\times g_{it}^{X})\times I(\lambda_1<S_{it}\leqslant\lambda_2)+\beta_5\times(S_{it}\times g_{it}^{X})\times I(S_{it}>\lambda_2)+\beta_6\times g_{it}^{X}+\varepsilon_{it} \qquad(8.1.13)$$

其中,g_{it}^{Y} 为变量 Y 的增长率,即工业总产出的增长率;外资所占份额 S_{it} 为门限变量;λ 为门限值;$I(.)$ 为指示函数。

选择中国除港澳台和西藏自治区之外的 30 个省、自治区、直辖市的省域面板数据为样本进行实证分析,时间跨度为 2010 年至 2018 年。其中,工业总产出 Y 采用按当年价核算的规模以上工业企业总产值,工业外资企业总产出 X 采用按当年价核算的规模以上外商及港澳台投资工业企业总产值,以 2010 年为基期按工业生产者出厂价格总指数进行平减;所有制结构(S)采用规模以上外商及港澳台投资工业企业总产值与规模以上工业企业总产值的比值来测度;资本(K)采用按当年价核算的规模以上工业企业流动资产和固定资产的加总,以 2010 年为基期按固定资产投资价格总指数进行平减;劳动力(L)采用按行业分组单位从业人员目录中采矿业、制造业以及电器燃气及水的生产和供应业等行业的从业人员加总。以上相关数据均来源于历年的《中国城市统计年鉴》。

表 8.1 为门限效应检验结果。从表中可知,第一门限值为 0.1322,相应的 F 值大于 1% 显著性水平临界值,表明显著存在单门限效应;第二门限值为 0.3015,相应的 F 值也大于 1% 显著性水平临界值,因而拒绝了单门限效应的原假设,表明显著存在双门限效应。

表 8.1　门限效应检验结果

检验项目	单门限	双门限
门限估计值	0.1322***	0.3015***
F 值	11.5415***	14.8589***
P 值	0.001***	0.001***
1%的显著性水平临界值	6.52	6.47
5%的显著性水平临界值	3.94	4.13
10%的显著性水平临界值	2.74	2.84

注:***、**、*分别表示在1%、5%、10%的显著性水平下显著;P 值和临界值均为采用自抽样法反复抽样 1000 次得到的结果。

表 8.2 为双门限回归的估计结果。从表中可发现:

（1）从生产要素的参数估计结果看,资本边际弹性和劳动力边际弹性系数估计值分别为 0.9967 和 0.2557,且都在 1%显著性水平下通过检验。这表明资本投入每增长 1%将带动工业总产出增长 0.9967%,从业人员每增长 1%将带动工业总产出增长 0.2557%。显然,生产要素尤其是资本投入仍然是中国工业企业总产出增长的主要动力源。

（2）从垂直技术溢出效应的参数估计结果看,内资企业产出对外资企业产出的弹性系数估计值为 0.1926,且在 1%的显著性水平下通过检验。这表明外资企业总产出每增长 1%将直接推动内资企业总产出增长 0.1926%。因此,中国外资工业企业存在正向垂直技术溢出效应,外资企业透过资本以及先进技术和管理经验的输入直接推动中国工业总产出增长。

（3）从水平技术溢出效应的参数估计结果看,水平技术溢出效应依门限值可分为外资所占份额小于 0.1322、外资所占份额大于 0.1322 但小于 0.3015,以及外资所占份额大于 0.3015 三个区制,且相应区制内的水平技术溢出效应系数分别为 0.5410、0.1407 和 0.0877,均在 1%显著性水平下通过检验。这表明所有制结构异质性导致外资工业企业水平技术溢出效应存在双门限效应。进一步计算还可发现,当外资所占份额低于 0.1322 时,内外资工业企业的生产要素边际生产率差距为 0.4232。随着外资所占份额的不断提高,当外资所占份额处于区间[0.1322,0.3015]时,两者的生产要素边际生产率差距降为 0.2499。当外资所占份额高于 0.3015 时,两者生产要素边际生产率差距再次降为 0.2189。显然,所有制结构越高,内外资工业企业之间的技术差距就越小,外资工业企业水平技术溢出效应就相应越低,因此,所有制结构异质性导致外资工业企业水平技术溢出效应产生双门限特征。

表 8.2　双门限回归的估计结果

变量	参数估计值	统计量	P 值
g_K	0.9967***	16.67	0.000
g_X	0.1926***	6.05	0.000
g_L	0.2557***	2.73	0.0075
$(S \times g_X) \times I(S < 0.1322)$	0.5410***	5.34	0.000
$(S \times g_X) \times I(0.1322 < S < 0.3015)$	0.1407***	5.77	0.000
$(S \times g_X) \times I(S > 0.3015)$	0.0877***	6.06	0.000

注:表中( )里的数据为标准差,***、**、*分别表示在 1%、5%、10%的显著性水平下显著。

8.1.3　对策与建议

实证分析表明,中国工业部门在省域之间存在所有制结构异质性,而且所有制结构异质性使得不同省份内外资工业企业之间技术差距缩小程度存在差异,这导致外资工业企业水平技术溢出效应产生双门限特征。为此,提出以下对策与建议:

一是提升外资企业的投资环境。现阶段,FDI 仍然是推动中国工业经济发展所需的一种重要形式的资本要素。中国有必要以优化外资企业投资环境为抓手,构建统一的内外资法律法规体系,推行外商投资准入前国民待遇加负面清单的管理模式,通过提升外资制度安排上的国际区位比较优势来吸引中高技术制造业外资企业。

二是促进外资企业形成产业集群。制造行业中的精密机械制造业、交通运输设备制造业以及石油加工冶炼业等是中国经济发展的关键性主导产业,普遍具有较强的前向和后向产业关联,对其他各行业发展的拉动效应和推动效应也较强。因而这些行业的外资企业普遍具有较强的根植性,也易于形成特色产业集群。中国有必要积极创新国际合作模式,通过建立专业化国际合作平台或创新服务机构等方式促进主导产业部门外资企业聚集并形成产业集群,然后透过产业链延伸提高外资企业的技术溢出效应,实现高端制造业外资企业通过技术扩散带动中低端制造业外资企业转型升级。

三是引导外资企业有序转移。外资引进必须有助于中国实现产业结构转型升级。毋庸置疑,沿海经济较发达地区低端劳动密集型外资企业合理转移符合中国工业转型升级的要求。中国有必要探索投资项目利益协商与流转机制,鼓励符合条件的沿海经济较发达地区劳动密集型外资企业就地转型升级或向内陆经济较落后的地区有序转移;也有必要建立和完善外资企业退出制度,推动不符合产业转型升级要求的外资企业向境外有序转移。

8.2　制造业出口技术复杂度

目前,出口商品质量测算方法并没有统一,主要有以下几种:一是 Schott (2004)提出的单价法。这种方法借用商品单位价格衡量商品质量,便于理解、易于计算但不够精准。二是 Khandelwal(2013)提出的采用直接估计和事后推理相结合的方法。该方法用商品的市场份额、商品的市场销售价格和出口商品单位价格来逆推出口产品质量,可以排除产品价格中所含有的其他非质量因素对质量因素测算造成的干扰,大大提高了出口产品质量测度精度,但是测度过程较为复杂且不易掌握。三是 Hausmann(2007)提出的计算出口技术复杂度。该方法可以从不同层面反映一国出口的产品结构、分工地位与技术水平。出口技术复杂度应用层面较广且数据获取较容易,是当前国际上较为常用的评估出口产品技术含量或衡量出口商品质量的测度方法。

现有文献主要围绕内外部因素及制度因素等方面展开出口产品技术复杂度的影响因素研究。从技术创新看,沈琳(2015)认为技术创新对高新技术商品的出口技术复杂度的正向作用尤为显著,但二者之间并不是简单的线性关系,技术创新的促进作用还受到地区经济发展水平和出口规模等因素的影响。张美云(2017)利用出口技术复杂度来衡量一个国家(或地区)在全球生产网络分工中所处的位置。王瑾(2019)采用中国省级分行业面板数据进行实证分析,发现行业创新科研人员投入、资本投入金额与产出投入等指标对出口技术复杂度均存在正向影响作用,其中创新产出对出口技术复杂度的影响尤为突出;从 FDI 看,丁一兵(2019)从双边贸易视角探讨 FDI 对出口技术复杂度的影响,认为 OECD 经济体的外商直接投资对传统行业尤其是资源密集型行业的出口复杂度提升具有积极影响。柳牧雨(2018)将外商投资分为垂直型外商直接投资和水平型外商直接投资,认为两者对中国出口技术复杂度均存在正向影响,水平型外商直接投资与垂直型外商直接投资相比,对出口技术复杂度的影响更显著。张雨(2017)则认为外商直接投资对服务业出口技术复杂度的影响具有积极作用;从政策看,政府一般通过政府补贴、税收优惠、金融支持以及政府采购等方式引导企业提升出口产品质量。余娟娟(2018)指出,政府补贴对企业出口技术复杂度的提升具有抑制作用,认为在同样的政府抑制行为模式下,低竞争行业所受到的冲击明显高于高竞争行业。沈云竹(2017)在研究全球价值链地位与政府补贴的关系后发现,政府补贴可以直接提升出口技术复杂度,进而间接提升价值链地位的攀升速率;王光明(2017)利用我国 2004—2013 年34 个工业行业的经济数据探讨出口退税政策是否有助于提升出口产品质量,认为出口退税政策稳健地促进了我国出口产品质量的提升,对劳动密集型和低研发密度行业的出口产品质量提升更为明显。谢申祥(2018)认为在两国国内企业均通过其国内中间商出口产品的情形下,如果产品质量差异较大(小),那么一国应该进行出口补贴(征收出口税);如果只有一国生产企业通过中间商出口,那么在产品质量差异较大的情形下该国应该采取补贴政策。李玉山(2019)在重新构建金融支持指数并综合测算出口技术复杂度的基础上,认为对于那些对外开放程度高的大规模企业来说,金融支持对出口技术复杂度的提升作用更为明显。

上述文献表明,制造业出口技术复杂度提升是多种相关因素共同作用的结果,可以从政府补贴政策的视角深入探讨我国制造业出口技术复杂度提升的实现路径。

8.2.1　出口技术复杂度测度方法

产品层面的出口产品复杂度测度指标计算公式为

$$PRODY_j = \sum \frac{(x_{ji}/x_i)}{\sum (x_{ji}/x_i)} Y_i \tag{8.2.1}$$

其中,$PRODY_j$ 是产品 j 的出口技术复杂度,Y_i 为国家(或地区)i 的实际人均 GDP,x_{ji} 是国家(或地区)i 产品 j 的出口额,x_i 是国家(或地区)i 的出口额。

国家(或地区)i 行业 Z 的出口技术复杂度可表示为

$$ETC_i = \sum_{j \in Z} (x_{ji}/x_{zi}) PRODY_j \tag{8.2.2}$$

8.2.2　"成本发现"模型

Hausmann(2007)构建了"成本发现"模型,探讨出口技术复杂度的影响因素。假设规模报酬不变,一国出口部门的生产函数可表示为

$$Y = AK^\alpha L^\beta \tag{8.2.3}$$

其中,Y、K 和 L 分别指产出、资本和劳动力,$\alpha + \beta = 1$。A 是服从 $[0, \lambda]$ 一致均匀分布的生产技术参数;λ 是行业技术禀赋,该值越大则行业潜在生产率水平就越高。假定技术禀赋取决于内部知识(如研发投入)、外部知识(如 FDI)以及其他因素(如政策)的函数。

按照"成本发现"原理,企业 i 在研发新产品后,可以选择生产自己研发的产品,也可以选择模仿具有最高生产率水平企业的产品。假设自己研发产品的生产率水平为 A_i,最高生产率水平为 A^{max},企业模仿效率为 $\eta \in (0, 1)$。如果 $A_i < \eta A^{max}$,则企业 i 选择模仿具有最高生产率水平的产品;反之,则该企业选择生产自己研发出来的产品。

假设某行业内的企业数量为 m,则 A^{max} 的期望值为

$$E(A^{max}) = \frac{\lambda m}{m+1} \tag{8.2.4}$$

按照 Hausmann(2007)的推导,企业 i 选择模仿具有最高生产率水平的产品的

概率及技术参数的期望值分别为

$$P(A_i \leqslant \eta A^{\max}) = \frac{\eta m}{m+1} \qquad (8.2.5)$$

$$E(A_i | A_i \leqslant A^{\max}) = \frac{\lambda \eta m}{m+1} \qquad (8.2.6)$$

同理,企业 i 选择生产自己研发的产品的概率及技术参数的期望值分别为

$$P(A_i \geqslant \eta A^{\max}) = 1 - \frac{\eta m}{m+1} \qquad (8.2.7)$$

$$E(A_i | A_i \geqslant A^{\max}) = \frac{1}{2}\lambda\left(1 + \frac{\eta m}{m+1}\right) \qquad (8.2.8)$$

从而,出口部门技术参数 A 的期望值为

$$E(A) = P(A_i \leqslant \eta A^{\max}) \times E(A_i | A_i \leqslant A^{\max}) + P(A_i \geqslant \eta A^{\max}) \times E(A_i | A_i \geqslant A^{\max})$$

$$= \frac{1}{2}\lambda\left[1 + \left(\frac{\eta m}{m+1}\right)^2\right] \qquad (8.2.9)$$

把式(8.2.9)代入式(8.2.3),则一国行业出口技术复杂度的决定函数可表示为

$$\frac{E(Y)}{L} = \frac{1}{2}\lambda\left[1 + \left(\frac{\eta m}{m+1}\right)^2\right]\left(\frac{K}{L}\right)^{\alpha} \qquad (8.2.10)$$

显然,出口技术复杂度主要取决于人均资本、内外部知识以及其他因素。

8.2.3 实证分析

出口技术复杂度(ETC):联合国贸易和发展会议(UNCTAD)以及国际货币基金组织(IMF)数据显示,阿根廷(ARG)、澳大利亚(AUS)、比利时(BEL)、巴西(BRA)、加拿大(CAN)、中国(CHN)、丹麦(DEN)、西班牙(ESP)、芬兰(FIN)、法国(FRA)、英国(GBR)、德国(GER)、希腊(GRE)、印度(IND)、爱尔兰(IRE)、意大利(ITA)、日本(JPN)、韩国(KOR)、墨西哥(MEX)、荷兰(NED)、挪威(NOR)、新西兰(NZL)、波兰(POL)、葡萄牙(POR)、斯洛伐克(SVK)、瑞典(SWE)、土耳其(TUR)、美国(USA)和南非(ZAF)等 29 个经济体的 GDP 总量占全球经济的 80%,且贸易出口金额总量在全球中所占比例高达 80%。由于无法准确获取世界各经济体所有具体商品的出口金额,因此选用上述 29 个经济体的出口贸易数据来计算制造业出口技术复杂度。

人力资本(KL):选取科技活动人员占行业从业人员的比重来衡量人力资本,其中行业研发活动人员的数据来源于《工业企业科技活动统计年鉴》,行业平均从业人员数据来源于《中国工业统计年鉴》。

政府补贴(DF):为鼓励企业开展研发活动和技术革新,政府通常会采用直接资助、金融支持、税收优惠和政府采购等方式对企业开展的 R&D 活动进行财政补

贴。本书主要研究直接资助,即政府补贴对出口商品质量的影响,因而采用直接资助额衡量政府补贴力度。

研发投入(RD):科研投入及 R&D 活动支出对行业出口技术复杂度的影响相较其他影响因素而言更为直接。本书采用 R&D 的经费支出来衡量行业研发投入力度。

FDI 质量(FDI):外商直接投资可为企业研发提供资金支持,有效提高企业技术创新水平,从而影响产品出口复杂度。本书采用外商对企业的投资金额与港澳资本金之和与行业企业单位数之间的比值来衡量 FDI 质量。

利润率($Profit$):一般情况下,行业利润率越高,行业竞争程度也越高。本书采用制造业各个行业利润总额与其固定资产净值的比值来衡量行业利润率,作为市场竞争程度的代理变量。

在产品层面,选取 SITC Rev.3 编码的 3000 多种产品,依照盛斌(2002)整理的中国 26 个制造业行业与 SITC3 分位部门对照表进行匹配,形成 210 种产品的出口额数据集,并参照 OECD 分类标准将 26 个制造业行业划分为高技术制造业与低技术制造业,其中低技术制造业按照生产要素再划分为劳动密集型制造业和资本密集型制造业,制造业行业名称及分类如表 8.3 所示。

表 8.3　制造业行业名称及其类别

行业名称	类别	行业名称	类别
化学原料及其制品	高技术	造纸及纸制品	低技术劳动密集型
化学纤维制造	高技术	印刷记录媒介的复印	低技术劳动密集型
医药制造	高技术	文教体育用品制造	低技术劳动密集型
交通运输设备制造	高技术	烟草加工业	低技术劳动密集型
电气机械及器材制造	高技术	石油加工及炼焦	低技术劳动密集型
电子及通信设备制造	高技术	橡胶与塑料制品	低技术资本密集型
食品加工和制造	低技术劳动密集型	非金属矿物制品	低技术劳动密集型
饮料制造	低技术劳动密集型	黑色金属	低技术劳动密集型
纺织	低技术劳动密集型	有色金属	低技术劳动密集型
服装及其他纤维制品	低技术劳动密集型	金属制品	低技术资本密集型
皮革、毛、羽绒及其制品	低技术劳动密集型	普通机械制造	低技术劳动密集型
木材加工及竹藤制品	低技术劳动密集型	装备制造	低技术资本密集型
家具制造业	低技术劳动密集型	其他制造	低技术劳动密集型

在行业层面,对 R&D 经费支出、政府补贴进行平减处理,将 R&D 经费(RD)的平减指数设定为权重分别为 0.55 和 0.45 的消费者价格指数(CPI)和固定资产投资价格指数(FII)的加权平均值;对政府补贴(DF)与 FDI 这两个变量的数据则采用居民消费价格指数(CPI)进行平减处理。此处所使用数据的时间跨度为 2010—2014 年,来源于历年《中国科技统计年鉴》《中国工业统计年鉴》,以及国家统计局网站、联合国贸易数据库和世界银行数据库。表 8.4 为各类制造业主要变量的描述性统计结果。

表 8.4　各类制造业主要变量的描述性统计结果

变量	均值		最大值	
	高技术制造业	低技术制造业	高技术制造业	低技术制造业
KL	9.0374	10.5625	12.7744	9.6883
$\ln DF$	15.6755	14.0062	16.3358	16.8055
$\ln RD$	12.5486	9.9287	14.0362	13.5522
$\ln FDI$	0.2307	0.4643	0.5728	6.7051
$Profit$	0.3151	0.3560	0.5500	1.5300
变量	最小值		标准差	
	高技术制造业	低技术制造业	高技术制造业	低技术制造业
KL	9.0171	8.2892	1.3341	1.2862
$\ln DF$	14.0524	11.4422	0.4650	1.1436
$\ln RD$	10.9954	5.3953	0.8768	1.5874
$\ln FDI$	0.0047	2.65×10^{-5}	0.2118	1.3484
$Profit$	0.0500	0.0100	0.1258	0.2320

图 8.1 为 2010—2014 年三种类别制造业出口技术复杂度平均值。本章中把高技术制造业称为技术密集型制造业,把低技术制造业分为资本密集型制造业和劳动密集型制造业,并按三种类别对制造业部门 2010—2014 年的出口技术复杂度进行平均。从图中可发现:

(1)制造业类别按出口技术复杂度从高到低依次为技术密集型制造业、资本密集型制造业和劳动密集型制造业。以 2014 年为例,技术密集型制造业、资本密集型制造业以及劳动密集型制造业的出口技术复杂度平均值依次为 33013.17 美元、30836.50 美元和 28916.50 美元。

(2)制造业出口技术复杂度提升速度较为缓慢。技术密集型制造业、资本密集型制造业和劳动密集型制造业的出口技术复杂度平均值在 2010—2014 年期间分别提升 1566 美元、1781.20 美元和 1439.90 美元,年平均增速分别为 1.22%、1.50%和 1.29%,资本密集型制造业是我国制造业提升出口技术复杂度的主要动力源。显然,我国制造业出口技术复杂度提升缓慢,主要原因是技术密集型制造业和资本密集型制造业出口技术复杂度提升仍较为乏力。

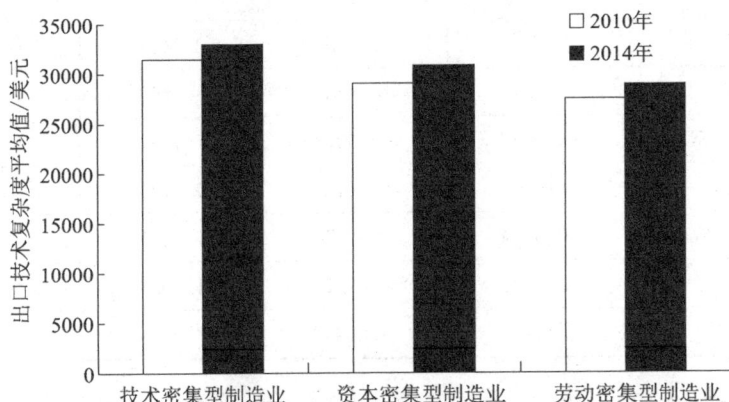

图 8.1　2010—2014 年三种类别制造业出口技术复杂度平均值

选取 27 个制造业 2010—2014 年的面板数据进行实证分析。为了减小回归过程中"伪回归"现象出现的概率,先对出口技术复杂度、政府补贴和 R&D 研发经费等主要变量取对数进行处理。面板数据的单位根检验方法主要分为同质面板单位根检验和异质面板单位根检验,此处选择 PP-Fisher、Pesaran and Shin、ADF 以及 LLC 等单位根检验方法。

表 8.5 为单位根检验结果。从表中可知,主要变量均在 5%的显著性水平下通过 PP 检验与 LLC 检验,即在 5%的显著性水平下可拒绝存在单位根这一假设,因而排除"伪回归"现象的存在。

表 8.5　单位根检验结果

变量	PP-Fisher Chi-square	Pesaran and Shin W-stat	ADF	LLC
ln DF	0.0483	0.3017	0.3234	0.0000
ln RD	0.0000	0.0001	0.0000	0.0000
ln DF×ln RD	0.0000	0.0000	0.0000	0.0000
ln FDI	0.0000	0.0000	0.0000	0.0000
ln DF×ln FDI	0.0000	0.0000	0.0000	0.0000

为了确保方程回归结果的准确性,在进行 F 检验与豪斯曼检验后,最终确定使用双固定变截距模型进行回归分析。表 8.6 为面板数据模型回归结果。

表 8.6 面板数据模型回归结果

变量	系数	标准误差	t 检验值	P 值
KL	0.1072	0.491		
$\ln DF$	0.0511	0.0228	2.2452	0.0260
$\ln RD$	0.0284	0.0087	3.2663	0.0013
$\ln DF \times \ln RD$	−0.0037	−0.0019	1.9881	0.0483
$\ln FDI$	0.0222	0.1020	2.1725	0.0311
$\ln DF \times \ln FDI$	−0.0154	−0.0078	1.9625	0.0512
$Profit$	0.0445	0.0252	1.7633	0.0795
C	6.8000	1.8741	3.6284	0.0004

从表中可发现:

政府补贴、R&D 研发投入和 FDI 质量的系数分别为 0.0511、0.0284 和 0.0222。这表明政府补贴、R&D 研发投入以及 FDI 质量都对制造业出口技术复杂度具有显著的正向影响作用,即政府补贴越多制造业出口技术复杂度越高,R&D 研发投入越高制造业出口技术复杂度也越高,FDI 质量越高制造业出口技术复杂度也越高。

政府补贴与 R&D 研发投入的交互项系数为−0.0037。这表明政府补贴对制造业出口技术复杂度的促进作用与制造业 R&D 研发投入关系密切,当制造业研发投入量 $\ln RD$ 的值达到 13.81 之前,增加政府补贴可有力地促进制造业出口技术复杂度提升;当制造业研发投入量 $\ln RD$ 的值超过 13.81 时,增加政府补贴提升制造业出口技术复杂度的成效具有边际递减效应。值得注意的是,我国高技术制造业与低技术制造业的 R&D 研发投入量 $\ln RD$ 的均值分别为 12.549 和 9.929,仍处于极大值 13.81 的左侧,可见政府依据制造业 R&D 研发情况进行补贴有利于制造业提升出口技术复杂度。具体而言,高技术制造业企业对 R&D 研发活动较为重视,研发投入资金较为充裕,因而政府补贴对其激励效果相对较弱;相反,低技术制造业企业普遍存在规模小、研发需求低和技术吸收能力差等诸多短板,政府补贴可以在一定程度上为这类企业分摊 R&D 研发资金压力,帮助这类低技术制造业企业提升出口产品技术含量,因而政府补贴对低技术制造业企业提升出口技术复杂度的激励效果更佳。

政府补贴与 FDI 质量的交互项系数为−0.0154。这表明政府补贴对制造业出口技术复杂度的促进作用与制造业 FDI 质量关系密切,当制造业 FDI 质量(ln *FDI*)的值达到 2.091 之前,增加政府补贴可有力地促进制造业出口技术复杂度的提升;当制造业 FDI 质量 ln *FDI* 的值超过 1.441 时,增加政府补贴提升制造业出口技术复杂度的成效同样具有边际递减效应。值得注意的是,我国高技术制造业与低技术制造业的 FDI 质量(ln *FDI*)的均值分别为 0.2307 和 0.4643,仍处于极大值 1.441 的左侧,因此,政府依据制造业 FDI 质量进行补贴有利于制造业提升出口技术的复杂度。具体而言,FDI 质量较高的企业 FDI 挤出效应削弱了政府补贴对制造业出口技术复杂度提升的激励作用,但是政府补贴对 FDI 质量较低的企业能产生更好的激励效果。其主要原因是这类企业往往规模偏小、技术创新能力和技术吸收能力偏弱。

8.2.4　对策与建议

本节探讨了政府补贴调节 FDI 技术溢出和研发投入对我国制造业出口技术复杂度的影响效应,认为 FDI 技术溢出和研发投入对我国制造业出口技术复杂度的影响效应受政府补贴的调节影响而具有非线性特征。具体结论如下:

(1) 政府依据制造业 R&D 研发情况进行补贴有利于中国制造业提升出口技术复杂度。具体而言,政府补贴对高技术制造业企业的激励效应较弱,对低技术制造业企业的激励效应更佳。

(2) 政府依据制造业 FDI 质量进行补贴有利于中国制造业提升出口技术复杂度。具体而言,政府补贴对 FDI 质量较高企业的激励作用较弱,但是对 FDI 质量较低企业的激励作用较强。

根据上述研究结论,提出如下对策建议:

一是针对低技术制造业制定差异化补贴政策。政府补贴对不同类型制造业提升出口技术复杂度的激励效果具有较大差异。政府补贴应以提升制造业整体出口技术水平为基础,针对科研投入受限的低技术制造业企业以及吸引 FDI 质量较低的制造业中小企业,加大政府财政直接补贴力度。政府补贴力度可以参照科研经费投入最优值和 FDI 质量最优值进行确定,主要用于鼓励制造业企业积极开展研发活动,以达到合理分配资源、优化产业结构、加快产业转型升级、进一步提升出口商品质量的目的。

二是要注重制造业 FDI 质量。制造业 FDI 质量对我国制造业出口技术复杂度具有显著的拉动作用,我国要从“量”和“质”两个方面实施制造业 FDI 引进策略。重点引进我国制造业所缺乏的核心技术的外商直接投资项目,在吸收消化的基础上通过模仿、改进和创新,以达到有效引进外资的目的。要简化制造业外资企业进入程序,制定优惠政策,鼓励和支持高端装备、新能源、生物医药等高技术制造业跨国公司来我国投资;要提高制造业内资企业技术的消化吸收能力,健全知识产权保护法律体系,加强内外资企业技术合作交流,增加外资企业先进技术和管理经验的传播路径,充分发挥制造业 FDI 技术溢出效应。

三是要提升制造业自主创新能力。制造业研发投入对提升我国制造业出口技术复杂度具有显著的拉动作用,但是制造业企业自主创新成本往往较高,因而政府要鼓励和引导制造业企业加大自主创新研发投入力度。要发挥政府配置资源的作用,加大研发经费投入力度,实施创新型制造业企业研发补贴和出口税收优惠等政策;要加强金融体系建设,完善制造业中长期研发贷款机制,为制造业部门中小企业进行技术创新提供必要的资金保证;要引导企业提高自主创新效率,支持企业通过技术改造完善企业管理,支持企业利用技术创新更好地生产符合现代化市场需求的新产品。

8.3　本章小结

本章主要将出口技术复杂度作为出口产品质量的代理指标,探讨 FDI 技术溢出和政府补贴对我国制造业出口技术复杂度的影响。

首先,采用门限面板回归模型探讨了 FDI 技术溢出效应,认为生产要素尤其是资本投入仍然是中国工业企业总产出增长的主要动力源,外资工业企业存在正向垂直技术溢出效应,外资企业通过资本以及先进技术和管理经验的输入直接推动中国工业总产出的增长。值得注意的是,所有制结构异质性引起的外资工业企业水平技术溢出效应存在双门限效应,即所有制结构越高,内外资工业企业之间的技术差距越小,相应地,外资工业企业水平技术溢出效应就越低,因此所有制结构异质性导致外资工业企业水平技术溢出效应产生双门限特征。

其次,测算了我国制造业各行业出口技术复杂度,并分析了 FDI 溢出、研发投入以及政府补贴等主要因素对我国制造业出口技术复杂度的影响。

本章得到如下结论:

(1)我国各类型制造业出口技术复杂度提升较为缓慢的主要原因是技术密集型制造业和资本密集型制造业的出口技术复杂度提升仍较为乏力。政府补贴、R&D 研发投入以及 FDI 溢出都对制造业出口技术复杂度具有显著的正向影响作用,即政府补贴越多制造业出口技术复杂度越高,R&D 研发投入越高制造业出口技术复杂度也越高,FDI 质量越高制造业出口技术复杂度也越高。

(2)政府补贴对制造业出口技术复杂度的促进作用与制造业 R&D 研发投入关系密切,政府依据制造业 R&D 研发情况进行补贴有利于制造业提升出口技术复杂度,而且政府补贴对高技术制造业企业的激励效果较弱,对低技术制造业企业的激励效果则更佳。

（3）政府补贴对制造业出口技术复杂度的促进作用与制造业 FDI 质量关系密切,政府依据制造业 FDI 质量进行补贴有利于制造业提升出口技术复杂度。具体而言,FDI 质量较高的企业 FDI 挤出效应削弱了政府补贴对制造业出口技术复杂度提升的激励作用,但是政府补贴对 FDI 质量较低的企业能产生更好的激励效果。其主要原因是这类企业往往规模偏小,技术创新能力和技术吸收能力偏弱。

第9章　中国制造业价格贸易条件影响路径

已有学者围绕贸易开放、产业分工、外商直接投资以及技术进步等方面探讨了价格贸易条件变动的影响效应,认为全球价值链分工地位影响了价格贸易条件,技术进步则是改善价格贸易条件的主要途径,发展中国家亟待通过要素结构优化和技术进步来改善价格贸易条件;外商直接投资可以通过产业关联、示范效应和竞争效应等途径促进东道国技术的进步和生产效率的提升,并最终改善东道国的价格贸易条件;贸易开放度可以调节其他影响因素,助力提升改善价格贸易条件。然而,上述研究没有探讨这些影响因素是以何种方式引起价格贸易条件变动的。基于此,本章根据影响因素之间的逻辑关联,进一步分析改善我国制造业价格贸易条件的可能实现路径。

9.1　价格贸易条件影响路径设定

从全球价值链分工的视角看,发展中国家按照比较优势原则参与国际分工并不一定能够改善发展中国家的价格贸易条件,主要原因是居于全球价值链下游位置的发展中国家的价格贸易条件往往随着全球价值链嵌入度的提高而恶化。因此,发展中国家要在参与国际分工中改善价格贸易条件就必须提升自身的全球价值链地位。就我国制造业而言,有研究认为我国大多数制造业价格贸易条件的改善主要得益于全球价值链分工地位的提升。何宁(2019)的研究结果表明融入全球价值链分工体系对我国技术进步具有促进作用,但是融入全球价值链分工与全要素生产率之间呈现"U"形曲线关系。张先锋(2008)则证实出口产品技术进步明显改善了我国价格贸易条件,但是技术进步改善价格贸易条件的效果因产业差异而有所不同。技术进步能否改善价格贸易条件与技术进步偏向性有关。例如,陶旺生(2009)认为劳动节约型技术进步是导致中国价格贸易条件恶化的主要原因,武海峰(2004)认为改善我国价格贸易条件必须发展和推广资本节约型技术和中性技术。显然,要提升全球价值链地位,促进出口产品技术进步是改善价格贸易条件的主要途径。

从外商直接投资的视角看,发展中国家引进外商直接投资能否改善价格贸易条件具有不确定性。有研究认为,发展中国家不可过分依赖外资来改善价格贸易条件,外商直接投资行业结构失衡将导致我国价格贸易条件趋向恶化。还有研究认为外商直接投资不会导致价格贸易条件恶化,反而可以通过产业关联、示范效应和竞争效应促进东道国技术的进步和生产效率的提升,并最终改善东道国价格贸易条件。显然,提升外商直接投资质量可以通过产业前后向关联提高本国全球价值链分工地位,也可以通过示范效应和竞争效应调节全球价值链上各部门的技术进步,并最终影响价格贸易条件。

从贸易开放的视角看,发展中国家贸易开放有利于本国参与全球价值链分工,可以有效地调节要素资源,助力改善价格贸易条件。比如,戴翔(2020)认为扩大服务业开放有助于提升制造业全球价值链参与度,扩大服务业开放主要通过分工深化的效率提升机制、技术溢出机制和竞争强化机制等影响制造业参与全球价值链,因而,扩大服务业开放对制造业参与全球价值链具有"固链"和"强链"作用。

本章的研究假设如下:

假设1:全球价值链分工地位既可以直接影响价格贸易条件,也可以通过出口产品技术进步的中介作用影响价格贸易条件。

假设2:外商直接投资质量在出口产品技术进步中介效应的前半段路径上产生调节作用。

假设3:贸易开放既可以直接影响全球价值链分工地位,也可以通过与外商直接投资质量的交互作用对全球价值链分工地位产生影响。

在上述假设下,构建价格贸易条件影响路径模型如图9.1所示。

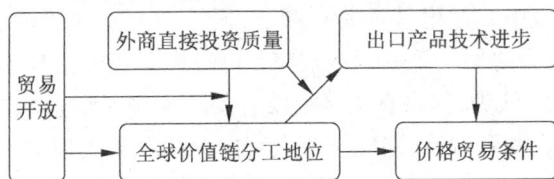

图9.1 价格贸易条件影响路径模型

9.2 有调节作用的中介效应模型

9.2.1 理论模型

温忠麟(2014)提出有调节作用的中介模型检验方法。假设 M 为中介变量,W 为调节变量,以调节变量作用于中介变量前半段路径的模型为例简要介绍检验方法。

图9.2为调节变量作用于中介变量前半段路径的模型。

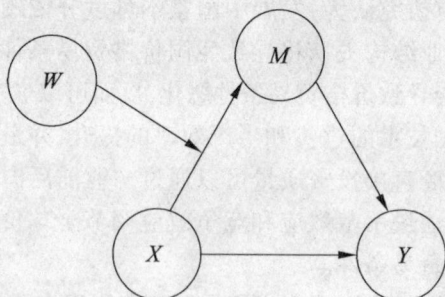

图9.2　调节变量作用于中介变量前半段路径的模型

按照该图的关系可得到如下回归方程：

$$M = a_0 + a_1 X + a_2 W + a_3 XW + e_{m1} \tag{9.2.1}$$

$$Y = b_0 + b_1 X + b_2 M + e_{y1} \tag{9.2.2}$$

由式(9.2.1)和式(9.2.2)可得

$$Y = b_0 + b_1 X + b_2 (a_0 + a_1 X + a_2 W + a_3 XW + e_{m1}) + e_{y1}$$
$$= b_0 + b_2 (a_0 + a_2 W) + [b_1 + b_2 (a_1 + a_3 W)] X + (b_2 e_{m1} + e_{y1}) \tag{9.2.3}$$

式(9.2.3)表明，$b_2(a_1 + a_3 W)$就是在调节变量 W 的作用下解释变量 X 对因变量 Y 的中介效应值，$b_2 a_3 W$ 是调节变量 W 作用于中介变量前半段路径所形成的调节效应值。

9.2.2　检验方法

温忠麟(2012)认为，针对有调节的中介模型，应该先探讨解释变量对因变量的中介效应，再考虑该中介过程是否受到调节，而针对有中介的调节模型，应该先探讨解释变量与因变量之间关系的调节效应，再考虑调节变量是否通过中介变量起作用。Muller(2005)认为，如果直接路径没有受到调节，则应该建立有调节的中介模型；如果直接路径受到调节，则应该建立有中介的调节模型。现有研究文献普遍赞同 Edwards (2007)的观点，即无论直接路径是否受到调节都可以建立有调节的中介模型。就式(9.2.3)而言，在系数 $b_2 \neq 0$，$a_2 \neq 0$，且 $b_2 a_2 \neq 0$ 的情况下，调节变量 W 作用下的解释变量 X 对因变量具有显著的中介效应。在系数 $b_2 \neq 0$，$a_3 \neq 0$，且 $b_2 a_3 \neq 0$ 的情况下，调节变量 W 作用于中介变量 M 的前半段路径并形成显著的调节效应。

有调节作用的中介效应通常采用系数乘积法检验。温忠麟(2012)认为，考虑中介效应过程的一个路径是否受到调节只需要检验一个系数乘积，由此提出广义中介分析和中介效应差异检验方法。在早期研究有关系数乘积的检验方法中，Sobel(1982)提出的系数乘积区间检验方法直接检验系数乘积的检验效力比较高，但是两个系数乘积估计量往往难以直接验证该检验的正态性假设。叶宝娟(2013)

认为依次检验的第一类错误率往往远低于设定的显著性水平,如果依次检验结果显著就可以认为中介效应受到调节。Mackinnon(2012)则认为依次检验的方法仍有局限性,可能会出现系数乘积实际上显著但依次检验却容易得出不显著的结论。因此,方杰(2012)认为,采用偏差校正的非参数百分位 Bootstrap 法或者有先验信息的马尔科夫链蒙特卡罗(MCMC)法来计算系数乘积的置信区间比 Sobel 法得到的置信区间更精确,建议有先验信息时使用 MCMC 法,没有先验信息时使用偏差校正的非参数百分位 Bootstrap 法。值得注意的是,系数乘积区间检验方法主要采用"正负一个标准差"的方式来验证有调节作用的中介效应。温忠麟(2014)采用Mplus 程序偏差校正的百分位 Bootstrap 法检验步骤和程序,罗胜强(2014)按照Preacher(2007)的研究方法给出了 SPSS 程序,此处不再赘述。

9.3　价格贸易条件影响路径检验

从图 9.1 的第一层级,可得到如下标准回归方程:

$$NBTT = a_1 TP + a_2 GVC + e_1 \tag{9.3.1}$$

$$TP = b_1 GVC + e_{11} \tag{9.3.2}$$

其中,$NBTT$、TP 和 GVC 分别为制造业的价格贸易条件指数、出口产品技术复杂度和全球价值链地位指数。

根据式(9.3.1)和式(9.3.2),以出口产品技术进步为中介变量的标准回归方程为

$$NBTT = (a_1 b_1 + a_2) GVC + e_{1*} \tag{9.3.3}$$

进一步,外商直接投资作为调节变量,有

$$TP = b_2 FDI + (b_1 + b_3 FDI) GVC + e_{12} \tag{9.3.4}$$

其中,FDI 为制造业外商直接投资质量。

由式(9.3.1)和式(9.3.4)可得

$$NBTT = a_1 b_2 FDI + [a_2 + a_1 (b_1 + b_3 FDI)] GVC + e_{1*}$$
$$= (a_2 + a_1 b_1) GVC + a_1 b_3 FDI \times GVC + a_1 b_2 FDI + e_{1*} \tag{9.3.5}$$

从图 9.1 的第二层级,可得到如下标准回归方程:

$$GVC = c_1 FDI + c_2 TO + c_3 FDI \times TO + e_2 \tag{9.3.6}$$

其中,TO 为制造业贸易开放度指数。

按照温忠麟(2014)的检验方法检验价格贸易条件影响路径,具体步骤如下:

第一步,检验假设 1,即全球价值链分工地位是否可以直接影响价格贸易条件,是否可以通过出口产品技术进步的中介作用影响价格贸易条件。根据式(9.3.1)、式(9.3.2)和式(9.3.3)依次进行系数检验,如果变量系数 a_1、a_2、b_1 以及

乘积系数 a_1b_1 都通过显著性检验,则表明假设 1 结论成立,即全球价值链分工地位既可以直接影响价格贸易条件,也可以通过出口产品技术进步的中介作用影响价格贸易条件。

第二步,检验假设 2,即外商直接投资质量在出口产品技术进步中介效应的前半段路径上是否产生调节作用。进一步,根据式(9.3.5)进行系数检验,如果乘积系数 a_1b_3 和 a_1b_2 都通过显著性检验,则表明假设 2 结论成立,即外商直接投资质量在出口产品技术进步中介效应的前半段路径上产生了调节作用。

第三步,检验假设 3,即贸易开放是否直接影响全球价值链的分工地位,与外商直接投资质量的交互作用是否对全球价值链分工地位产生影响。根据式(9.3.6)进行系数检验,如果变量系数 c_1、c_2 和 c_3 都能通过显著性检验,则表明假设 3 成立,即贸易开放既直接影响全球价值链分工地位,与外商直接投资质量的交互作用对全球价值链分工地位产生了影响。

采用两步回归分析法检验价格贸易条件影响路径是否成立。从式(9.3.6)计算得到 GVC 的估计值 GVC^*,以该估计值替代 GVC 的工具变量,按照式(9.3.5)检验价格贸易条件影响路径是否成立。如果上述回归方程的参数估计量都显著通过检验,则表明图 9.1 所示的价格贸易条件影响路径成立。

9.4 实证分析

9.4.1 数据说明

本节使用制造业分行业 2010—2014 年的数据进行实证分析。考虑到制造业细分行业划分标准不统一的实际情况,以表 3.1 所示的制造业行业为基础,对表 8.3 所示的制造业行业进行归并处理,选择表 9.1 所示的 16 个制造业行业进行实证分析。根据表 9.1 的制造业行业部门位置,按照时间顺序依次排列制造业各行业并形成 80 个数据,从而形成 80 个制造业行业部门的数据集。本节中的价格贸易条件指数、出口产品技术复杂度(取对数形式)、全球价值链地位指数、FDI 质量(对数形式)以及贸易开放度指数等变量所采用的数据已在前几章中有所使用,此处不再赘述。以此为基础,借助 SPSS 中的 Process 插件进行百分位 Bootstrap 检验进行实证分析。

表 9.1　制造业行业名称及其代码

行业名称	代码	行业名称	代码
食品、饮料和烟草制品制造业	C10-C12	其他非金属矿产品制造业	C23
纺织品、服装和皮革制品制造业	C13-C15	基本金属制造业	C24
木材、木材和软木制品、稻草制品、编织材料制造业（家具除外）	C16	金属制品制造业（机械和设备除外）	C25
造纸和纸制品制造业	C17	计算机、电子和光学产品制造业	C26
记录媒体的印刷和复制业	C18	电气设备制造业	C27
焦炭和精炼石油产品制造业	C19	机械设备制造业	C28
化学品和化工产品制造业	C20	汽车、挂车和半挂车制造业	C29
基本药物和制剂制造业	C21	其他运输设备制造业	C30
橡塑制品制造业	C22	家具制造业	C31-C32

9.4.2　有调节作用的中介效应检验

表 9.2 为各变量相关性分析结果。从表中可发现：

（1）价格贸易条件指数与各影响因素之间存在显著但较弱的正相关关系。其中，价格贸易条件指数（$NBTT$）与出口产品技术复杂度（TP）、全球价值链地位指数（GVC）的相关系数分别为 0.471 和 0.366，且在 5% 显著性水平下通过双尾 t 检验，而与外商直接投资质量（FDI）及贸易开放度指数（TO）的相关系数分别为 0.321 和 0.217，且在 10% 显著性水平下通过双尾 t 检验。

（2）各解释变量之间也存在显著的正相关关系。其中，出口产品技术复杂度（TP）与全球价值链地位指数（GVC）、外商直接投资质量（FDI）及贸易开放度指数（TO）的相关系数分别为 0.382、0.315 和 0.241；全球价值链地位指数（GVC）与外商直接投资质量（FDI）及贸易开放度指数（TO）的相关系数分别为 0.347 和 0.353；外商直接投资质量（FDI）与贸易开放度指数（TO）的相关系数为 0.276。显然，出口产品技术复杂度（TP）、全球价值链地位指数（GVC）、外商直接投资质量（FDI）及贸易开放度指数（TO）等解释变量对价格贸易条件指数（$NBTT$）产生积极的正向影响作用。

表 9.2　各变量相关性分析结果

	$NBTT$	TP	GVC	FDI	TO
$NBTT$	1				
TP	0.471**	1			

续表

	NBTT	*TP*	*GVC*	*FDI*	*TO*
GVC	0. 366**	0. 382**	1		
FDI	0. 321*	0. 315**	0. 347**	1	
TO	0. 217*	0. 241*	0. 353**	0. 276**	1

注:*** 表示1%显著性水平;** 表示5%显著性水平,* 表示10%显著性水平。

表 9.3 是以价格贸易条件指数为被解释变量的中介模型标准化回归结果。从表中可发现:模型 1 仅以全球价值链地位指数(*GVC*)为解释变量,此时的参数估计值为 0.312,在 5%显著性水平下通过 t 检验,且参数落在 Bootstrap 95%的置信区间 [0.190,0.433] 上,可见全球价值链地位指数(*GVC*)对价格贸易条件指数(*NBTT*)具有显著的正向影响效应。模型 2 以出口产品技术复杂度(*TP*)为被解释变量,以全球价值链地位指数(*GVC*)为解释变量,此时的参数估计值为 0.355,在 5%显著性水平下通过 t 检验,且参数落在 Bootstrap 95%的置信区间 [0.269,0.441] 上,这表明全球价值链地位指数(*GVC*)对出口产品技术复杂度(*TP*)具有显著的正向影响效应。模型 3 以价格贸易条件指数(*NBTT*)为被解释变量,以全球价值链地位指数(*GVC*)和出口产品技术复杂度(*TP*)为解释变量,此时两者的参数估计值分别为 0.198 和 0.411,分别在 5%显著性水平下通过 t 检验,且参数分别落在 Bootstrap 95%的置信区间 [0.104,0.292] 和 [0.336,0.486] 上。显然,检验结果表明假设 1 的结论成立,即全球价值链地位指数可以直接影响价格贸易条件指数,也可以通过出口产品技术复杂度的中介效应间接影响价格贸易条件指数。

表 9.3　以价格贸易条件指数为被解释变量的中介模型标准化回归结果

变量	NBTT 模型(1)			TP 模型(2)			NBTT 模型(3)		
	β	下限	上限	β	下限	上限	β	下限	上限
GVC	0. 312**	0. 190	0. 433	0. 355**	0. 269	0. 441	0. 198**	0. 104	0. 292
TP							0. 411**	0. 336	0. 486
R^2	0. 321			0. 448			0. 515		
$F(df)$	38. 774**			88. 925**			79. 914**		

注:*** 表示1%显著性水平;** 表示5%显著性水平,* 表示10%显著性水平。

表9.4 是以价格贸易条件指数为被解释变量的中介效应检验结果。从表中可发现,全球价值链地位指数对价格贸易条件指数的总影响效应为 0.312,其中全球价值链地位指数对价格贸易条件指数的直接影响效应为 0.198,全球价值链地位指数经由出口产品技术复杂度对价格贸易条件指数产生的间接影响效应为 0.114,且

参数落在95%置信区间[0.039,0.188]上。因此,全球价值链地位对价格贸易条件指数的影响确实存在显著的中介效应,且这种中介效应的相对效应占总效应的份额达到36.54%。

表9.4 以价格贸易条件指数为被解释变量的中介效应检验结果

效应	效应值	Bootstrap 95%		相对效应所占总效应比重
		下限	上限	
总效应	0.312	0.190	0.433	100%
直接效应	0.198	0.336	0.486	63.46%
间接效应	0.114	0.039	0.188	36.54%

借鉴以往研究成果验证有调节的中介效应,引入 FDI 质量作为调节变量,使用 Process 程序 index 指标来验证。表9.5 为 FDI 质量调节作用下的出口产品技术进步模型标准化回归结果。从表中可发现:引入 FDI 质量(FDI)后,ΔR^2 和 $\Delta F(df)$ 的值分别为 0.029 和 18.622,并通过 5% 显著性检验。进一步引入交叉项($FDI \times GVC$)后,ΔR^2 和 $\Delta F(df)$ 的值分别为 0.037 和 15.914,依然通过 5% 显著性检验。在 FDI 质量较低时($-1SD$),全球价值链地位指数(GVC)对出口产品技术复杂度(TP)产生的显著正向影响效应值为 0.097,在 FDI 质量较高时($1SD$),全球价值链地位指数(GVC)对出口产品技术复杂度(TP)产生的显著正向影响效应值为 0.407。因此,在全球价值链地位指数(GVC)经由出口产品技术复杂度影响价格贸易条件指数($NBTT$)的中介效应中,FDI 质量产生显著的调节作用。

表9.5 FDI 质量调节作用下的出口产品技术进步模型标准化回归结果

变量	TP			TP			TP		
	β	下限	上限	β	下限	上限	β	下限	上限
GVC	0.355**	0.269	0.441	0.288**	0.222	0.353	0.252**	0.134	0.340
TP								0.336	0.486
FDI				0.176	0.104	0.359	0.163**	0.111	0.215
$FDI \times GVC$							0.155**	0.099	0.211
R^2	0.448			0.457			0.472		
ΔR^2	0.448**			0.029**			0.037**		
$F(df)$	88.925			79.443			74.883		
$\Delta F(df)$	88.925**			18.622**			15.914**		

注:*** 表示 1% 显著性水平;** 表示 5% 显著性水平,* 表示 10% 显著性水平。

　　表9.6是以价格贸易条件指数为被解释变量的中介效应检验结果。从该表可发现,如果没有FDI质量的调节作用,那么全球价值链地位指数(GVC)经由出口产品技术复杂度(TP)对价格贸易条件指数($NBTT$)产生显著的中介效应值为0.114。如果考虑FDI质量的调节作用,那么当FDI质量较低时,全球价值链地位指数(GVC)经由出口产品技术复杂度(TP)对价格贸易条件指数($NBTT$)产生显著的中介效应值为0.072;当FDI质量较高时,全球价值链地位指数(GVC)经由出口产品技术复杂度(IP)对价格贸易条件指数($NBTT$)产生显著的中介效应值为0.156。显然,FDI质量在全球价值链分工影响价格贸易条件的过程中,显著地调节了出口产品技术复杂度的中介影响效应。

表9.6　以价格贸易条件指数为被解释变量的中介效应检验结果

中介变量	FDI	间接效应值	Bootstrap 95%		INDEX	Bootstrap 95%	
			下限	上限		下限	上限
	−1	0.072	0.019	0.125			
TP	0	0.114	0.039	0.188	0.042	0.015	0.069
	1	0.156	0.103	0.209			

9.4.3　影响路径模型检验

　　表9.7为全球价值链分工地位指数的标准回归结果。从表中可发现,贸易开放度指数(TO)与FDI质量都对全球价值链地位指数(GVC)产生显著的正向影响效应。在没有引入交互项时,贸易开放度指数(TO)的系数估计值为0.089,且通过10%显著性t检验,FDI质量的系数估计值为0.144,且通过5%显著性t检验;在引入交互项后,贸易开放度指数(TO)的系数估计值为0.073,且通过10%显著性t检验,FDI质量的系数估计值为0.117,且通过5%显著性t检验,交互项($FDI×TO$)的估计值为0.079,且通过10%显著性t检验。显然,贸易开放有助于提升全球价值链分工地位,FDI质量的提升可以助力提高贸易开放对全球价值链分工地位的影响效果。

表9.7　全球价值链分工地位指数的标准回归结果

变量	模型1	模型2
TO	0.089*	0.073*
FDI	0.144**	0.117**
FDI×TO		0.079*

注:***表示1%显著性水平;**表示5%显著性水平,*表示10%显著性水平。

表 9.8 为价格贸易条件指数的影响路径检验结果。从表中可发现,以 GVC^* 为工具变量进行检验,GVC^* 和 FDI 的系数估计值分别为 0.183 和 0.152,且都通过 5% 显著性 t 检验,交互项($FDI \times GVC^*$)的系数估计值为 0.117,且通过 10% 显著性 t 检验。可见,价格贸易条件指数影响路径的假设成立。

表 9.8　价格贸易条件指数的影响路径检验结果

变量	模型
GVC^*	0.183**
FDI	0.152**
$FDI \times GVC^*$	0.117*

注:*** 表示 1% 显著性水平; ** 表示 5% 显著性水平, * 表示 10% 显著性水平。

从上述分析结果可得到如图 9.3 所示的价格贸易条件的影响路径,并可得到以下几个结论:

(1) 全球价值链分工地位攀升不仅可以直接改善价格贸易条件,还可以通过出口产品技术的中介作用促进价格贸易条件的改善。实证分析结果表明,我国制造业全球价值链地位指数每提升 1%,将直接使得制造业价格贸易条件指数提升 0.198%,也可通过出口产品技术复杂度的中介作用间接使得制造业价格贸易条件指数提升 0.114%。因此,制造业全球价值链地位指数每提升 1% 将对制造业价格贸易条件指数产生 0.312% 的综合影响效应。

(2) 出口产品技术进步是改善价格贸易条件的重要途径。实证分析结果表明,我国制造业出口产品复杂度指数每提升 1% 将直接对制造业价格贸易条件指数产生 0.277% 的影响效应,其中,作为全球价值链地位指数影响制造业价格贸易条件指数的载体,将显著产生 0.042% 的中介影响效应。因此,出口产品技术进步是改善我国制造业价格贸易条件的重要依托。

(3) 外商直接投资质量是改善价格贸易条件的重要抓手。实证分析结果表明,外商直接投资质量可以调节全球价值链地位指数对出口产品技术进步的影响。具体而言,如果引进的外商直接投资质量较低,全球价值链地位指数在外商直接投资质量的调节作用下,每提升 1% 将经由出口产品技术复杂度对价格贸易条件指数产生 0.072% 的影响效应;如果引进的外商直接投资质量较高,全球价值链地位指数在外商直接投资质量的调节作用下,每提升 1% 将经由出口产品技术复杂度对价格贸易条件指数产生 0.155% 的影响效应。可见,外商直接投资质量在全球价值链分工影响价格贸易条件的过程中,显著地调节出口产品技术进步的中介影响效应,从而外商直接投资质量提升可以间接改善制造业的价格贸易条件。

(4) 贸易开放是改善价格贸易的重要举措。实证分析结果表明,制造业贸易开放度指数每提升1%可以直接促进全球价值链分工地位指数提升0.073%,也可以在外商直接投资质量的交互作用下加速推动全球价值链分工地位指数提升0.079%。显然,制造业贸易开放度指数提升显著促进了制造业的全球价值链地位攀升,进而间接改善制造业价格贸易条件。

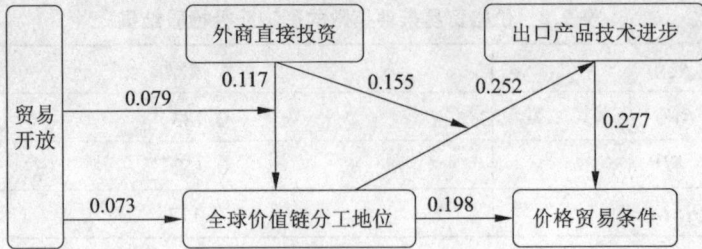

图9.3　有调节的价格贸易条件影响路径

9.5　本章小结

本章在贸易开放背景下,梳理价格贸易条件的影响因素之间的逻辑关联,厘清价格贸易条件的影响路径,在全球价值链地位指数对制造业价格贸易条件影响途径研究中,采用有调节的中介效应模型检验外商直接投资质量的调节作用及出口产品技术复杂度的中介效应,以此揭示我国制造业价格贸易条件改善的实现路径。实证分析结果表明:全球价值链分工地位的攀升不仅可以直接改善价格贸易条件,还可以通过出口产品技术的中介作用促进价格贸易条件的改善;出口产品技术进步作为全球价值链地位指数影响制造业价格贸易条件指数的载体,是改善我国制造业价格贸易条件的重要依托;外商直接投资质量是改善价格贸易条件的重要抓手,在全球价值链分工影响价格贸易条件的过程中,显著地调节出口产品技术进步的中介影响效应;贸易开放显著促进了制造业全球价值链地位攀升,是改善我国制造业价格贸易条件的重要举措。

第 10 章　总结、对策与展望

10.1　研究结论

本书着眼于党的十九届五中全会提出的"培育制造业参与国际合作和竞争新优势"的战略举措,首先依托比较优势理论,借助区域间投入产出模型,以中间产品进出口价格指数核算为导向,从全球价值链分工的视角重新构建价格贸易条件测度方法;其次从影响因素入手,梳理价格贸易条件影响因素之间的逻辑关联,厘清价格贸易条件的影响路径,并以我国制造业为对象验证全球价值链嵌入对中国制造业价格贸易条件的作用方式;最后根据研究结论提出改善我国制造业价格贸易条件的对策与建议。

本书围绕价格贸易条件测度方法与影响路径开展研究工作,主要研究结论如下:

(1)绪论部分主要阐述研究选题的背景及意义,并明确研究选题。

首先,培育制造业参与国际经济合作和竞争新优势已成为"十四五"时期我国推进对外贸易创新发展的战略举措,也是到二○三五年基本实现参与国际经济合作和竞争新优势明显增强远景目标的客观要求,探索我国制造业参与国际合作和竞争新优势的着力点和提升路径是当前必须解决的现实问题。

其次,以往研究鲜于从全球价值链分工视角,采用贸易条件指数分析我国制造业对外贸易的利益得失及成因。从全球价值链分工视角开展价格贸易条件指数研究,有助于探索我国制造业参与国际合作和竞争新优势的着力点和提升路径。

再次,传统价格贸易条件指数测度方法难以准确反映一个国家(或地区)参与全球价值链分工时的对外贸易获利状况,因此有必要从全球价值链分工的视角修正传统价格贸易条件测度方法。

最后,以往研究主要围绕贸易开放、产业分工、FDI 引进以及技术进步等影响因素探讨价格贸易条件变动的成因,没有深入系统地探讨影响因素以何种路径引起价格贸易条件变动,因而有必要从影响因素入手探讨我国制造业价格贸易条件变动的影响路径。

综上所述,应该从全球价值链分工视角重新构建价格贸易条件测度方法,梳理价格贸易条件影响因素之间的逻辑关联,厘清制造业价格贸易条件的影响路径,验证全球价值链嵌入对中国制造业价格贸易条件的作用方式,进而提出改善中国制造业价格贸易条件的对策与建议。

（2）理论基础研究部分以比较优势理论为基础,从全球价值链分工出发论述世界经济体参与全球价值链分工的动机、贸易获利以及贸易条件,为后续研究价格贸易条件的测度方法与影响路径夯实理论基础。

首先,发展中国家可以根据本国的比较优势,以中间产品出口方式融入全球价值链分工体系,但是发展中国家在全球价值链分工中获取贸易收益时可能导致贸易条件恶化。

其次,并非所有国家在当前的全球价值链分工模式下都适用比较优势战略,主要原因是发达国家依靠比较优势控制全球价值链高端环节并获得较高收益,发展中国家依靠进口高附加值中间品从事加工组装环节以获得较低收益。

最后,要素禀赋能够影响经济体参与全球价值链分工的福利水平,发展中国家在当前全球价值链分工模式下亟待通过要素结构优化和技术进步改善价格贸易条件。

综上所述,当前全球价值链分工格局仍未能得到有效扭转,虽然发展中国家在当前全球价值链分工模式下可以按照本国比较优势承接发达国家的低附加值产品工序,并以中间产品出口方式融入全球价值链分工体系,但是这种全球价值链分工参与方式容易导致发展中国家陷入"低端锁定"的困境。因此,发展中国家亟待通过要素结构变动和技术进步来改善价格贸易条件。我国制造业应该根据各行业全球价值链地位,分类采用适宜的技术进步,以合适的要素结构变动和技术进步来改善价格贸易条件。

（3）在价格贸易条件指数测度方法研究部分,本书立足于比较优势理论,从全球价值链分工出发,以中间产品进出口价格指数核算为导向,以区域间产业关联方式为突破口,构建多区域投入产出价格影响模型,核算中间产品进出口价格变动量,重新构建价格贸易条件指数测算方法。

首先,应以中间产品进出口价格指数核算为导向,以区域间产业关联方式为突破口,利用 Round（1985）的分块里昂惕夫逆矩阵分解法确定区域间的产业关联方式,借鉴张红霞（2014）的研究方法构建多区域投入产出价格影响模型,从全球价值链分工视角构建价格贸易条件指数测度方法,以此准确反映一个国家或地区在全球价值链分工下的贸易获利程度,并丰富价格贸易条件指数测算方法理论研究。

其次,比较分析了两岸制造业价格贸易条件状况,认为中国大陆价格贸易条件有所改善,而中国台湾价格贸易条件则明显恶化,主要原因是中国大陆的中间产品出口价格指数上涨幅度大于中间产品进口价格指数的上涨幅度,而中国台湾的中间产品出口价格指数下跌但中间产品进口价格指数依然上涨。具体原因主要体现在三个方面:一是中国大陆中间产品的供需主要依靠国内中间产品市场,而中国台湾中间产品的供需主要依赖国际中间产品市场,中国大陆中间产品市场价格上涨对中国台湾价格贸易条件的影响较大,但中国台湾中间产品市场对中国大陆贸易条件的影响甚微;二是中国大陆的中间产品出口价格上涨主要由前向国内价值链上产业中间产品需求价格上涨拉动,中国台湾的中间产品出口价格下跌主要受中国大陆价值链和其他区域价值链上的产业中间产品需求价格下降的影响;三是中国大陆的中间产品进口价格上涨主要由中国大陆价值链上产业中间产品供给价格上涨推动,而中国台湾的中间产品进口价格上涨主要由国际价值链上的产业中间产品供给价格上涨推动。

综上所述,中国大陆改善制造业价格贸易条件,要在国内国际“双循环”的新发展格局下,提升制造业的全球价值链地位,扩大国内非制造业中间产品需求以拉动制造业中间产品的出口价格上涨,优化国际中间产品供给以缓解制造业中间产品进口价格上涨压力。

(4)在我国制造业贸易开放度指数研究部分,本书从贸易潜力视角探讨了贸易开放度指数测度问题,即以一国由开放且无贸易摩擦的均衡状态转移到开放且有贸易摩擦的均衡状态时的劳动者平均收入变化程度来构建贸易潜力指数测算方法,再按照 min-max 标准化方式对贸易潜力指数进行标准化,以标准化后的贸易潜力指数的倒数评估贸易开放程度,分析我国制造业分行业贸易开放度的发展特征及趋势。

首先,从传统贸易潜力指数模型切入,以 Arkolakis(2012)的研究为基础推导出开放且无贸易摩擦均衡状态下的劳均收入表达式,理论阐析了一个国家在开放且有贸易摩擦均衡状态转移到开放且无贸易摩擦均衡状态所产生的劳均收入变化,把开放且无贸易摩擦均衡状态下的劳均收入定义为贸易潜力,遵循传统贸易潜力指数的概念,从福利成本视角重新构建贸易潜力指数模型,克服了以往贸易潜力指数模型无法得到理论支撑的缺陷。

其次,依托贸易潜力指数,按照 min-max 标准化方式对贸易潜力指数进行标准化,以标准化后的贸易潜力指数的倒数评估贸易开放度程度。实证分析结果表明:我国制造业细分行业贸易开放度指数有所提升但总体仍处于偏低状态,中高技术制造业与低技术制造业相比,前者贸易开放度指数明显更高且增速更大,劳均经济收入较高的制造业与劳均经济收入较低的制造业相比,前者具有更高的贸易开放度及更强的贸易潜力。

上述研究表明,我国制造业贸易潜力仍有较大的提升空间,应以激发劳均经济收入较高的制造业部门的贸易潜力为抓手,推动我国制造业总体对外贸易状况不断改善。

(5)在我国制造业全球生产阶段数研究部分,本书主要从全球价值链分工视角,针对产品全球生产工序分割程度日益深化的现象,以世界投入产出表为基础,采用全球生产阶段数测度方法分析中国制造业整体及其细分行业的生产阶段数构成特征,评估中国制造业在全球生产工序中所处的位置状态。经济体量较小的经济体制造业更加依赖国际生产工序分工,经济体量较大的发达经济体制造业的国际生产工序分工程度较低,且经济体量大的发展中经济体制造业侧重国内生产工序分工。我国制造业在全球价值链分工中所经历的生产阶段相对较多,全球生产阶段数明显高于制造业世界平均水平,但是国际生产分割程度明显偏低,主要原因是发达国家把一些生产过程分散且生产链条较长的非核心生产环节转移到我国,我国制造业在接受发达国家产业外迁的过程中提升了生产阶段数,但是高技术及中高技术制造业提升制造业国际生产分割程度依然乏力,中低技术制造业过于依赖国内生产工序分工。

(6)在我国制造业全球价值链分工地位研究部分,本书以生产阶段数为基础,以出口增加值核算为依托,构建全球价值链分工地位指数测度方法,利用世界投入产出表实证分析我国制造业出口增加值的构成特征,测度我国制造业全球价值链地位指数,对比分析两岸中高技术制造业全球价值链分工地位,提出两岸制造业协同迈向全球价值链高端的对策。

首先,根据 WIOD 数据库中 2000—2014 年的世界投入产出表,按照出口增加值的核算方法测算中国制造业的出口增加值。研究结论表明,我国制造业出口贸易获利程度已被严重高估,出口贸易增加值的快速增长得益于国内增加值的大幅提升,国内增加值的获取方式则逐步由最终产品出口贸易转向中间产品出口贸易,且以中间产品直接出口为主的出口贸易方式得到强化。我国制造业出口贸易的增加值大部分来源于我国的主要贸易伙伴,制造业国内增加值来源向其他经济体拓展仍较为乏力,而国外增加值来源具有向"一带一路"沿线经济体转移的明显趋势;我国制造业出口增加值获取来源已经由中低技术制造业逐步向中高技术制造业转变,各类型制造业主要依赖国内产品供需市场获得国内增加值,前向深度参与全球价值链分工的水平有所提升但依然偏低。

其次,以出口增加值核算为依托测度中国制造业全球价值链地位指数。研究结论表明:从参与指数看,我国制造业全球价值链分工参与指数虽有所下降但仍处于较高水平,主要原因是我国制造业更为注重国内价值链分工,以劳动密集型为主的低技术制造业更依赖劳动力成本优势以参与国内价值链分工,以资源密集型为主的中低技术制造业更依赖自然资源禀赋优势以参与国际价值链分工,而以资本密集型和技术密集型为主的中高技术制造业则更大程度地承接了国际产业转移；从地位指数看，我国制造业全球价值链地位指数呈现出先降后升的"U"形曲线特征，并呈现出由低技术制造业向中低技术制造业和中高技术制造业依次分布的趋势，主要原因是我国劳动密集型低技术制造业出口产品生产国际化程度相对较低，可以凭借劳动力等低成本优势实现较大比例的国内价值增值，能够进行工艺升级和产品升级，实现国际分工地位的逐渐攀升，我国中高技术制造业主要以加工贸易方式融入发达国家主导的全球价值链，并被锁定在组装加工等低端环节，研发创新能力和高新技术消化吸收能力不足，以至于加工组装环节规模扩张难以带来价值链地位的提升。

　　最后，对比分析两岸中高技术制造业全球价值链分工地位指数状况。研究表明：一是两岸中高技术制造业互有出口贸易竞争优势。从出口增加值看，中国台湾中高技术制造业在两岸贸易中获得了可观的出口增加值顺差，且出口增加值顺差主要来源于化学工业中间产品出口贸易，计算机、电子及光学产品制造业中间产品及最终产品出口贸易，以及机械设备制造业最终产品出口贸易；从出口中间产品流向看，中国台湾优势中高技术制造业向中国大陆出口的中间产品主要用于满足中国大陆的市场需求，中国大陆优势中高技术制造业向中国台湾出口的中间产品大部分被对方吸收后又出口到其他经济体。二是中国台湾优势中高技术制造业参与全球价值链分工程度较高但不具有全球价值链位置优势，中国大陆优势中高技术制造业参与全球价值链分工程度较低但具有全球价值链位置优势。究其原因，主要是两岸中高技术制造业的全球价值链分工参与方式有所区别。中国台湾的优势中高技术制造业主要以后向关联方式参与全球价值链分工，出口增加值更多地隐含于国际生产工序。大陆地区的优势中高技术制造业主要以前向关联方式参与全球价值链分工，出口增加值更多地隐含于国内生产工序。三是中国台湾中高技术制造业参与全球价值链分工得益于中国大陆市场，但中国大陆中高技术制造业参与全球价值链分工受中国台湾市场影响甚为微弱。从全球价值链前向分工看，中国台湾优势中高技术制造业参与全球价值链前向分工时更依赖于中国大陆中间产品的市场需求。中国大陆优势中高技术制造业参与全球价值链前向分工受中国台湾中间产品市场需求影响甚为微弱。从全球价值链后向分工看，中国台湾优势中高技术制造业参与全球价值链后向分工时受中国大陆生产工序的影响较明显，但大陆地区中高技术制造业参与全球价值链后向分工时受中国台湾生产工序影响则较微弱。

　　（7）在我国制造业 FDI 行业转移与质量提升研究部分，本书主要从行业转移和质量提升的角度探讨我国制造业 FDI 规模的扩张问题，即从行业转移视角采用动态偏离-份额分析模型分析我国制造业总体 FDI 质量提升的原因，从政策规制视角采用面板门限回归模型探讨环境管制程度对制造业 FDI 质量的影响方式。

首先,从行业转移视角采用动态偏离-份额分析模型分析制造业 FDI 质量。研究结论表明:我国制造业外资引进仍高度集中在低技术制造业领域,但是具有由低技术制造业向高技术制造业转移的明显态势,制造业总体 FDI 质量大幅提升主要得益于高技术制造业 FDI 质量快速增长和低技术制造业 FDI 质量稳步增长的共同拉升作用。具体而言,体现在两个方面:一是行业外商直接投资质量非均衡增长所形成的内部增长效应确实极大地促进了总体外商直接投资质量的大幅提升。其中,低技术制造业外资企业快速外移是以相对较小的代价获得 FDI 质量快速增长的方式推动制造业总体 FDI 质量的提升,高技术制造业是通过承接较高 FDI 质量的外资企业转移获得正向转移效应和正向内部增长效应的方式促进制造业总体 FDI 质量的提升。二是外商直接投资由 FDI 质量较低的行业部门向 FDI 质量相对较高的行业部门流动有利于制造业总体 FDI 质量提升。究其原因,主要是外资企业由 FDI 质量较低的低技术制造业快速向 FDI 质量相对较高的高技术制造业转移,使得高技术制造业吸收了更多外商直接投资转移而提高其所占份额,且高技术制造业所获得的正向作用抵消了低技术制造业因行业转移而损失的负向作用,从而使得行业转移最终产生结构红利效应。

其次,从环境管制影响外资企业选择行为的视角出发,采用面板门限回归模型探讨环境管制对制造业 FDI 质量的影响。研究结论表明,提高研发经费投入强度是推动制造业 FDI 质量大幅提升的主要手段,但研发经费投入对制造业 FDI 质量的促进作用与环境管制程度有关,即随着环境管制程度的逐步趋严,研发经费投入对制造业 FDI 质量的促进作用存在显著的双重门限特征。具体而言,环境管制程度相对较弱的中西部地区具有避难所效应;在环境管制程度严格的东部地区则存在明显的波特效应,即环境管制程度趋严有利于西部地区吸收外资企业转移而提升制造业 FDI 质量;环境管制趋严使得中部地区外资企业外移且难于吸收高质量外资企业进驻,导致制造业 FDI 质量增速有所下降。

(8) 在我国制造业出口技术复杂度研究部分,本书探讨了 FDI 溢出和政府补贴对我国制造业出口技术复杂度的影响方式。

首先,根据 FEDER 模型的研究思路构建外资企业技术溢出效应测算模型,并采用面板门限模型探讨垂直溢出效应和水平溢出效应。研究结论表明,生产要素尤其是资本投入仍然是中国工业企业总产出增长的主要动力源,外资工业企业存在正向垂直技术溢出效应,外资企业通过资本、先进技术和管理经验的输入直接推动中国工业总产出增长。值得注意的是,所有制结构异质性引起的外资工业企业水平技术溢出效应存在双门限效应,即外资比例越高则内外资工业企业之间的技术差距就越小,外资工业企业水平技术溢出效应就相应越低,因此,所有制结构异质性导致外资工业企业水平技术溢出效应产生双门限特征。

其次,以"成本发现"模型为基础,采用 Hausmann(2005)提出的出口技术复杂度测度方法计算我国制造业出口技术复杂度,探讨政府补贴对 FDI 质量影响我国制造业出口技术复杂度的调节效应。研究结论表明,我国各类型制造业出口技术复杂度提升依然较为缓慢,其中技术密集型制造业和资本密集型制造业提升出口技术复杂度仍较为乏力。从影响因素看,政府补贴、R&D 研发投入以及 FDI 溢出都对制造业出口技术复杂度具有显著的促进作用。值得注意的是,一方面,政府依据制造业 R&D 研发投入情况进行补贴有利于制造业提升出口技术复杂度,而且政府补贴对高技术制造业企业的激励效果较弱,对低技术制造业企业的激励效果则更佳;另一方面,政府依据制造业 FDI 质量进行补贴有利于制造业提升出口技术复杂度,FDI 质量较高的企业 FDI 挤出效应削弱了政府补贴对制造业出口技术复杂度提升的激励作用,但是政府补贴对 FDI 质量较低的企业能产生更好的激励效果。

(9) 在我国制造业价格贸易条件影响路径研究部分,本书主要从影响因素入手,梳理价格贸易条件影响因素之间的逻辑关联,厘清价格贸易条件的影响路径,采用层级回归分析方法验证全球价值链嵌入中国制造业价格贸易条件的作用方式。实证分析表明,全球价值链分工地位攀升不仅可以直接改善价格贸易条件,还可以通过出口产品技术的中介作用改善价格贸易条件,外商直接投资质量可显著地调节出口产品技术进步的中介影响效应进而间接改善制造业价格贸易条件,制造业贸易开放度指数的提升可显著促进制造业的全球价值链地位攀升进而间接改善制造业价格贸易条件,出口产品技术进步则是改善我国制造业价格贸易条件的最重要方式。

10.2　研究对策

基于上述结论,要改善中国制造业价格贸易条件,就要在国内国际双循环相互促进的新发展格局下,以中间产品价格变动为导向,以制造业全球价值链升级为主线,按照价格贸易条件的影响路径,着手扩大国内非制造业中间产品需求以拉动制造业中间产品出口价格上涨,优化国际中间产品供给以缓解制造业中间产品进口价格上涨压力。

10.2.1　进出口价格调控对策和建议

从全球价值链视角下的中间产品进出口价格变动看,应该分别从前向全球价值链分工和后向全球价值链分工两个角度,探讨我国制造业出口产品价格和进口产品价格的变动成因,以此为基础提出改善我国制造业价格贸易条件的对策和建议。

（1）中国制造业要依托前向全球价值链分工提升中间产品出口价格指数。注意到,我国制造业的中间产品供需主要依靠国内中间产品市场,中间产品出口价格上涨主要由前向国内价值链上产业中间产品需求价格上涨拉动。因此,我国制造业可从以下几个方面着手改善价格贸易条件:

一是依托国内非制造业中间产品需求市场拉动国内制造业中间产品出口价格上涨。要以现代服务业拉动制造业中间产品内需为导向优化前向国内价值链。要扩张现代服务业尤其是生产性服务业的价值链,压缩传统制造业价值链和培育高新技术制造业价值链,通过放大国内价值链上产业中间产品附加值的乘数效应来拉动制造业中间产品出口价格的上涨。

二是瞄准主要贸易伙伴非制造业中间产品需求市场促进国内制造业中间产品出口价格上涨。要以制造业转型升级助推制造业全球价值链攀升为目标延伸前向国际价值链,提高制造业中间产品前向国际价值链分工的参与程度,重点在于巩固欧盟和亚太地区等主要贸易伙伴非制造业中间产品需求市场,推动传统制造业产能向"一带一路"沿线非主要贸易伙伴非制造业中间产品需求市场转移,通过放大国际中间产品需求价格的反馈效应来拉动制造业中间产品出口价格上涨。

（2）中国制造业要依托后向全球价值链分工维稳中间产品进口价格指数。注意到,我国制造业的中间产品进口价格上涨主要由中国大陆价值链上产业中间产品供给价格上涨推动。因此,我国制造业可从以下几个方面着手改善价格贸易条件:

一是立足国内非制造业中间产品供给市场推动制造业中间产品供给价格平稳上涨。要以制造业服务化助力制造业中间产品供给升级为导向延伸后向国内价值链,重点在于加快生产性服务业与制造业融合发展,以电子信息、流程制造、装备制造等产业为突破口推动制造业从制造环节向集成服务延伸,通过国内服务化制造业中间产品供给增值来推动制造业中间产品进口价格上涨。

二是跟踪国际中间产品供给市场,缓解国内制造业中间产品供给价格上涨压力。要以国际中间产品供给服务国内制造业转型升级为要求重构后向全球价值链,重点在于按照要素供给制约条件选择性地扩大资源、技术和服务等中间产品进口规模,缩短国际中间产品参与我国制造业后向全球价值链分工的供应链,通过压缩国际中间产品进口成本来化解国内价值链上中间产品供给价格的上涨压力。

（3）中国制造业要应对好技术贸易壁垒对中间产品进出口价格形成的制约作用。注意到,国际价值链上的产业中间产品需求价格上涨对我国制造业产品出口价格上涨的拉动作用不容忽视,而且国际价值链上的产业中间产品供给价格上涨也推动了我国制造业中间产品进口价格上涨。因此,我国制造业改善价格贸易条件时应重视技术贸易壁垒的制约作用。

一是完善技术贸易壁垒预警体系。我国制造业出口产品频频遭遇国外技术性贸易壁垒的一个关键原因在于信息不对称,因而建立以政府为主导、以企业为主体的技术性贸易壁垒预警体系尤为必要。要设立专业机构收集相关信息,依托我国已创立的技术性贸易措施网(中华人民共和国 WTO/TBT(SPS)国家通报咨询中心)等 TBT 预警平台,跟踪国外技术法规和技术标准的变化,及时组织专家学者围绕国际贸易中出现的技术性贸易壁垒问题展开讨论与研究,为企业提供专业高效的政策咨询服务,提高出口企业应对相关技术性贸易壁垒的能力,尽可能降低进口国多样化技术性贸易壁垒给我国制造业进出口产品带来的限制。

二是提高制造业出口产品质量。技术标准差异是 TBT 措施限制贸易的关键所在,提高制造业出口产品生产技术水平使出口产品质量达到国际技术标准是跨越技术性贸易壁垒障碍的有效措施。制造业出口企业可以通过行业协会及时了解各国设立实施技术性贸易壁垒的动态,总结各国市场最高准入标准,并将这个标准作为生产出口产品的质量要求,确保出口产品在国际市场上的竞争优势,减少出口产品遭受技术性贸易壁垒的风险。

10.2.2 全球价值链优化对策和建议

发展中国家的企业处于全球价值链的低端,发达国家的大企业处于全球价值链的高端,这种传统的全球价值链分工是发展中国家贸易条件难以得到改善的主要根源。因此,在全球价值链分工日益碎片化的趋势下,全球价值链升级是我国制造业改善价格贸易条件的重要途径。

(1) 构建"以我为主"的制造业全球价值链分工体系。在"一带一路"倡议下构建"以我为主"的制造业全球价值链分工体系,是我国制造业摆脱"低端锁定"与"高端封锁"双重困境、迈向全球价值链中高端、实现高质量发展的重要战略选择。

一是深化与"一带一路"沿线国家的全球价值链合作。我国要积极调整制造业全球价值链布局,加强在东亚、东南亚和南亚区域与周边国家之间的产业分工与合作,积极鼓励我国制造业企业向"一带一路"沿线国家转移,将制造业产能对外转移转化为中国制造业企业国际化扩展,推动对外直接投资由企业分散投资模式向集群投资模式转变,打造和强化区域价值链合作,逐步推进"一带一路"区域价值链分工体系重构。

二是强化与制造业第二梯队强国的全球价值链融合。日本、韩国、德国等制造业强国是全球制造业第二梯队国家,在全球价值链重构进程中已经与中国产业体系形成清晰的互补性分工状态。近年来,这些国家与我国已经从简单的垂直型分工向深度的技术合作方向转型,水平分工特征凸显。我国制造业要继续强化与这些制造业第二梯队强国的全球价值链融合,形成更加复杂的网格化分工格局,奠定更具体系性特征的综合发展优势。

（2）夯实以内需为主的制造业国家价值链体系。在融入全球价值链分工的基础上构建相对独立的制造业国家价值链体系，是我国制造业重新整合产业循环体系、重新塑造国家价值链治理结构、实现全球价值链攀升的必要举措。

一是推广"链长制"先进经验，谋划我国制造业产业链，提升我国制造业产业链的综合发展能力。"链长制"始创于浙江省，是促进产业基础高级化、产业链现代化的有益探索，也是推进制造业产业链强链、补链和稳链的重要抓手。我国要遵循"使市场在资源配置中起决定性作用，更好发挥政府作用"的原则完善"链长制"，推行"链长制"行政边界权责清单机制，着手编制制造业战略性产业集群发展规划，以强链、补链和稳链为目标绘制关键产业链技术图谱、关键配套清单及工作体系，打造产业链共性技术支撑平台，积极推动制造业产业链的点、线、面、网的优化升级。

二是围绕制造业产业链部署创新链，推进技术共享赋能我国制造业产业链升级。围绕产业链部署创新链是我国实施创新驱动发展战略的客观需要。我国要依托自贸区、高新技术开发区和经济开发区，围绕电子信息和数字产业、先进装备制造、石油化工、现代纺织服装等制造业产业链，深化与制造业第二梯队强国（地区）、"一带一路"沿线国家（地区）及我国港澳台地区产学研合作，探索"高校+研究院+孵化器+产业园区"的技术协同创新模式，支持产业链上下游企业和研发机构等单位面向产业链共性关键核心技术组建新型研发联合体，吸引外资企业创新资源在技术研发、标准制定、示范推广等环节开展技术协同创新。

（3）完善要素市场化配置机制。完善要素市场化配置机制是解决我国产业体系结构性矛盾、重塑我国制造业比较优势、有效应对全球产业链重构趋势、提升制造业全球价值链地位的根本途径。

一是鼓励生产要素合理跨国流动。生产要素跨国流动已成为常态，各国以要素优势融入全球价值链分工体系的发展态势日益明显。在以要素流动和国际碎片化生产为主要特征的全球价值链分工模式下，我国制造业提升现有全球价值链分工地位的关键在于促进要素跨国流动。因此，我国制造业要充分挖掘内需市场潜力，利用经济规模优势形成的"虹吸效应"建构全球先进生产要素平台，既可以利用全球价值链高端环节从世界各国引进急需的知识、技术和人力资本等优质资源，也可以走出去收购和兼并全球优质资源和技术，尤其要鼓励中国制造业出口企业抱团到条件成熟的世界各经济体从事技术研发、产品设计、物流金融等高端生产性服务业活动，输出具有竞争力的资本和产能。

二是促进生产要素合理配置。我国制造业仍以相对廉价而优质的劳动力资源的比较优势参与国际分工，但是出现了由低端要素比较优势向高端要素比较优势转换的明显趋势。我国制造业要推进全球价值链垂直整合，提升生产要素市场化配置效率，引导制造业企业剥离非核心环节，通过同行业同环节企业间的并购促进生产要素从低端环节向高端环节流动,通过国内价值链推动生产要素不断向更有优势的地区集聚,实现欠发达地区与发达地区之间制造业协同向价值链高端攀升。

10.2.3 技术协同创新对策和建议

发展中国家仅靠融入全球价值链模式难以迈向全球价值链中高端,这意味着中国制造业必须围绕核心技术参与创建全球价值链,依靠科技协同创新推进制造强国建设,根据制造业技术差异寻找科技协同创新着力点,拓展对外技术贸易与合作渠道,在制造企业协同集聚中放大技术溢出效应,加快推进制造业产业链升级。

(1)深化我国制造业科技创新国际合作。以“一带一路”创新共同体建设为载体,各国共建联合科研平台和技术转移平台,共建联合经贸合作区和科技园区,共建国际科技联盟与国际科技组织等合作平台和科技交流机制,已成为“一带一路”科技合作的重要模式。我国制造业要贯彻落实党中央关于“深化国际科技交流合作,在更高起点上推进自主创新”的指示精神,依托双边和多边政府间科技创新合作及对话机制加强科技创新合作与交流,支持骨干制造业企业参与建设形式多样化、参与主体多元化、创新资源深度融汇的国际技术转移转化和创新创业合作平台,推动我国由“制造大国”向“制造强国”迈进。

(2)完善我国制造业产业链技术协同创新体系。坚持创新驱动发展战略可为制造业全球价值链重构提供强有力的技术动能。制造业产业链技术协同创新发展离不开企业、科研院所、高校、政府、协会等多元主体的协作,也离不开人才、技术、资本、信息、服务等创新要素的自由流动。我国要建设各类创新主体协同互动、创新要素顺畅流动与高效配置的技术生态系统,形成创新驱动发展的实践载体、制度安排和环境保障。具体而言,我国制造业要明确企业、科研院所、高校、社会组织等各类创新主体的功能定位,着力搭建以企业为主体、以市场需求为导向,产学研相结合的“政产学研用”一体化技术创新体系,对标国际先进规则与标准,汇聚全球创新资源和创新力量,构建开放共享互动的协同创新平台,加快形成“企业主导、多方协同、多元投资、成果分享”的协同创新模式。

(3)提升我国制造业产业集群技术创新能力。产业集聚区汇集了政府、企业、大学和科研机构等技术创新参与主体,可以通过较完善的创新网络降低企业的技术创新成本。我国制造业要推进区域整合式创新发展,推动创新要素在区域间自由流动与集聚,促进跨区域创新资源整合,尽可能发挥产业集聚的技术溢出效应。具体而言,我国制造业要统筹协调自主研发布局,加快编制制造业技术路线图,适时修订产业重大技术研发和行业标准,面向制造业集群产业链关键核心技术打造技术创新合作网络和利益共同体,以国家主导或以大企业为主要攻关力量突破产业关键核心技术瓶颈,力争实现我国制造业整体科技水平从跟跑向并跑、领跑的战略性转变。

（4）扶持我国制造业技术创新领军企业。技术创新领军企业通常是产业链中带动能力极强的上市企业或单项冠军，是推动我国制造业高质量发展的领头雁和排头兵。2021 年《政府工作报告》明确提出要强化企业创新主体地位，鼓励领军企业组建创新联合体，推动创新要素向企业集聚，促进产学研深度融合。具体而言，我国制造业要明确技术创新领军企业在创新联合体中的主导地位，以领军企业为主导，围绕共同的技术创新目标，通过多方参与主体相互协作的方式构建领军企业技术创新链，支持具备"链主"和"准链主"资质的骨干龙头制造业企业发展壮大，按照"强链主、组链群、通链点"的要求，加快推动制造业优势龙头企业和小巨人企业高质量发展，发挥制造业产业链技术创新领军企业的"链主"作用，引导产业链上下游企业加强产业协同和技术合作攻关，促进产业链上下游贯通和大中小企业协同，形成一批规模超千亿的产业集群和一大批"专精特新"企业。

10.2.4 外资引进对策和建议

利用外资是有效组合全球生产、服务、创新要素，推动制造业全球价值链升级的主要途径，对贯彻新发展理念、推进供给侧结构性改革、促进经济高质量增长具有重要作用，因此我国制造业应从"量"和"质"两个方面入手，稳定引进外资的规模和速度，提升利用外资的质量。

（1）提升外资企业投资环境。现阶段，外资仍然是推动我国制造业高质量发展的一种重要的资本要素。中国有必要以优化外资企业投资环境为抓手，构建统一的内外资法律法规体系，推行外商投资"准入前国民待遇"加"负面清单管理"模式，通过提升外资制度安排上的国际区位比较优势来吸引中高技术制造业外资企业。

一是提升投资便利化水平。我国制造业要全面落实"准入前国民待遇"加"负面清单管理"制度，持续推进外资领域"放管服"改革，提升投资自由化水平，鼓励地方政府适时开展相对集中的行政许可权改革试点，探索"互联网+政务服务"及"不见面审批"服务模式，加快推进商务备案与工商登记"一窗一表"改革试点工作，推行外资项目"多评合一"试点工作，鼓励外资通过合资合作、并购重组等方式参与国有企业混合所有制改革。

二是健全外资服务体系。我国制造业要建立利用外资工作协调机制，完善外商投资重点企业和重点项目联系服务制度，创新实施项目签约模板、项目并联审批、公司注册代办帮办、专班包靠建设等措施，实现"一对一、点对点"的服务。要严格执行国家政策法规，按照"双随机、一公开"原则完善外资备案监督检查制度，完善外商投资企业投诉机制，成立专业的招商公司为外资企业提供专业化商事纠纷调解服务，提升外资服务的专业化和社会化水平。

（2）提高外资利用水平。进一步提高外资利用水平就是要围绕加快转变经济发展方式和推动产业结构优化升级的迫切需要，发挥外资在我国产业结构调整中的积极作用。

一是促进外资企业形成产业集群。电子信息、精密机械、交通运输设备、化工、医药等行业是中国经济发展的关键性主导产业,普遍具有较强的前向和后向产业关联,对其他各行业发展的拉动效应和推动效应也较强。我国应该充分考虑这些制造业外资企业普遍具有较强的根植性、易于形成特色产业集群的特点,适时修订《外商投资产业指导目录》,引导外资向资本或技术密集型制造业流动,鼓励主导产业外资企业建立生产制造和配套基地,建立完整的产业链条和生产体系并形成产业集群,透过产业链延伸提高外资企业的技术溢出效应,实现高技术制造业外资企业通过技术扩散带动中低技术制造业外资企业转型升级。

二是引导外资企业有序转移。外资引进必须有助于中国实现产业结构转型升级。毋庸置疑,沿海经济较发达地区的低技术劳动密集型外资企业合理转移符合中国工业转型升级的要求。我国要引进制造业强国大型跨国公司对华投资或扩大投资规模,鼓励跨国公司来华设立地区总部、研发中心、采购中心和培训中心等专业化国际合作平台或创新服务机构,推动港澳台高科技产业向内地(大陆)转移;有必要探索投资项目利益协商与流转机制,积极引导东部地区重点吸引资金和技术密集型外商投资项目,加速推进有条件的地区"腾笼换鸟",鼓励符合条件的沿海经济较发达地区的劳动密集型外资企业就地转型升级或向内陆经济较落后的地区有序转移;要严格限制高污染、高能耗和国内产能过剩的外资项目进入,完善外资企业退出制度,促使不符合产业转型升级要求的外资企业向境外转移。

10.2.5　对外贸易开放建议

随着我国经济从高速发展阶段转向高质量发展阶段,我国要更好地利用两个市场、两种资源,依托自贸区进一步扩大制造业对外开放,借鉴国际投资规则,探索"准入前国民待遇"及"负面清单备案管理"投资管理模式,以高水平对外开放制度推动制造业高质量发展。

一是推动区域经济一体化发展。我国要推广上海自贸区的经验,发挥自贸试验区先行先试扩大开放的作用,更好地应对贸易保护主义和单边主义的冲击,维护多边贸易体制和自由贸易格局,促进区域经济一体化和经济全球化。例如,东盟地区是"一带一路"沿线国家的重要组成部分,也是我国的主要贸易伙伴,其中菲律宾和印度尼西亚等国家更是我国对东盟进出口贸易规模的重要增长点。我国制造业要借力区域全面经济伙伴关系协定,以"一带一路"沿线国家为主要对象加大对外开放力度,进一步促进贸易便利化,优化通关模式,提高通关效率,扩大纺织鞋服和塑料橡胶等传统劳动密集型产品以及机电类加工贸易类产品的出口规模,加速推动传统制造业产能向东南亚转移。

二是把准自贸区战略定位。目前我国自贸区从沿海、沿边到中西部,已经基本形成"1+3+7+1+6"的基本格局,但是各自贸区在功能定位上要各有侧重,为我国实现全方位对外开放发挥"试验田"和"桥头堡"的作用。比如,福建自贸区要站在服务"一带一路"国家的战略高度,在台湾通过福建自贸易区参与"一带一路"建设方面创新机制,立足打造两岸共同市场,在投资贸易便利化方面再下功夫,在打造两岸共同市场进程中积极推进闽台制造业技术标准化建设,重点围绕先进制造业产业链推进制度创新,在标准化和质量认证体系方面先行先试,在数字产业化和产业数字化中推进两岸制造业行业技术标准共通共享。

三是打造"数字+"新优势。当前,跨境电商已成为我国提升外贸新优势的新业态、新模式,也是我国实现"数字+制造"新优势的有效途径。我国要依托自贸区推进跨境电商、融资租赁、航运交易、金融资产交易平台等领域建设,重点培育壮大跨境电商新业态平台,借鉴杭州等 13 个跨境电商综合试验区先进经验,着力在物流、仓储、通关、出口退税和结汇便利化等方面加大"放管服"改革力度,推动跨境电商与福建中小型制造企业采购贸易方式融合发展,引导传统制造企业向网络化、柔性化制造方向发展。

四是提升制造业开放层次。随着我国制造业从高速增长阶段转向高质量发展阶段,制造业领域将重点推动集成电路、第五代移动通信、飞机发动机、新能源汽车、新材料等产业发展。我国要依托自贸区拓展制造业开放空间,遵循"共商、共建、共享"的原则求同存异谋发展,加强技术创新合作和知识产权保护,提高创新成果转化能力和共享水平,共同推动 5G、人工智能、工业互联网、车联网等新一代信息技术与制造业融合发展,共同促进制造业加速向数字化、网络化、智能化方向转型升级,共享数字经济发展红利。

10.3 研究展望

本书主要依托比较优势理论,从全球价值链分工视角重构价格贸易条件测度方法,厘清价格贸易条件影响路径,提出改善我国制造业价格贸易条件的对策与建议,但并没有从产业政策视角探讨我国制造业价格贸易条件如何改善。

后续研究将探讨制造业产业政策对价格贸易条件变动的影响效应,梳理我国制造业产业政策,依托投入产出价格影响模型,从产业政策引致要素成本变动出发,分析实施政府补贴和税收优惠等产业政策引致要素成本变动后,经由产业关联路径传导,引起中间产品进出口价格变动,并通过中间产品进出口渠道影响我国制造业价格贸易条件的传导效应。进一步,根据国内外产品市场供需特征,按照中间产品进出口价格变动传导路径的关键节点,比较实施政府补贴和税收优惠等产业政策的冲击传导效果,提出改善我国制造业价格贸易条件的对策与建议。

参考文献

［1］Fally T. Production staging：measurement and facts［R/OL］. Mimeo：University of Colorado Boulder,2012.https：//www.researchgate.net.

［2］Antràs P，Chor D，Fally T，et al. Measuring the upstreamness of production and trade flows［J］. American Economic Review Papers and Proceedings，2012，102 （3）：412-416.

［3］周华,李飞飞,赵轩.非等间距产业上游度及贸易上游度测算方法的设计及应用［J］.数量经济技术经济研究,2016,33(6):128-143.

［4］Gumpert A，Antràs P.Global production：firms，contracts，and trade structure ［J］. Journal of Economics，2017，120(2):189-191.

［5］陈晓华,刘慧.国际分散化生产工序上游度的测度与影响因素分析——来自35个经济体1997—2011年投入产出表的经验证据［J］.中南财经政法大学学报,2016(4):122-131.

［6］何祚宇,代谦.上游度的再计算与全球价值链［J］.中南财经政法大学学报,2016(1):132-138.

［7］肖宇,夏杰长,倪红福.中国制造业全球价值链攀升路径［J］.数量经济技术经济研究,2019,36(11):40-59.

［8］倪红福.全球价值链中产业"微笑曲线"存在吗？——基于增加值平均传递步长方法［J］.数量经济技术经济研究,2016,33(11):111-126.

［9］倪红福.全球价值链位置测度理论的回顾和展望［J］.中南财经政法大学学报,2019(3):105-117,160.

［10］王高凤,郑玉.中国制造业生产分割与全要素生产率——基于生产阶段数的分析［J］.产业经济研究,2017(4):80-92.

［11］梁经伟,毛艳华,文淑惠.东亚地区嵌入全球生产网络的演变路径研究——基于生产分割的视角［J］.国际贸易问题,2019(3):56-70.

［12］文淑惠,文艺,梁经伟.澜湄流域制造业生产阶段数测算及其影响因素研究［J］.亚太经济,2020(2):59-68,151.

［13］Hummels D L A，Ishii J B，Yi K C .The nature and growth of vertical specialization in world trade［J］. Journal of International Economics,2001,54(1):75-96.

[14] 聂聆.全球价值链分工地位的研究进展及评述[J].中南财经政法大学学报,
2016(6):102-112.

[15] Daudin G , Rifflart C , Schweisguth D . Who produces for whom in the world e-
conomy? [J]. Canadian Journal of Economics,2011, 44(4):1403-1437.

[16] Johnson R C , Noguera G . Accounting for intermediates: production sharing and
trade in value added[J]. Journal of International Economics, 2012, 86(2):224-236.

[17] 王清晨,郑乐凯.全球价值链视角下的出口经济复杂度与经济增长——基于
贸易增加值前向分解法的分析[J].商业研究,2019(2):74-82.

[18] 王直,魏尚进,祝坤福.总贸易核算法:官方贸易统计与全球价值链的度量[J].
中国社会科学,2015(9):108-127.

[19] Koopman R, Powers W, Wang Z , et al. Give credit where credit is due: tracing
value added in global production chains[J]. Working Paper Series (National Bu-
reau of Economic Research), 2010.No.16426.

[20] 常冉,杨来科,王向进.全球价值链视角下中美贸易失衡与利益结构研究[J].
亚太经济,2019(1):23-32,153.

[21] 王岚.全球价值链视角下双边真实贸易利益及核算——基于中国对美国出口
的实证[J].国际贸易问题,2018(2):81-91.

[22] Stehrer R. Trade in value added and the value added in trade[J]. WIIW Working
Paper, 2012,81:1-19.

[23] Los B, Timmer M P, de Vries G J. Tracing Value-added and double counting in
gross exports[J]. The American Economic Review,2016(7):1958-1966.

[24] 戴翔,李洲.全球价值链下中国制造业国际竞争力再评估——基于 Koopman
分工地位指数的研究[J].上海经济研究,2017(8):89-100.

[25] 王英,陈佳茜.中国装备制造业及细分行业的全球价值链地位测度[J].产经评
论,2018(1):118-131.

[26] 蔡礼辉,任洁,朱磊.中美制造业参与全球价值链分工程度与地位分析——兼
论中美贸易摩擦对中国价值链分工的影响[J].商业研究,2020(3):39-48.

[27] Greenaway D, Hine R C, Milner C, et al. Adjustment and the measurement of
marginal intra-industry trade[J]. Weltwirts-chaftliches Archiv, 1994, 130(2):
418-427.

[28] Schott P K . Across-product versus within-product specialization in international
trade[J]. The Quarterly Journal of Economics, 2004, 119(2):647-678.

[29] Feenstra R C.New evidence on the gains from trade[J].Review of World Econo-
mics,2006,142(4):617-641.

[30] Fontagné L, Mirza D . International trade and rent sharing among developed and developing countries[J]. Economic Modelling, 2007, 24(3):523-558.

[31] 施炳展.贸易如何增长？——基于广度、数量与价格的三元分解[J].南方经济,2010(7):50-60.

[32] 胡昭玲,宋佳.基于出口价格的中国国际分工地位研究[J].国际贸易问题,2013(3):15-25.

[33] 田祖海,柳筱玥.中墨制造业产品贸易结构及对美出口竞争力比较[J].商业研究,2016(11):75-81.

[34] 张悦,李静.中印服务贸易竞争力比较及对我国的启示[J].经济体制改革,2017(4):156-161.

[35] 葛江华,蒋效宇.金砖国家纺织品贸易竞争力比较分析[J].毛纺科技,2018,46(7):88-91.

[36] 李博英.显性比较优势视角下的中韩两国贸易竞争力研究[J].统计与信息论坛,2019,34(7):44-53.

[37] 郭晶,刘菲菲.中国服务业国际竞争力的重新估算——基于贸易增加值视角的研究[J].世界经济研究,2015(2):52-60.

[38] 陈艳玲.中国服务贸易的国际竞争力剖析——基于服务贸易增加值视角[J].对外经贸实务,2017(5):80-84.

[39] 韦倩青,张朝帅.GVC视角下中国制造业贸易竞争力研究——基于总贸易与增加值贸易口径的比较[J].价格月刊,2020(1):55-63.

[40] 李晓丹,吴扬伟.中国制造业分行业贸易竞争力再测算——基于RCA指数与NRCA指数的比较[J].调研世界,2021(1):39-47.

[41] 胡月,田志宏. 进出口多样化是否改善了贸易条件——基于全球农业贸易的证据[J].国际贸易问题,2021(1):81-96.

[42] 张群卉.中日稀土产品贸易条件及其影响因素——基于1993~2014年稀土行业面板数据的实证分析[J].国际商务(对外经济贸易大学学报),2016(6):17-28.

[43] 吴丹涛,陈平.测算价格贸易条件指数的困境及出路[J].国际经贸探索,2011,27(4):58-62.

[44] 钱学锋,陆丽娟,黄云湖,等.中国的贸易条件真的持续恶化了吗?——基于种类变化的再估计[J].管理世界,2010(7):18-29.

[45] 徐志远,朱晶.中国农产品贸易条件再估算——基于种类变动视角[J].上海经济研究,2017(11):75-86.

[46] 顾国达,周咪咪.中国贸易条件的再测算——纳入扩展边际的分析[J].国际贸

易问题,2017(5):3-13.

[47] 耿康顺,廖涵.中国高技术产品价格贸易条件:区分贸易方式的测算与分析 [J].国际商务(对外经济贸易大学学报),2019(1):47-58.

[48] 田文,刘厚俊.产品内分工下西方贸易理论的新发展[J].经济学动态,2006 (5):69-75.

[49] 杨海余,黄廷.中美制造业的产品内贸易条件分析[J].财经理论与实践,2007 (4):65-68.

[50] 李萍,赵曙东.我国制造业价值链分工贸易条件影响因素的实证研究[J].国际 贸易问题,2015(7):57-66.

[51] 朱晶,洪伟.贸易开放对我国工农产品贸易条件及农民福利的影响[J].农业经 济问题,2007(12):9-14.

[52] 董利红,严太华.技术投入、对外开放程度与"资源诅咒":从中国省际面板数 据看贸易条件[J].国际贸易问题,2015(9):55-65.

[53] 林峰.财政支出、贸易条件与对外开放水平——基于面板门限模型的国际经 验分析[J].国际商务(对外经济贸易大学学报),2014(3):63-71.

[54] 段国蕊.中国对东盟贸易条件研究[J].山东经济,2007(1):123-126.

[55] 张少军,侯慧芳.全球价值链恶化了贸易条件吗?——发展中国家的视角[J]. 财贸经济,2019,40(12):128-142.

[56] 庄芮.FDI流入的贸易条件效应:发展中国家视角[M].北京:对外经济贸易大 学出版社,2005.

[57] 熊勇清,胡娟.新兴产业国际贸易条件变动趋势及影响因素研究——基于高 端和传统装备制造业的比较[J].南京审计大学学报,2017,14(3):11-21.

[58] 李玉梅.FDI对我国价格贸易条件效应的实证分析[J].统计与决策,2016, (21):103-105.

[59] 王文治,扈涛.FDI导致中国制造业价格贸易条件恶化了吗?——基于微观贸 易数据的GMM方法研究[J].世界经济研究,2013(1):47-52.

[60] 黄满盈.中国价格贸易条件波动性研究[J].世界经济,2008(12):28-36.

[61] 张先锋,刘厚俊.我国贸易条件与贸易利益关系的再探讨[J].国际贸易问题, 2006(8):12-17.

[62] 赵强,杨丽华,陆士群.基于技术含量的进出口商品贸易条件的影响因素研究 [J].国际商务研究,2015,36(2):44-52.

[63] 陶旺生.内生技术进步与贸易条件变化[J].工业技术经济,2008,27(11): 120-122.

[64] 武海峰,牛勇平,黄燕.贸易条件的改善与技术进步[J].经济问题,2004(6):

68-70.

[65] Porter M E, Thompson J S. Competitive advantage: creating and sustaining superior performance[J]. Environments, 1989, 20(1): 117.

[66] Gereffi G. International trade and industrial upgrading in the apparel commodity chain[J]. Journal of International Economics, 1999, 48(1): 37-70.

[67] UNIDO. Industrial development report: competing through innovation and learning 2002/2003[R]. 2003.

[68] Balassa B. Trade liberalization and "revealed" comparative advantage[J]. The Manchester School of Economic and Social Studies, 1965, 33(2): 99-123.

[69] Dixit A K, Grossman G M. Trade and protection with multistage production[J]. Review of Economic Studies, 1982, 49(4): 583-594.

[70] Jones R W. Production fragmentation and outsourcing: general concerns[J]. The Singapore Economic Review, 2008, 53(3): 347-356.

[71] Feenstra R C, Hanson G H. Globalization, outsourcing, and wage inequality[J]. American Economic Review, 1996, 86(2): 240-245.

[72] Chung C, Deardorff A. Specialization, fragmentation, and factor intensities: evidence from chilean plant-level data[J]. The Journal of Developing Areas, 2008, 41(2): 91-109.

[73] 刘志彪, 刘晓昶. 垂直专业化: 经济全球化中的贸易和生产模式[J]. 经济理论与经济管理, 2001(10): 5-10.

[74] 卢锋. 当代服务外包的经济学观察: 产品内分工的分析视角[J]. 世界经济, 2007(8): 22-35.

[75] 曾铮, 王鹏. 产品内分工理论与价值链理论的渗透与耦合[J]. 财贸经济, 2007(3): 121-125.

[76] Jones R W. Globalization and the theory of input trade[M]. Cambridge and London: MIT Press, 1995.

[77] Deardorff A V. Fragmentation in simple trade models[J]. North American Journal of Economics & Finance, 2001, 12(2): 121-137.

[78] Arndt S W. Globalization and the gains from trade[M]. Berlin Heidelberg: Springer, 1998.

[79] 李萍. 中国制造业的贸易条件研究[D]. 南京: 南京大学, 2014.

[80] Deardorff A V. Ricardian comparative advantage with intermediate inputs[J]. North American Journal of Economics & Finance, 2005, 16(1): 11-34.

[81] Jorgenson D W, Gale D. The theory of linear economic models[J]. Journal of the

American Statistical Association，1961,56(294):426-427.

[82] 张亚斌,车鸣,易先忠."合成谬误"与中国商品贸易条件恶化[J].世界经济研究,2010(8):33-38.

[83] 曾铮,张亚斌.价值链的经济学分析及其政策借鉴[J].中国工业经济,2005(5):104-111.

[84] 王露,胡强.RTAs下中韩农产品贸易条件及变动趋势研究[J].宏观经济研究,2014(3):136-143.

[85] 胡月,田志宏.世界农产品贸易条件的动态变化及收敛性研究[J].经济问题探讨,2020(8):123-133.

[86] 田文.产品内贸易论[M].北京:经济科学出版社,2006.

[87] 胡剑波,郭风.中国进出口产品中的隐含碳污染贸易条件变化研究[J].国际贸易问题,2017(10):109-118.

[88] 王继源,龙少波,胡国良,等.国际大宗商品价格下跌会否带来输入性通缩———一个非竞争投入产出价格影响模型分析框架[J].统计与信息论坛,2015,30(12):56-61.

[89] 廖明球,王明哲.多产品价格影响模型及其应用研究[J].统计研究,2013(2):102-108.

[90] 张红霞.考虑反馈作用的投入产出价格影响模型[J].系统工程理论与实践,2014,34(2):337-342.

[91] 王连,董兴志.农产品价格调整的连锁效应研究[J].统计与决策,2017(16):130-133.

[92] 顾海兵.对投入产出价格变动模型的推导分析及评价[J].数量经济技术经济研究,1994(6):50-54.

[93] Miller R E, Blair P D. Input-output analysis: foundations and extensions[M]. Cambridge:Cambridge University Press,2009.

[94] 潘文卿.中国区域经济发展:基于空间溢出效应的分析[J].世界经济,2015,38(7):120-142.

[95] Round J I.Decomposing multipliers for economic systems involving regional and world trade[J].The Economic Journal,1985,95(378):383-399.

[96] 张友国.中国三大地域间供需双向溢出-反馈效应研究[J].数量经济技术经济研究,2017,34(5):3-19.

[97] Li Y M, Luo E H, Zhang H L, et al. Measuring interregional spillover and feedback effects of economy and CO_2 emissions: a case study of the capital city agglomeration in China[J]. Resources, Conservation & Recycling, 2018, 139:104-113.

[98] Timmer M P, Dietzenbacher E, Los B, et al. An illustrated user guide to the world input-output database: the case of global automotive production[J]. Review of international economics, 2015, 23(3):575-605.

[99] Kalirajan K. Stochastic varying coefficients gravity model: an application in trade analysis[J]. Journal of Applied Statistics, 1999, 26(2):185-193.

[100] Egger P. An econometric view on the estimation gravity models and the calculation of trade potentials[J]. World Economy, 2002, 25(2):297-312.

[101] De Benedictis L, Vicarelli C. Trade potentials in gravity panel data models[J]. B.E. Journal of Economic Analysis & Policy: Topics in Economic Analysis & Policy, 2005,5(1):1-33.

[102] 孔庆峰,董虹蔚."一带一路"国家的贸易便利化水平测算与贸易潜力研究[J].国际贸易问题,2015(12):158-168.

[103] Proença I, Fontoura M P, Martínez-Galán E. Trade in the enlarged European Union: a new approach on trade potential[J]. Portuguese Economic Journal, 2008, 7(3):205-224.

[104] Ravishankar G, Stack M M. The gravity model and trade efficiency: a stochastic frontier analysis of eastern European countries' potential trade[J]. World Economy, 2014, 37(5):690-704.

[105] 刘青峰,姜书竹.从贸易引力模型看中国双边贸易安排[J].浙江社会科学, 2002(6):16-19.

[106] 谭秀杰,周茂荣.21世纪"海上丝绸之路"贸易潜力及其影响因素——基于随机前沿引力模型的实证研究[J].国际贸易问题,2015(2):3-12.

[107] 陈继勇,李知睿."中巴经济走廊"周边国家贸易潜力及其影响因素[J].经济与管理研究,2019,40(1):14-28.

[108] Eaton J, Kortum S. Technology, geography, and trade[J]. Econometrica, 2002, 70(5):1741-1779.

[109] 段亚丁,车维汉.国外李嘉图比较优势理论实证研究之评述[J].国际贸易问题, 2014(4):164-172.

[110] Arkolakis C, Costinot A, Rodríguez-Clare A. New trade models, same old gains?[J]. American Economic Review, 2012, 102(1):94-130.

[111] 武力超,陈玉春,郑甘澍.出口产品多样化对行业产出波动和绩效分布的影响研究[J].国际贸易问题,2020(3):86-101.

[112] 陈万灵,冯峥.中国服务贸易开放水平评估及开放格局演进研究[J].亚太经济,2020(3):105-114,151-152.

[113] 余思勤,孙司琦.贸易开放度与经济高质量发展的互动效应——基于中国与"海上丝绸之路"沿线国家的实证研究[J].河南师范大学学报(哲学社会科学版),2020,47(1):71-78.

[114] 边文龙,王向楠.面板数据随机前沿分析的研究综述[J].统计研究,2016(6):13-20.

[115] Jondrow J, Lovell K C A, Materov I S, et al. On the estimation of technical inefficiency in the stochastic frontier production function model[J]. Journal of Econometrics, 1982, 19(2-3):233-238.

[116] Simonovska I, Waugh M E. The elasticity of trade: estimates and evidence[J]. Journal of International Economics,2014,92(1):34-50.

[117] 马晶梅,丁一兵.全球价值链背景下中美高技术产业分工地位研究[J].当代经济研究,2019(4):79-87.

[118] 聂名华.中国外商直接投资变动特征与发展趋势[J].亚太经济,2013(3):88-93.

[119] 翁东玲,全毅.全面提升福建利用外资质量与效益研究[J].东南学术,2008(6):129-136.

[120] 邓明,钱争鸣.FDI 的"行业集聚"与行业分布溢出——基于中国制造业分行业数据的实证分析[J].财经论丛,2011(4):10-15.

[121] 孙赫,董钰.基于制造业和服务业的外商直接投资流入动机分析[J].商业研究,2011(3):106-113.

[122] 戴宴清.产业结构转型中的外商直接投资效应研究[J].统计与决策,2012(24):146-148.

[123] 刘梦琴,王付顺.优化外商直接投资结构的研究——基于行业 FDI 数据的 VAR 模型[J].经济问题,2011(11):46-49.

[124] Baumol W J,Blackman S A B, Wolff E N. Unbalanced growth revisited: asymptotic stagnancy and new evidence[J].The American Economic Review,1985,75(4):806-817.

[125] 傅元海,史言信.我国不同制造行业利用外资质量的评估与比较[J].经济经纬,2014(1):50-56.

[126] 仲鑫,陈相森.外商直接投资区域差异及影响因素的比较研究[J].统计研究,2012(3):54-60.

[127] 林海明.我国高技术产业利用外资质量的评估[J].统计与决策,2014(4):89-91.

[128] Peneder M. Industrial structure and aggregate growth[J].Structural Change and

Economic Dynamics,2003,14(4):427 -448.

[129] 干春晖,郑若谷.改革开放以来产业结构演进与生产率增长研究——对中国1978—2007 年"结构红利假说"的检验[J].中国工业经济,2009(2):55-65.

[130] 李小平,陈勇.劳动力流动、资本转移和生产率增长——对中国工业"结构红利假说"的实证检验[J].统计研究,2007,24(7):22-28.

[131] 苏振东,金景仲,王小红.中国产业结构演进中存在"结构红利"吗? ——基于动态偏离份额分析法的实证研究[J].财经科学,2012(2):63-70.

[132] 顾乃华.结构奖赏还是结构负担? ——我国服务业就业结构变动与生产率演变关系的实证研究[J].财贸经济,2010(6):106-112.

[133] 马风华,李江帆.城市服务业结构变动与生产率增长关系的实证研究——基于上海的经验数据[J].上海经济研究,2014(5):93-100.

[134] 林玲,余娟娟.中国制造业出口贸易利益的测算及影响因素研究[J].当代经济科学,2012(5):81-89.

[135] 曾贤刚.环境规制、外商直接投资与"污染避难所"假说——基于中国 30 个省份面板数据的实证研究[J].经济理论与经济管理,2010(11):65-71.

[136] Brunnermeier S, Levinson A. Examining the evidence on environmental regulations and industry location[J].The Journal of Environment and Development,2004,13(1):6-41.

[137] List J A,Co C Y.The effects of environmental regulations on foreign direct investment[J]. Journal of Environmental Economics and Management, 2000,40(1):1-20.

[138] 侯伟丽,方浪,刘硕."污染避难所"在中国是否存在? ——环境管制与污染密集型产业区际转移的实证研究[J].经济评论,2013,182(4):65-72.

[139] 朱平芳,张征宇,姜国麟.FDI 与环境规制:基于地方分权视角的实证研究[J].经济研究,2011,46(6):133-145.

[140] Simpson R D, Bradford R L. Taxing variable cost: environmental regulation as industrial policy [J]. Journal of Environmental Economics & Management, 1996, 30(3):282-300.

[141] Jorgenson D W, Wilcoxen J P. Environmental regulation and U.S. economic growth[J]. Rand Journal of Economics, 1990, 21(2):314-340.

[142] 刘志忠,郑博慧.外商直接投资规避了环境管制吗——基于1997—2010 年城市面板数据的检验[J].学术研究,2014(4):86-90.

[143] 胡雪萍,许佩.FDI 质量特征对中国经济高质量发展的影响研究[J].国际贸易问题,2020(10):31-50.

[144] 刘戈非,任保平.FDI 数量与质量对中国城市经济增长质量影响的实证研究[J].经济经纬,2020,37(6):48-56.

[145] 雷淑珍,高煜,王艳.高异质性环境规制与 FDI 质量升级[J].软科学,2021,35(4):14-19.

[146] 叶修群,张雅竹.保税区、出口加工区与 FDI 质量[J].当代经济科学,2020,42(3):28-38.

[147] 何剑,魏涛,史雪然.制度环境改善对 FDI 质量影响的双重效应分析[J].金融与经济,2020(7):67-74.

[148] Hansen B E. Threshold effects in non-dynamic panels: estimation, testing, and inference[J]. Journal of Econometrics, 1999,93(2):345-368.

[149] Levinson A. Environmental regulations and manufacturers' location choices: evidence from the census of manufactures[J]. Journal of Public Economics, 1996, 62(1-2):5-29.

[150] Xing Y, Kolstad C D. Do lax environmental regulations attract foreign investment? [J]. Environment and Resource Economics, 2002, 21(1):1-22.

[151] 吴磊,贾晓燕,吴超,等.异质型环境规制对中国绿色全要素生产率的影响[J].中国人口·资源与环境,2020,30(10):82-92.

[152] O'Donoghue D, Gleave B. A note on methods for measuring industrial agglomeration[J].Regional Studies, 2004, 38(4):419-427.

[153] Rodríguez-Clare A. Multinationals, Linkages, and economic development[J]. American Economic Review, 1996,86(4):852-873.

[154] Park B I, Ghauri P N. Key factors affecting acquisition of technological capabilities from foreign acquiring firms by small and medium sized local firms[J].Journal of World Business, 2011,46(1):116-125.

[155] Lin P, Liu Z M, Zhang Y F, Do Chinese domestic firms benefit from FDI inflow?: Evidence of horizontal and vertical spillovers[J]. China Economic Review, 2009, 20(4):677-691.

[156] 段会娟,吴俊. FDI 的溢出效应:基于江苏制造业面板数据的估计[J].中央财经大学学报,2011(3):80-85.

[157] 黄凌云,吴维琼.FDI 技术外溢与技术差距的门槛效应——基于中国工业企业的实证研究[J].财经科学,2013(3):52-59.

[158] Du L S, Harrison A E, Jefferson G H. Do institutions matter for FDI spillovers? The implications of China's "special characteristics"[J]. World Bank Policy Research Working Papers, 2016:1-66.

[159] Abraham F, Konings J, Miranda V. FDI spillovers in the Chinese manufacturing sector: evidence of firm heterogeneity[J]. Economics of Transition, 2010, 18 (1):143-182.

[160] 王争,柳媚,史晋川.外资溢出对中国私营企业生产率的异质性影响———来自普查数据的证据[J].经济学(季刊),2009(1):129-158.

[161] Buckley P J, Clegg J, Wang C Q. Is the relationship between inward FDI and spillover effects linear? An empirical examination of the case of China[J]. Journal of Internntional Business Studies, 2007,38(3):447-459.

[162] Hansen B E.Sample splitting and threshold estimation[J].Econometrica,2000, 68(3):575-603.

[163] Lai M, Wang H, Zhu S.Double-edged effects of the technology gap and technology spillovers: evidence from the Chinese industrial sector[J]. China Economic Review, 2009, 20(3):414-424.

[164] Damijan J P, Rojec M, Majcen B,et al, Impact of firm heterogeneity on direct and spillover effects of FDI: micro-evidence from ten transition countries[J]. Journal of Comparative Economics, 2013, 41(3):895-922.

[165] Schott P K. Across-product versus within-product specialization in international trade[J]. The Quarterly Journal of Economics, 2004,119(2): 647-678.

[166] Khandelwal A K, Schott P K, Wei S J. Trade liberalization and embedded institutional reform: evidence from Chinese exporters1[J]. American Economic Review, 2013, 103(6): 2169-2195.

[167] Hausmann R,Hwang J,Rodrik D. What you export matters[J].Journal of Economic Growth,2007,12(1):1-25.

[168] 沈琳.技术创新对中国高技术产品出口复杂度影响的实证研究[J].南京财经大学学报,2015(1):14-19.

[169] 张美云.丝绸之路经济带经济复杂度及其影响因素[J].经济经纬,2017,34 (4):81-85.

[170] 王瑾,樊秀峰.区域制度质量视角下创新对出口技术复杂度的影响研究[J].人文杂志,2019(4):99-108.

[171] 丁一兵,宋畅.出口市场份额、FDI流入与中国制造业出口技术复杂度[J].国际贸易问题,2019(6):117-132.

[172] 柳牧雨.FDI对中国出口商品技术结构的影响研究[D].兰州:西北师范大学,2018.

[173] 张雨,戴翔.FDI、制度质量与服务出口复杂度[J].财贸研究,2017,28(7):

59－68,76.

[174] 余娟娟,余东升.政府补贴、行业竞争与企业出口技术复杂度[J].财经研究,2018(3):112－124.

[175] 沈云竹.政府补贴对全球价值链地位提升影响研究[D].杭州:浙江大学,2017.

[176] 王光明.出口退税促进我国出口产品质量提升研究[J].农村经济与科技,2019,30(12):62－63.

[177] 谢申祥,刘培德,王孝松.价格竞争、战略性贸易政策调整与企业出口模式选择[J].经济研究,2018,53(10):127－141.

[178] 李玉山,陆远权,王拓.金融支持与技术创新如何影响出口复杂度?——基于中国高技术产业的经验研究[J].外国经济与管理,2019,41(8):43－57.

[179] 何宁,夏友富.装备制造业全球价值链融入程度与技术进步效应研究[J].科技进步与对策,2019,36(4):65－74.

[180] 戴翔.扩大服务业开放与制造业全球价值链参与[J].山西财经大学学报,2020,42(12):68－80.

[181] 温忠麟,叶宝娟.有调节的中介模型检验方法:竞争还是替补?[J].心理学报,2014,46(5):714－726.

[182] Muller D, Judd C M, Yzerbyt V Y. When moderation is mediated and mediation is moderated[J]. Journal of Personality and Social Psychology, 2005, 89(6): 852－863.

[183] Edwards J R, Lambert L S. Methods for integrating moderation and mediation: a general analytical framework using moderated path analysis[J]. Psychological Methods, 2007, 12(1):1－22.

[184] 温忠麟,刘红云,侯杰泰.调节效应和中介效应分析[M].北京:教育科学出版社,2012.

[185] Sobel M E. Asymptotic confidence interval for indirect effects in structural equation models[J]. Sociological Methodology,1982,13:290－312.

[186] 叶宝娟,温忠麟.有中介的调节模型检验方法:甄别和整合[J].心理学报,2013,45(9):1050－1060.

[187] Mackinnon D P, Lockwood C M, Hoffman J M, et al. A comparison of methods to test the mediation and other intervening variable effects[J]. Psychological Methods, 2002, 7(1):83－104.

[188] 方杰,张敏强.中介效应的点估计和区间估计:乘积分布法、非参数 Bootstrap 和 MCMC 法[J].心理学报,2012,44(10):1408－1420.

［189］罗胜强,姜嬿.管理学问卷调查研究方法［M］.重庆:重庆大学出版社,2014.

［190］Preacher K J, Rucker D D, Hayes A F. Addressing moderated mediation hypotheses: theory, methods, and prescriptions ［J］. Multivariate Behavioral Research, 2007, 42(1):185-227.